LISA FREUND

Das Unverwundbare

Wege der Heilung in Lebenskrisen

O. W. BARTH

Besuchen Sie uns im Internet: www.droemer-knaur.de

Originalausgabe 2011
Copyright © 2011 O. W. Barth Verlag.
Ein Unternehmen der Droemerschen Verlagsanstalt
Th. Knaur Nachf. GmbH & Co. KG, München.
Alle Rechte vorbehalten. Das Werk darf – auch teilweise –
nur mit Genehmigung des Verlags wiedergegeben werden.
Redaktion: Ursula Richard
Umschlaggestaltung: ZERO Werbeagentur, München
Satz: Adobe InDesign im Verlag
Druck und Bindung: GGP Media GmbH, Pößneck
Printed in Germany
ISBN 978-3-426-29191-7

2 4 5 3 1

Für Günter – gest. am 22. 6. 2000

*Die Natur kennt keine Vernichtung,
nur Verwandlung.*
Wernher von Braun

Inhalt

Teil II: WEGE DURCH LEBENSKRISEN

ANHANG

Teil I

INNERE RESSOURCEN

DAS AUF UND AB DES LEBENS

Ich sitze im Meditationsraum eines buddhistischen Zentrums in Irland und überschaue den weiten Atlantik. Hoch oben auf einer Klippe steht der Tempel, und mein Blick ist auf die Horizontlinie gerichtet, dorthin, wo Himmel und Meer aufeinandertreffen. In diesem Moment spüre ich in mir eine unermessliche innere Weite. Alle Sorgen, Gedanken oder körperlichen Beeinträchtigungen sind in den Hintergrund getreten. Stille Freude und Glückseligkeit, ein tiefer Frieden, der mit Worten nicht zu beschreiben ist, erfüllen mich. Dieser Geisteszustand ist kraftvoll und unaufgeregt, fast schlicht. Alles kommt zur Ruhe, eine Balance stellt sich ein, die einfach ist, voller Energie. Mein Blick schweift erneut über das Meer, und ich denke über mein Leben nach.

Meine erste Begegnung mit dem Tod in einem Berliner Krankenhaus, in dem ein naher Verwandter in den achtziger Jahren in einer Abstellkammer, zwischen Putzeimern und Besen sowie vollgepumpt mit Beruhigungsmitteln, die letzten Stunden seines Lebens verbrachte, versetzte mir einen großen Schock, motivierte mich aber auch, das Mysterium des Todes näher zu erforschen und mich für ein menschenwürdiges Sterben in Deutschland einzusetzen. In dieser Situation und inmitten der Trennung von meinem langjährigen Lebenspartner traf ich 1988 in Berlin auf den tibetischen, buddhistischen Lehrer Sogyal Rinpoche. Er lehrte über das Sterben, den Tod und die Bardos, jene Zwischenzustände, die der Geist tibetischer Sicht zufolge nach dem Austritt aus dem Körper durchläuft. Seine Worte berührten mich sehr; der Funke sprang über, und meine Neugier auf den Buddhismus war geweckt. Sogyal Rinpoche wurde mein Lehrer. 1992 legte ich am Ende eines dreimonatigen Retreats mit ihm innerlich eine Art Gelübde ab. Ich wollte in diesem Leben Sterbenskranken dienen und daran mitwirken, eine menschenwürdige Sterbe- und Trauerkultur in unserer Gesellschaft zu schaffen. Seither ist dies ein ganz zentraler Teil meines Lebensweges.

Das Unverwundbare

Auf diesem Weg bin ich oft einer Menschlichkeit begegnet, die das Unverwundbare beherbergt. Sie trägt keine Masken, ist ganz ungeschminkt und aufrichtig, und ihr zu begegnen trifft mitten ins Herz. In all dem großen Leiden, das im Sterben oft überwältigend ist, ist es besonders der Blick in die Augen eines sterbenskranken Menschen, der mich, wie mir in solchen Momenten scheint, bis auf den Grund seines Wesens schauen lässt, und in dieser zutiefst intimen Begegnung erkenne ich, dass wir beide die gleiche unsterbliche Natur in uns tragen. Wir sind miteinander auf eine tiefe, kaum fassbare Weise verbunden. Genau dann, wenn alles auseinanderbricht und sich auflöst, werden für mich Verbundenheit und Unverwundbarkeit sinnlich erfahrbar. Das sind heilige Momente, in denen mein Herz ganz in Liebe und Mitgefühl badet und unendlich viel Dankbarkeit mich erfüllt. Ich kann fühlen, dass es mitten in der Auflösung etwas gibt, das nicht vergeht, das nicht zerstörbar ist. Ich bezeichne es als das Unverwundbare. Für mich ist das Unverwundbare eine Qualität der Natur des Geistes, der nondualen Erfahrung in dem Raum, in dem alles mit allem verbunden ist. Der Mensch, der diese Welt bald verlässt, ist viel mehr als sein Körper. Ich weiß in diesem Moment, in einer Erfahrung, die bis in meine Zellen hineinreicht: Sein Geist wird mit aus dem Körper ausziehen und im unendlichen Bewusstseinsstrom weiter existieren. Das ist nicht nur eine tröstliche, sondern auch eine sehr beglückende Erfahrung.
Sie bestätigt die tiefe Einsicht, dass Sterben und Tod nur ein Übergang sind. Weil das so ist, muss es eine Kontinuität ge-

ben, denn das, was übergeht, muss vorher auch schon da gewesen sein; es zieht nach dem Tod aus dem Körper aus und existiert weiter. Die Schlussfolgerung für mich ist: Es gibt eine unsterbliche Essenz in uns allen, und wir können mit ihr in Berührung kommen, Wege finden, ganz in ihr zu ruhen, mit ihr schon zu Lebzeiten in Verbindung treten und daraus große Kraft schöpfen.

Auf meinem buddhistischen Weg habe ich gelernt, wie ich meinen Geist zur Ruhe bringen kann: in der Meditation, beim Studium der Lehren, im Kontakt mit meinen Lehrern sowie im Alltag. Ich habe auf einer noch tieferen Ebene verstehen können, was mir in der Sterbebegleitung immer wieder begegnet ist. Das ermutigte mich, spirituelles und praktisches Wissen sowie Methoden, die im Umgang mit Lebenskrisen, Krankheit, Sterben, Tod und Trauer relevant sind, zu studieren, zu erforschen und anzuwenden.

Mehr als zwanzig Jahre habe ich die buddhistischen Lehren in vielfältiger Weise und in verschiedenen Traditionen studiert, mich ebenso lange in der Hospizbewegung engagiert und in diesen Kontexten unzählige Stunden ehrenamtlich gearbeitet. Welten liegen für mich bis heute zwischen der theoretischen Beschäftigung mit dem Tod und dem konkreten Erleben des Sterbens eines Menschen, den ich begleite. Für mich ist beides wichtig: die Aneignung und Anwendung von Wissen und Methoden und der Erfahrungsprozess bei der Sterbebegleitung. Die Menschen, die mir erlaubt haben, im Sterben und im Tod bei ihnen zu sein, sind für mich große Lehrmeister. Sie zu begleiten war und ist für mich eine wichtige und sehr kostbare Lebensschule.

Ein großer Teil meiner gegenwärtigen Arbeit besteht darin, Sterbenskranke und ihre Angehörigen zu unterstützen sowie ehrenamtliche Betreuer und medizinisches Personal zu schulen. Es geht dabei immer wieder darum, sowohl praktisches Wissen als auch spirituelle Inhalte so zu vermitteln, dass sie hilfreich sind für Menschen, die gerade schwere Lebenskrisen durchleiden ebenso wie für lebensbedrohlich Erkrankte, aber auch für Menschen, die sich um sie kümmern. Mit der Hospizbewegung verbindet mich der tiefe Wunsch, ein menschenwürdiges Leben bis zuletzt zu ermöglichen und dafür die gesellschaftlichen Rahmenbedingungen wider alle Anfeindungen zu schaffen.

Unser unermessliches Potenzial

Die Erfahrung der unsterblichen oder ursprünglichen Natur des Geistes wird in unterschiedlichen spirituellen Traditionen verschieden benannt, und damit sind immer Konzepte und Theorien verbunden. Die Erfahrung selbst ist nichts Theoretisches, sondern etwas sehr Persönliches und zugleich Universelles, und die spirituellen Lehren wollen uns in eine solche Erfahrung führen. In diesem Buch werden Sie unterschiedliche Begriffe für die Natur des Geistes finden wie Leerheit, Buddhanatur, ursprüngliche Natur, ursprüngliche Vollkommenheit, das Wesen von allem, der Urgrund der Existenz, die unsterbliche Essenz, das unermessliche Potenzial, das Göttliche. Es sind Begriffe, Namen für Erfahrungen, die jenseits der Worte und des Denkens liegen. Ich gehe davon aus, dass uns die Suche nach Erfahrungen dieser Art zu spirituellen Erkenntnissen führt. Doch jeder Mensch hat ein anderes Karma, geht seinen persönlichen Entwicklungsweg. Menschen fühlen sich zu unterschiedlichen spirituellen Wegen hingezogen und damit zu verschiedenen Deutungen der letztendlichen Wahrheit. Ich lege mich bewusst nicht fest auf einen Begriff oder eine Definition, denn so bleibt ein Stück des Nicht-Greifbaren der ursprünglichen Vollkommenheit erhalten. Es entsteht Raum. Theorien und klare Definitionen fördern die Neigung, sie zu unanfechtbaren Richtlinien zu machen. So werden sie zum

Hindernis, das tiefere Erfahrungen und Einsichten blockiert. Sie können aber auch hilfreich sein, und zwar dann, wenn sie uns Richtungen weisen und Methoden an die Hand geben, die in unser unermessliches Potenzial führen.

Im buddhistischen Retreat-Zentrum in Irland war es der Blick über den Horizont, der mich mit der unermesslichen Weite und der Unverwundbarkeit als Qualitäten meiner urspünglichen Natur in Verbindung brachte. Das war eine tiefe Erfahrung oder eine innere Schau, wie die Mystiker es nennen würden. Dadurch hat sich mein Leben noch einmal grundlegend geändert. Die Überzeugung, dass uns allen etwas Unverwundbares innewohnt, begleitet mich seither.

Glück und Leiden

Zu der Zeit, als ich in Irland den spektakulären Blick auf das Meer genieße, liegt Felice in einem deutschen Krankenhaus und wartet auf den Geburtstermin. Zwei Etagen über ihr ist ihr Vater, dessen Leben zu Ende geht. Felice gebiert einen kleinen Sohn und ist überglücklich. Die Familie nimmt ihn mit ins Zimmer des Großvaters. Er kann seinen Enkel in den Armen halten, und Freudentränen stehen in seinen Augen. Am nächsten Morgen stirbt der Großvater in tiefem Frieden. Felice hat innerhalb weniger Stunden einen Sohn geboren und den Vater verloren. Ihre Mutter verlor den langjährigen Ehepartner und bekam zugleich ihren zweiten Enkel. So dicht liegen Geburt und Tod, Glück und Leiden oft beieinander.

Nicht immer geht es so extrem zu, jedoch wissen wir, wenn wir heute glücklich sind, heißt das nicht, dass es morgen genauso sein wird. Alles ist vergänglich. Glückliche Momente sind kostbar, doch wir können sie nicht festhalten. Zum Glück gehört, dass wir es irgendwann loslassen müssen. Das finden wir meistens nicht gut. Wenn Leidvolles vergeht, sind wir froh, und wir hoffen auf ein neues Hoch nach dem Tief, das uns mit dem Abgründigen konfrontierte.

Die buddhistische Lehrerin Pema Chödrön sagt: »Wenn die Dinge über uns zusammenbrechen, dann ist das eine Prüfung und gleichzeitig ein Heilungsprozess. Wir glauben, es ginge darum, die Prüfung zu bestehen und das Problem zu überwinden, aber in Wirklichkeit gibt es gar keine Lösung. Die Dinge kommen zusammen und fallen wieder auseinander. So einfach ist es. Die Heilung stellt sich ein, wenn wir allem Geschehen Raum lassen: Raum für Trauer, Raum für Linderung, Raum für Elend, Raum für Freude.«[*] Oft liegen Glück und Leiden im Leben dicht beieinander, manchmal trennen uns nur Sekunden von einem Glückserleben mitten in einer Lebenskrise. Wie wir etwas empfinden, hängt von unserer Wahrnehmung ab. Es ist keine Qualität des Ereignisses an sich. Dieses ist immer neutral. Eine Neutralität, die es für uns verliert, wenn wir Emotionen und Wertungen daran knüpfen. Ihr heutiges Lieblingslied missfällt Ihnen einige Tage später. Das liegt nicht am Lied, sondern an der Bewertung, die Sie vornehmen, und die hängt oft von Stimmungen ab, die wiederum von äußeren Dingen und Umständen beeinflusst werden. Ihre Bewertung zusammen mit Ihren Gefühlen prägt Ihre Wahrnehmung. Und da alles sich fortwährend verändert, sind auch unsere Bewertungen nicht beständig. Glück ist nicht dauerhaft, Leiden auch nicht. Im Grunde geht es im Leben darum, im Glück und im Leiden die Mitte zu finden, eine feine Ausgewogenheit und Balance, in der wir den Herausforderungen mit größerer Gelassenheit begegnen.

In diesem Buch möchte ich Ihnen Hilfsmittel zur Verfügung stellen, die Sie wieder in die Balance führen, wenn in schweren Zeiten des Lebens die Wogen über Ihnen zusammenschlagen. So kann Ihr Geist frei werden, Sie können die Situation analy-

---

[*] Pema Chödrön, S. 25

sieren und möglicherweise Auswege entdecken, aber auch die Chancen zur inneren Reifung sehen, die in jeder Krise liegen. In der kleinen Übung am Ende dieses Kapitels können Sie erforschen, welche Rolle Glück und Leiden in Ihrem Leben spielen. Die Übung ermöglicht Ihnen auch eine Betrachtung Ihres Lebensweges bis heute und lädt Sie dazu ein, Ihre Zukunftsvisionen auszudrücken. Sie bildet einen guten Einstieg in die Inhalte dieses Buches. Sie benötigen nur ein Blatt Papier, einen Stift und ein wenig Zeit, in der Sie ungestört sind.

Reiseführer für dieses Buch

Das Vergängliche, das, was sich verändert, sich auflöst, vergeht, und das Unverwundbare, das, was bleibt, unsterblich, unzerstörbar ist – dies sind die beiden zentralen Säulen dieses Buches. Im Allgemeinen ist Vergänglichkeit der größte Krisenauslöser, den wir kennen. In den folgenden Kapiteln werde ich näher beschreiben, wie Sie im Vergänglichen, im Wandel immer wieder auch dem Unverwundbaren begegnen und daraus Kraft und Zuversicht schöpfen können.

Dieses Buch enthält vielfältige Hilfestellungen für den Umgang mit Lebenssituationen, in denen Sie mit dem Vergänglichen zu kämpfen haben, z. B. wenn Sie erkranken, mit Schmerzen konfrontiert sind, Abschied nehmen, sich Ängsten stellen müssen und Schuldgefühle Sie plagen. Es zeigt Wege auf, wie Sie dabei innere und äußere Hindernisse beseitigen können, die sich besonders in Krisenzeiten zwischen Sie und Ihr unbegrenztes Potenzial stellen. Drei ineinandergreifende Ebenen der Krisenbewältigung werden näher beleuchtet: die Regelung lebenspraktischer Angelegenheiten, die Klärung emotionaler und gedanklicher Verwicklungen sowie die Verbindung zu unserem innersten Potenzial.

Ich beschäftige mich mittlerweile mehr als zwanzig Jahre mit den hier vorgestellten Themen und habe innerhalb dieser Zeit eine Seminarreihe mit dem Thema »Wege der Heilung« entwickelt, die ich seither regelmäßig in Deutschland, aber auch in Österreich durchführe. Dieses Buch enthält vielfach erprobte, ausgereifte und immer wieder verbesserte Übungen und Meditationen aus diesen Seminaren. Sie können diese jeweils so miteinander verknüpfen, dass ein individueller Prozess der Krisenbewältigung und Heilung entsteht, dessen Intensität und Richtung Sie selbst bestimmen. Auf diesem Weg können Sie Ihre Krisenerfahrung in einen Lernprozess verwandeln. So befreien Sie ehemals gebundene Energien, finden wieder in den Fluss des Lebens zurück und können Ihren speziellen Zugang zu Ihrem unermesslichen Potenzial und dem Unverwundbaren in Ihnen entdecken.

Im folgenden Kapitel geht es zunächst um einen für uns ungewohnten Umgang mit der Vergänglichkeit, wie er z. B. im alten griechischen Mythos von Hades und Persephone deutlich wird. Die darin enthaltene Sicht von Wandel und Vergänglichkeit, von Leben und Tod ist auch für uns moderne Menschen noch zutiefst inspirierend. Ich stelle Ihnen eine Visualisierung und eine Übung vor, mit deren Hilfe Sie an die Bilder und Archetypen dieses Mythos anknüpfen können.
Das anschließende Kapitel über Kraftquellen ist das Herzstück dieses Buches. Äußere, innere und spirituelle Kraftquellen für sich zu entdecken und zu nutzen, das ist ein unschätzbar wirkungsvoller Weg, mit Lebenskrisen umzugehen, Angst in Vertrauen umzuwandeln, Leidvolles in Heilsames. Heute, wo religiöse Bindungen sich mehr und mehr auflösen und die Verbindung zu religiösen Symbolen zunehmend schwindet, kommt diesem Weg meines Erachtens eine immer größere Bedeutung zu. Die kreative und heilsame Arbeit mit Kraftquellen wird Ihnen auch in allen weiteren Kapiteln dieses Buches begegnen, ebenso finden Sie Meditationen, die vielfältige Aspekte geisti-

ger Heilung enthalten. Gerade in den schwierigen Zeiten des Lebens inspirieren die hier vorgestellten Visualisierungen innere Weite und Leichtigkeit.

Die beiliegende CD enthält die wichtigsten Meditationen dieses Buches. Alle Anleitungen sind so gestaltet, dass Menschen unterschiedlichster spiritueller Orientierungen sie nutzen können.

Übung

Höhen und Tiefen des Lebens

Sie können in dieser Übung auf Ihr Leben schauen und betrachten, wie dicht Glück und Leiden beisammenliegen. Die Anregung hierzu habe ich in einem Seminar von Christine Longaker erhalten.

Nehmen Sie ein großes Blatt Papier, etwa im DIN-A3-Format, falten Sie dieses Blatt in der Mitte und ziehen Sie dann mit einem Stift eine Linie in der Falzung von dem einen zum anderen Endes des Blattes. Nun legen Sie das Blatt waagrecht vor sich auf den Tisch. An einem Ende der Mittellinie zeichnen Sie eine Pfeilspitze auf das Blatt. Vom Anfang der Linie bis zur Pfeilspitze tragen Sie mit senkrechten Strichen, so, als fertigten Sie eine Skala an, für jedes Lebensjahrzehnt einen senkrechten Strich ein. Achten Sie darauf, etwas mehr Platz zwischen dem letzten senkrechten Strich und der Pfeilspitze zu lassen. Tragen Sie jetzt in die Hälfte des Blattes oberhalb der Linie mit dem Pfeil die Highlights in Ihrem Leben ein. In die untere Hälfte des Blattes (unterhalb der Pfeillinie) notieren Sie die großen Tiefpunkte Ihres Lebens mit wenigen Stichpunkten.

Ordnen Sie Höhe- und Tiefpunkte dem jeweiligen Lebensjahrzehnt zu. Tragen Sie nicht zu viel ein, nur die wichtigsten Höhe- und Tiefpunkte. Wenn Sie fertig sind, notieren Sie rund um die Pfeilspitze Ihre Vision oder Ideen für die Zukunft. Wenn Sie sich nicht festlegen wollen, dann lassen Sie den Platz leer. Jetzt überlegen Sie, ob es Lebensthemen für bestimmte Lebensphasen gibt oder gar einen roten Faden oder ein Kernthema, das Sie schon immer begleitet. Notieren Sie die Themen.

Wenn alles fertig ist, betrachten Sie Ihre Aufzeichnungen. Was fällt Ihnen auf? Gibt es Erkenntnisse über Glück und Leiden in Ihrem Leben? Wie erfahren Sie den Reichtum Ihres Lebens? Wo stehen Sie gerade auf Ihrem Lebensweg? Denken Sie über Ihre Erkenntnisse nach. Vielleicht notieren Sie einige Stichpunkte.

Lassen Sie die Übung nachklingen, z. B. in einer stillen Meditation.

DER LEBENSFLUSS

Mystisches Erleben

Die Geschichte der Menschheit ist auch als eine Suche nach Wegen zu verstehen, den ständigen Wandel, Auflösung und Neubeginn, zu begreifen und mit ihm sinnvoll umzugehen. Zu unterschiedlichen Zeiten gab es die verschiedensten Herangehensweisen zur Erforschung des Todes, der Schattenseite des Lebens. Die Angst vor dem Tod ist tief in unserem Unterbewussten verankert. Das Unterbewusste hat seine ganz eigene Sprache, drückt sich in Bildern oder Symbolen aus, die uns unter anderem in den zahlreichen Mythen begegnen, die sich um die Bewältigung des Todes ranken. Diese umfassen einen vielfach deutbaren, faszinierenden Bilderreichtum und eine geheimnisvolle Symbolsprache. Auch wenn diese Mythen in längst vergangenen Zeiten entstanden sind, haben sie uns noch heute viel zu sagen, gerade was das Mysterium des Todes betrifft. Mythen entstammen vorwissenschaftlicher Zeit und sind nicht wegzudenkender Bestandteil unseres kulturellen Erbes. In Mythen spiegeln sich Versuche, Naturerscheinungen und Phänomene in Handlungen und Bildersprache zu übersetzen. Sie bilden nicht Wirklichkeit ab, sondern vermitteln einen tieferen Sinn, der jenseits des begrifflichen Denkens liegt. Daher haben Mythen eine eigene Sprache. Verstanden werden sie, indem man sie »schaut«. Mythen öffnen die Tür zu einem transzendenten Raum. Und in diesem Raum ist die Begegnung mit dem Unverwundbaren möglich.

Mythen werden mündlich überliefert oder in Riten übersetzt, mit deren Hilfe Menschen einen Brückenschlag in die Wahrheit, die hinter den Erscheinungen liegt, vollziehen können. Sie begleiten Menschen bei ihrer Suche nach dem Sinn des Lebens. Ein Mythos wird erzählt, und er ist nie zu Ende.

Ein antiker Mythos – der von Hades und Persephone – kann uns nach meiner Erfahrung bei der Suche nach dem Geheimnis von Leben und Tod besonders hilfreich und lehrreich sein, weil seine geheimnisvolle Symbolsprache in uns verborgene Bilderwelten wachruft. Verdrängte Bewusstseinsinhalte werden dabei direkt angesprochen, in uns bewegt und erhalten eine Ausdrucksform. Auf diese Weise treten Ängste aus dem Schatten heraus, wir können sie wahrnehmen und einen neuen Umgang mit ihnen suchen. Das ist die psychologische Seite der Auseinandersetzung mit dem Mythos. Noch tiefer reicht die spirituelle Ebene. Hier transformieren wir beengende Muster, blockierende Einstellungen. Auch dabei helfen Mythen, vor allem, wenn sie in Riten übersetzt werden, die eine Brücke schlagen von der profanen Welt in den transzendenten Raum hinein. Dieser Brückenschlag wird vielfach als Akt der Befreiung erlebt.

Um diesen spannenden Prozess wird es auf den nächsten Seiten gehen, in denen wir einerseits um Jahrtausende zurückgehen, andererseits mit Siebenmeilenstiefeln vorankommen. Wir nutzen die Kraft des Mythos, um Vergänglichkeit und Wandel auf einer tieferen Ebene zu verstehen. Das Unterbewusste nehmen wir dabei mit. Die Methode setzt dort an, wo wir die Begegnung mit dem Wandel und auch mit dem Tod am hartnäckigsten und verbissensten verweigern. Es geht um eine Reise in das Geheimnis von Leben und Tod, um eine Transformation, das heißt um eine Befreiung von Blockaden. Sie kann sich als große Hilfe für die Bewältigung von Krisen erweisen.

Licht und Schatten

Vor etlichen Jahren reiste ich mit einem Freund nach Griechenland. Mit der Fähre erreichten wir Igoumenitsa. Von dort aus fuhren wir an der Westküste entlang. Eine malerische, halbmondförmige Bucht mit einem breiten, weißen Sandstrand, dahinter die Häuser eines Dorfes, ein Fluss, der ins Meer mündete, lagen in betörender Schönheit vor uns. Es gab nur eine Zufahrtsstraße, die sich den Hügel hinunter zum Fischerdorf schlängelte. Dort angekommen, bot sich uns eine weitere malerische Kulisse. Hinter dem feinen, weißen, flach ins Meer abfallenden Sandstrand waren große, schattenspendende Platanen. Zwei Felsen bildeten eine Art Tor, in dessen Mitte gerade die Abendsonne unterging. Hier mündete der Fluss ins Meer. Er strahlte eine außergewöhnliche Kühle und Frische aus, obwohl es mitten im Hochsommer war. Eine kleine griechische Taverne an seinem Ufer, kurz vor dem Sandstrand, war umsäumt von Büschen und Blumen.

Wir blieben für einige Wochen an diesem Ort. Der kristallklare Fluss mit seinen üppig bewachsenen Ufern, an denen sich Wasservögel tummelten und Schildkröten zu Hause waren, hatte eine kräftige Strömung, von der man sich ins Meer hinaustragen lassen konnte. Das war nicht ganz ungefährlich, denn es gab zu bestimmten Zeiten Strudel, und es waren hier, wie wir hörten, schon gute Schwimmer ertrunken.

Der Fluss bestimmt das Leben an diesem Ort. Er bringt Kühle, spendet das Wasser für Gärten und Felder, nährt die rundherum üppige Vegetation, verdünnt das Salzwasser des Meeres und versorgt Einheimische und Gäste mit besonders schmackhaftem Fisch. Genau dort, wo er ins Meer mündet, geht die Sonne in atemberaubendem Farbenspiel wie ein Feuerball am Horizont unter. Dieser Platz lebt auf besondere Weise in den Abendstunden, im Zwielicht, den sensiblen Zeiten zwischen Tag und Nacht.

Der Fluss entspringt in den nahe gelegenen Bergen; man kann ihn 30 Kilometer bis zu seinen Quellen zurückverfolgen. Wer mit einem Boot flussaufwärts fährt, taucht in eine unglaublich magische Welt ein. Die Ebene, durch die dieser Fluss strömt, soll in der Antike eine fruchtbare Seen- und Sumpflandschaft gewesen sein. Dieser Fluss berührt die Seele tief, sowohl in seiner verträumten Schönheit als auch in dem Abgründigen, das er ausstrahlt.

Wir befinden uns an den Ufern des Acheron (*ach* = Trauer/Leid und *reo* = fließe), auch Fluss des Stöhnens genannt. In der griechischen Mythologie verkörpert er den Zugang zum Reich der Toten: der Unterwelt, dem Hades. In der griechischen Antike ist dieses Reich geographisch im Westen angesiedelt, am Ende des Okeanos, wo sich die vier großen Flüsse des Hades, die den Elementen und Jahreszeiten zugeordnet sind, in den Untergrund stürzen. Es sind die schwarzen Flüsse: Acheron (Luft/Frühling), Phlegeton (Feuer/Sommer), Styx (Erde/Herbst) und Kokytos (Wasser/Winter). Bekannt sind auch die acherusischen Seen als Zugang zur Unterwelt, geographisch werden sie heute im Mündungsdelta des Acheron angesiedelt. Im antiken Griechenland ging man davon aus, dass ein Mensch, der stirbt, aus dem Rhythmus der Jahreszeiten, von denen das Leben bestimmt wird, austritt. Der Verstorbene verwandelt sich in einen Schatten, der über einen der schwarzen Flüsse in das am sonnenlosen Rand der Welt liegende Totenreich überführt werden muss. Unweit von Ammoudia gibt es eine Ausgrabungsstätte des Totenorakels von Epyra, das früher an einem Seeufer lag.

Die Styx

Die Styx (im Griechischen weiblich) wird, einer mythologischen Version zufolge, als der Strom betrachtet, in den alle anderen schwarzen Flüsse, die das Schattenreich äußerlich begrenzen, eingehen. Er fließt durch eine wilde Schlucht in die Unterwelt und windet sich neunmal in vollkommener Dunkelheit um den Hades. Styx heißt »das Grausen«. Der Fluss hat seinen Namen von der gleichnamigen Göttin, die über ihn herrscht und die im Hades in einem Palast mit silbernen Säulen wohnt. Sie ist eine enge Vertraute von Zeus, der verfügt hat, dass, wer bei den Wassern der Styx einen Eid breche, egal, ob Mensch oder Gott, für neun Jahre in eine totenähnliche Starre falle.

Ein Bad in der Styx soll unverwundbar machen. In diesem Sinne erreicht also derjenige Unverwundbarkeit, der das Grausen geschaut und ihm standgehalten hat. Für die Seelen ist auch der Schluck Wasser aus einem anderen Fluss, Lethe, wichtig, dem Fluss des Vergessens. Wer daraus trinkt, vergisst sein Leben und ist auf diese Weise gut auf den Hades oder die Wiedergeburt vorbereitet. Ohne die schwarzen Flüsse, besonders die Styx, ist es aber nicht möglich, ins Totenreich zu gelangen, sie sind Bindeglieder, welche die drei Teile des Kosmos: den Olymp (das Reich der Götter), die Erde (die Menschenwelt), und den Hades (das Schattenreich) zusammenhalten.

Übergang in die Unterwelt

Begleitet und geleitet werden die Toten vom Götterboten Hermes, der dafür eigens den Olymp verlässt. Er hat seinen Auftrag von Zeus. Hermes (*herma* = Felsen/Stein) ist einerseits ein Magier, der Schutzgott der Reisenden, Kaufleute, Hirten, andererseits agiert er als Psychopompos (Seelenbestatter). Hermes kann sich schneller bewegen als das Licht, trägt in Abbildern oft einen geflügelten Helm, geflügelte Schuhe oder Flügel an den Schultern sowie den goldenen Hermeszauberstab. Der geflügelte Götterbote ist also auch eine Art Todesengel.

An den Ufern des schwarzen Flusses, meist ist es die Styx, erwartet der Fährmann Charon (von griech. *charopos,* »der mit den funkelnden Augen«) die von Hermes begleiteten Schattenwesen. Sie steigen in sein Boot und entrichten ihren Obolus. Dann rudert Charon sie über den Strom. Am anderen Ufer des Flusses beginnt das Schattenreich, in dem Hades die Verstorbenen in Empfang nimmt. In den Hades kommen nur die Toten, die eine ordentliche Bestattung bekommen haben und die eine Münze/Obole unter der Zunge oder zwischen den Zähnen

27

haben. Das ist ihr Fahrgeld. Wer kein Begräbnis hatte, dessen Seele muss ein Jahrhundert an den Ufern des Unterweltflusses verweilen. Die Vorstellung einer solchen Bootsfahrt in die Unterwelt ist vermutlich ägyptischen Ursprungs. In Ägypten wurden die Verstorbenen mit einer Barke über den Nil zu den seligen Inseln im Sandmeer der Wüste, den Totentempeln, gebracht.

Das Reich des Hades

In der Unterwelt angekommen, unterliegen die Schatten der Herrschaft des Gottes Hades. Sein Name bedeutet »der Unsichtbare«. Hades, der Sohn von Kronos und Rhea, ist ein Bruder von Zeus, Demeter, Hera und Poseidon. Die Griechen nannten ihn auch Eubuleus, »den guten Ratgeber«, oder Pylartes, »den Türhüter«, oder Polydegmon, »den Gastlichen«, oder Stygeros, »den Verhassten«, um nur einige seiner Namen zu nennen. Als einst am Anfang das Universum verteilt wurde, soll Hades die Unterwelt als ewiger Wohnsitz zugefallen sein: Zeus erhielt den Himmel und Poseidon das Meer.

Hades genoss im Götterhimmel wenig Wertschätzung, da er das Totenreich regierte. Eine Gemahlin fand er nicht, da die Göttinnen ihn verschmähten, im Unterschied zu Zeus, der zahlreiche Geliebte hatte. Griechen und Römer stellten sich Hades als grimmigen, kalten Gott vor, der die Gesetze der Unterwelt auf jeden unterschiedslos anwandte. Sie sahen ihn jedoch nicht als satanisch oder ungerecht an. Die Römer nannten Hades Pluto, was mit Reichtum/Fülle übersetzt werden kann. Er verfügte über den Reichtum unendlich vieler Samenkörner, die im Schoß der Dunkelheit ruhen, um als Korn weltlichen Reichtum zu spenden, aber ebenso auch über den Reichtum der Seelen (siehe Platons *Phaidon*).

Das Schattenreich der Unterwelt war wie die antike Gesellschaft hierarchisch aufgebaut. Geographisch befand sich oberhalb des Hades die Erde und darunter der Tartaros. Bewacht wurde der Hades vom Höllenhund Kerberos, der mehrere Köpfe hatte, dessen Atem giftig und dessen Speichel tödlich war. Es gab unterschiedliche Refugien für die Seelen, zum Beispiel Bereiche, in denen unlautere Seelen bestraft wurden, oder Höllen wie den Tartaros. Die Vorstellungen vom Innenleben des Hades wandelten sich im Laufe der Jahrhunderte. Platon berichtet im *Phaidon* von einer Hadeshierarchie, in der das Griechenland, in dem er lebte, gut zu erkennen ist.

Es gab wie in Ägypten ein Totengericht mit drei Totenrichtern (Minos, Rhadamanthys und Aiakos), die Hades zur Seite standen. Nur eine kleine Schar Auserwählter kam nach der Konfrontation mit den Richtern der Unterwelt auf die Insel der Seligen bzw. in das Elysion, das Paradies. Die christliche Vorstellung vom Jüngsten Gericht hat hier ihren Ursprung.

Die Insel der Seligen

Im Elysion, dem Paradies nach dem Tod, kamen einer frühantiken Vorstellung zufolge nur die Verwandten oder Lieblinge der Götter an, denen der Hades erspart wurde; später jedoch auch diejenigen, die vor dem Tod rituelle Reinigungen vollzogen und ein untadeliges Leben geführt hatten. Das Leben auf der Insel der Seligen, dem Elysion, war geprägt von Sorglosigkeit, Gesang, Musik, Tanz, Kulthandlungen für die Götter und philosophischen Diskursen.

Der Mythos von Hades und Persephone

Der Geschichte von Hades und Persephone kommt eine Schlüsselfunktion im Hinblick auf das Verständnis von Leben und Sterben in der griechischen Mythologie zu. Interessant sind auch die Parallelen zum sumerischen Mythos um Inanna und Ereshkigal.

Der Mythos enthält eine sinnbildliche Darstellung des Rhythmus der Jahreszeiten und damit des Lebenszyklus. Damit verbunden sind sowohl Fruchtbarkeits- als auch Totenkulte. In den Mysterien von Eleusis, einem der wichtigsten Kulte in der Antike, die auf diesem Mythos basieren, geht es um die Unsterblichkeit der Seele. Wir blicken hier in die Wiege unserer abendländischen Kultur, die faszinierende Einblicke, Erkenntnisse und Erfahrungen über Leben und Tod bereithält. Die wirkliche Bedeutung des Mythos erschließt sich aber nicht so sehr über das Erzählen als über das Erleben. Deshalb wurde er in den Mysterien von Eleusis als Ritus zelebriert. Wer an den Mysterienspielen teilnahm, übertrat eine Schwelle. Er war damit zum Eingeweihten geworden.

Mich beeindruckt die Wertschätzung der antiken Lebensgemeinschaft in Griechenland, speziell in Athen, für die Auseinandersetzung mit dem Tod im Leben. Die Mysterienspiele waren eine spirituelle Schulung und wurden zweimal im Jahr über mehrere Tage zelebriert. Wer daran teilnahm, unterwarf sich einem Prozess der Läuterung. Die antiken Mysterienspiele waren große gesellschaftliche Ereignisse, die eine hohe Wertschätzung genossen. Die Gesellschaft half ihren Mitgliedern auf diese Weise, den Tod als Teil des Lebens zu erfahren und damit Ängste zu überwinden.

Persephone (lat. Proserpina), auch Kore (die Jungfrau) genannt, ist die außergewöhnlich schöne Tochter der Demeter und des Zeus. Ursprünglich ist sie wie ihre Mutter eine Göttin des Wachstums. Wachstum und Tod stehen in der griechischen Agrargesellschaft in enger Verbindung. Demeter, eine der zwölf großen Gottheiten des Olymp, ist die Fruchtbarkeits- und Erdgöttin par excellence. Sie lebt mit ihrer Tochter auf ihrer Lieblingsinsel Sizilien. Eines Tages möchte sie auf Reisen gehen und ermahnt Persephone, bis zu ihrer Rückkehr an ihren künftigen Gemahl Dionysos zu denken, nicht auf Eros zu hören, falls er sich nähern sollte, und vor allem nicht eine bestimmte Blume zu pflücken, deren Duft so berauschend sei, dass sie die Erinnerung an alles Himmlische verlieren könne. Es gibt unterschiedliche Versionen des Mythos, von denen ich nur eine erzählen möchte.

Persephone verspricht, all das zu befolgen, doch schon bald beginnt sie, sich in Gedanken mit Eros zu beschäftigen. Darauf tritt aus dem Wald ein schöner geflügelter junger Mann, der sich als Eros zu erkennen gibt. Er überredet sie schließlich, auf der Wiese Blumen zu pflücken und ihren Duft einzuatmen, um dadurch Offenbarungen über die Liebe zu empfangen. Nach anfänglichem Zögern tut sie es schließlich. In diesem Moment öffnet sich die Erde, und Hades erscheint auf einem dunklen Wagen, gezogen von schwarzen Rössern, und entführt sie in die Unterwelt. Als Demeter von der Reise zurückkehrt und ihre Tochter nicht vorfindet, durchwandert sie trauernd und klagend auf der Suche nach ihr die Länder der Welt. Schließlich kommt sie in Gestalt einer älteren Frau nach Eleusis, wo die Einwohner der Stadt ihr zu Ehren einen Tempel bauen, den Tempel von Eleusis, in den die Göttin vorübergehend einzieht. Im Schmerz um den Verlust ihrer Tochter lässt Demeter die Felder verdorren, kein Samenkorn keimt mehr, und es kommt zu einer großen Hungersnot. Sie droht, die Erde vollständig verdorren zu lassen, wenn sie ihre Tochter nicht wiederbekomme. Angesichts dieser Drohung befiehlt Zeus seinem Bruder Hades, Persephone zu ihrer Mutter zu bringen. Vorher gibt Hades Persephone aber noch einige Granatapfelkerne zu essen. Ein unumstößliches Gesetz der Unterwelt besagt, dass der, der dort einmal etwas gegessen hat, für immer zu ihr gehört. Darüber hinaus sind Granatapfelkerne Fruchtbarkeitssymbole. Mit dem Verzehr der Granatapfelkerne hat Persephone Hades als Ehemann angenommen. Hades bringt seine Gemahlin zu Demeter in den Tempel von Eleusis, wo Mutter und Tochter sich überglücklich in die Arme fallen. Als Demeter vom Verzehr der Granatapfelkerne erfährt, weiß sie, sie kann ihre Tochter nicht für immer behalten. Sie, in einer jüngeren Version des Mythos ist es Zeus, entscheidet nun, dass Persephone ein Drittel des Jahres bei Hades in der Unterwelt als Königin des Schattenreichs verbringen solle und zwei Drittel des Jahres auf der Erde oder im Olymp. Persephone ist mit dieser Entscheidung einverstanden. Zeus bittet Demeter, wieder bunte Blumen und Feldfrüchte wachsen zu lassen, damit die Menschen Nahrung haben. Demeter lässt die Vegetation auf der Erde erneut sprießen.

Sie lehrt dann den Sohn des Königs Keleos Triptolemos den Getreideanbau und führt ihn in Fruchtbarkeitskulte sowie die Geheimnisse von Leben und Tod ein. Auch ausgewählten Adligen zeigt sie die dazugehörigen erhabenen Weihen und Opferdienste. Die Mysterien von Eleusis sind geboren. Sie werden von den adligen Familien, die die Einweihung von der Göttin erhielten, zelebriert und bleiben für Jahrhunderte in deren Händen. Diese Familien genießen in der griechischen Gesellschaft hohes Ansehen.

Lehren aus dem Mythos

Das Besondere an diesem Mythos und Ritus ist, dass er das
Geheimnis des Lebens zu ergründen versucht und dabei dem
Tod eine zentrale Bedeutung zukommen lässt. In der mythologischen Figur Persephones und in ihrem Schicksal spiegelt sich
der Kreislauf von Geburt, Leben und Tod. Der Tod erhält einen
Platz in diesem Kreislauf, ist nicht mehr die Endstation, sondern ein Übergang. Symbolisch dafür steht das Samenkorn.
Das Samenkorn, aus dem alles Leben entspringt, keimt, grünt,
blüht, trägt Früchte, wird geerntet und zieht dann seine Energie wieder zurück in den Kern. Es verweilt im Schoß der Erde,
um von dort aus wieder in den Lebenszyklus einzugehen. Dies
mag ein Grund dafür sein, warum im antiken Griechenland das
Reich der Toten im Erdinneren angesiedelt ist. Während das
Korn in der Erde ruht, sieht es so aus, als wäre es gestorben; in
Wirklichkeit zieht sich die Lebensenergie nur zurück. Sie konzentriert sich im Samen, um im Frühjahr erneut zu neuem Leben zu erwachen. Was in der Erde begraben war, ersteht wieder
auf. Der Prozess des Keimens, Wachsens, Reifens, Ruhens und
Wiederauferstehens vollzieht sich innerhalb der Jahreszeiten,
die einen immer wiederkehrenden Kreislauf bilden, in dem Leben entsteht und vergeht. Demeter schenkt und erklärt den
Menschen den ewigen Kreislauf des »Stirb und werde«. Die
Seele ist das menschliche Samenkorn, das überlebt, daher lohnt
es sich, die Seele zu bilden und zu veredeln.
Nahezu alle alten Kulturen haben sich mit dem Tod intensiv
beschäftigt. Nur heutzutage halten wir das für unnötig, wehren
uns dagegen und meinen, wer an den Tod denke, verneine das
Leben und wünsche die zerstörerische Kraft des Todes unmit-
telbar herbei. Tatsächlich zeigen die Mysterien von Eleusis das
Gegenteil. Wer das Mysterium des Todes ergründet hat, dessen
Weltbild verändert sich. Die Entdeckung der Unsterblichkeit
des Geistes oder der Seele ist eine beglückende und freudige
Erfahrung, aus der heraus das Leben erst lebenswert wird, und

dies gerade, weil es vergänglich ist. Das wird nach dem Ritus in einem großen Fest ausgelassen und orgiastisch gefeiert.

In den antiken Kulturen geht es darum zu begreifen, dass Leben und Tod zwei Pole sind, die sich gegenseitig erhellen; wer beide versteht, entdeckt eine tiefere Weisheit und erkennt, dass das Leben in seiner materiellen oder körperlichen Form immer wieder verlischt. Es stirbt jedoch nur scheinbar. Es gibt eine Wiederauferstehung des Lebens, doch in einer anderen Weise, als wir es uns vielleicht vorstellen mögen. Der Weg führt aus der Welt des Lebens ins Reich der Finsternis und von dort aus wieder ins Licht zurück. Was den Tod überlebt, ist nichts Stoffliches, es ist die Essenz des Lebens, die Seele. Bevor aber von Seele geredet und sie konzeptualisiert werden kann, muss man sie erfahren haben, ein Verständnis davon entwickeln, was sie eigentlich ist. Die Mysterien von Eleusis ermöglichen dem antiken Menschen die atemberaubende Erfahrung, dass er und alle Wesen eigentlich unsterblich sind, sie ermöglichen in der mystischen Schau, die Wandlung der Seele hin zur Unsterblichkeit zu erleben, und das als kollektives Ereignis. Die Qualität dieser Erfahrung galt als Voraussetzung für eine Höherentwicklung des Menschen. Wir modernen Menschen können heute noch daraus lernen, weil wir in unserer Kultur mit der Integration des Todes ins Leben noch nicht sehr weit gekommen sind. Deshalb ist meiner Meinung nach ein Exkurs zu den alten Mythen so inspirierend. Wir erschließen uns deren Weisheit, integrieren diese in unsere modernen Kontexte, um von dort aus weiterzugehen, und zwar auf eine westliche Art und Weise. Ein neuer Umgang mit Leben und Tod wird unsere Bedürfnisse ebenso wie unsere Weltsicht verändern, in Medizin, Politik und Gesellschaft sowie im persönlichen Leben deutliche Spuren hinterlassen und uns humanitäre Werte neu sehen und bestimmen lassen.

Im Buddhismus werden Leben, Tod und die Wiederverkörperung anders verstanden als im griechischen Mythos. Sie gelten als Produkte eines Leidenskreislaufs, der sich so lange wiederholt, wie ein Wesen darin gefangen ist. Erst der Ausstieg aus diesem Kreislauf führt nach Buddhas Lehre zu wirklicher Befreiung. Todlosigkeit, die in die Erleuchtung mündet, wird erst dann möglich, und zwar in der Erfahrung des Einsseins oder der Leerheit. Erst das vollständige Heraustreten aus dem Leidenskreislauf, aus der Dualität, schafft dauerhaftes Glück. Und das geschieht auf geistiger Ebene.

Das abendländische Konzept der Seele, wie auch das antike Denken insgesamt, bleibt einem dualistischen Denken insofern verhaftet, als es die Seele als eigenständiges, individualisiertes Subjekt sieht. Dieses dualistische Denken prägt die westliche Kultur seit Jahrtausenden, anders die asiatische, in der die Menschen in einer Sicht des Einsseins und der Verbundenheit allen Lebens verwurzelt sind. Das sollten wir bedenken, wenn wir uns auf einen östlichen spirituellen Weg machen.

Der Mythos vom Raub der Persephone liefert den Stoff für die Mysterien von Eleusis, einen komplexen Ritus, der den Fruchtbarkeitskult und die Feier der Unsterblichkeit der Seele und damit des Lebens vereint. Regt der Mythos die Phantasie an, so prägt der Ritus eine neue Qualität verinnerlichten Erlebens; die Eingeweihten berühren ihr unbegrenztes Potenzial und lernen, sich ihren Ängsten zu stellen und sie zu überwinden. Das ist die große Errungenschaft dieser wunderbaren Geschichte. Der Eingeweihte vertraut auf eine möglichst günstige Wiederverkörperung der Seele, und das motiviert ihn zu einem tugendhaften Leben. Er strebt nicht danach, aus diesem Kreislauf auszusteigen. So weit denkt er nicht. Die Seelenbildung wird für ihn zum Lebensthema.

Darüber, was die Seele ist, ist viel spekuliert worden, und die Vorstellungen wandelten sich im historischen Prozess. Das ist Theoriebildung. Die rituelle Erfahrung des Mythos ist etwas ganz anderes.

»An einem Frühlingstag in Athen säumen Hunderte von Bürgern der Polis die große Verbindungsstraße nach Eleusis. Sie warten auf die Mysten, die heute bekränzt, in feierlicher Stimmung und voll freudiger Erwartung auf der heiligen Straße nach Eleusis pilgern, um dort ihre Einweihung in das Mysterium der Demeter zu erhalten. Es sind fast 2000 Mysten, Männer und Frauen aller Schichten und Altersgruppen, auch Sklaven sind dabei. Es ist das Jahr 475 vor Christus. Sie werden dort sieben Tage verbringen, und wenn sie zurückkehren, sind sie verwandelt, geläutert. Die Reinigung von Körper, Geist und Seele, Tänze, Fasten und Opfergaben an die Götter, Gebete und Trancen gehören zum Ritual. Genaueres weiß man nicht, denn die Teilnehmer schwören vor den Göttern, nichts zu verraten. In Eleusis können Menschen das Geheimnis des Lebens erfahren. Es heißt, wer in Eleusis geweiht wurde, werde wie die Götter sein und müsse den Tod nicht mehr fürchten …« So könnte ein Bericht dieses spirituellen Brauchs beginnen, der eine sehr wichtige gemeinschaftsstiftende Erfahrung und ein gesellschaftliches Ereignis war, das jedes Jahr im Frühjahr und im Herbst zelebriert wurde.

Das griechische Wort *mysterion* beschreibt einen geheimen Kult, eine geheime religiöse Feier, in der es um die Schau des Göttlichen, des Transzendenten, geht.
Den antiken Mysterienkulten liegen einige Prinzipien zugrunde: Sie werden an geweihten, nichtöffentlichen Stätten durchgeführt, unterliegen absoluter Geheimhaltung, in ihnen wird verborgenes Wissen verkündet, die Probanden unterziehen sich Prüfungen, üben kultische Handlungen aus und gestehen Fehlverhalten sowie ihre Unwissenheit ein. Der Initiand begegnet den Schatten der Unterwelt und erfährt Erneuerung. Den Höhepunkt bildet das Erscheinen des Göttlichen, die göttliche

Offenbarung oder heilige Schau *(epopteia)*; daran geknüpft ist die Verkündung geheimen Wissens. Reinigungszeremonien, das Tragen besonderer Gewänder, die Bekränzung der Teilnehmenden, Tänze, Gesänge, Gebete, Opfergaben, der Gebrauch heiliger Gegenstände machten den Ritus, der mehrere Tage umfasste, aus. Die Rückkehr der Göttin Persephone aus dem Hades auf die Erde bildet den Höhepunkt des Kults. Sie symbolisiert die Wiedergeburt der Seele. Im Zentrum der Erfahrung steht die Erkenntnis »der polaren Einheit von Leben und Tod. Der Tod als Durchgang zu einem neuen, anderen Leben und die Geborgenheit des Menschen in diesem Lebenszusammenhang … Der Myste, der nun in diese Zusammenhänge eingeweiht war, durfte sich im Bilde des göttlichen Kindes sehen, eines Hoffnungsbildes, das dem Eingeweihten verhcißt, dass auch er ›neugeboren‹ ist, neues Leben von der Gottheit erhält.«[*]

Am letzten Tag wurde der Toten gedacht. Es handelte sich um dramenähnliche Inszenierungen mit einem kathartischen Erlebnis als Höhepunkt. Ein Zaubertrank aus Gerstensaft diente der Erweiterung der Wahrnehmung. Der Ritus mündete in ein großes Fest, bei dem die geistige Wiedergeburt der Initianden gefeiert wurde. Die erweiterte Wahrnehmung ermöglichte Lichterfahrungen, ein Durchleben von Ängsten, die den Eingeweihten die Todesangst nehme. Platon erwähnt im *Phaidon,* die Eingeweihten von Eleusis bekämen im Jenseits einen Ehrenplatz. Sie müssten den Tod nicht fürchten, denn sie seien zu Stammesverwandten der Götter geworden.

Die Mysterien zu Eleusis sind auch so etwas wie die Wiege der Bühnenkunst. So gesehen lebt in jedem Drama ein Funken von Eleusis weiter. Das sieht man sowohl am Aufbau der griechischen Tragödien als auch an ihrer ursprünglichen Funktion: Sie sollten Opfergaben an die Götter sein. Jeder Aufführung, z. B. in Athen, gingen (etliche Jahrhunderte lang) religiöse Riten voraus. Die Zuschauer erlebten die Darbietungen in einem

---

[*] Giebel, S. 46

spirituellen Kontext und erwarben Einsichten, in denen sie sich mit den Göttern verbunden fühlten. Viele der großen griechischen Bühnenautoren waren Eingeweihte von Eleusis. Sie brachten ihre Reifungsprozesse und Erfahrungen in ihre Kunst ein. Betrachtet man moderne Aufführungen griechischer Dichter heute vor diesem Hintergrundwissen, erschließen sich neue Wahrnehmungsfelder.

Der Blick zum anderen Ufer

In einer Übung, die am Ende des Kapitels genauer beschrieben wird, können Sie in die Magie und die archaische Kraft einiger Bilder dieses Mythos eintauchen und sich davon inspirieren lassen. Ich habe in meiner Arbeit mit Menschen gute Erfahrungen damit gemacht. Erstaunlich ist, wie schnell viele, vor allem in einer Gruppe, das energetische Feld des Mythos wahrnehmen können und wie heilsam das erlebt wird. In der Übung werden Sie sich an den Ufern der symbolisch dargestellten Styx niederlassen und von dort aus über den Fluss schauen. Die Übung ist so aufgebaut, dass Sie sowohl am diesseitigen als auch am jenseitigen Ufer der Styx sitzen werden. Am Schluss können Sie sich einen Platz im schwarzen Fluss oder an dessen Ufern suchen. Diese Übung führt man am besten unter Anleitung in einer Gruppe durch. Sie werden erleben, wie sich Ihnen ein Feld erschließt, in dem Sie Einblicke in die Mysterien von Leben und Tod gewinnen. Dieses Feld stimuliert das Unterbewusste, das sich oft in Träumen zu Wort meldet. Deshalb ist es gut, Träume oder Gedanken, die erscheinen, aufzuschreiben und darüber zu kontemplieren. Die Übung ist meditativ und kreativ. Das Flussmotiv – hier ist es der schwarze Fluss, die Styx, die zu einem Lebensfluss wird – ist das tragende Element dieser spannenden und inspirierenden Übung.

Mythos und Ritus als Stoff für eine Reise in die Unterwelt

Angelehnt an Diane von Weltziens *Praxisbuch der Rituale* habe ich eine geleitete Visualisierung entwickelt, mit deren Hilfe ich in meinen Kursen Menschen nach der Flussübung und der Erläuterung des Mythos von Hades und Persephone die dort geschilderte Einweihung nachvollziehen lasse. Eine Anleitung für diese einprägsame und tiefwirkende Phantasiereise finden Sie am Ende dieses Kapitels. Als Höhepunkt der Reise erhalten Sie ein symbolisches Geschenk, das Sie mitnehmen dürfen. Ich habe erlebt, dass Teilnehmende Gegenstände »mitbrachten«, die in der Antike oder auch heute als Sinnbilder der Unsterblichkeit gelten. Manche hatten sogar Gegenstände im Korb, wie sie die Forschung auch in Eleusis vermutet. Das verdeutlicht mir immer wieder, wie tief uns die Symbolkraft des Mythos noch heute berührt.

Wege in das Unverwundbare

Der Mythos vom Raub der Persephone und der dazugehörige Ritus weisen Wege zur Akzeptanz von Werden und Vergehen und zur Entdeckung der Unsterblichkeit der Seele. Dazu benötigen wir Menschen bewusstseinserweiternde Erfahrungen, wie sie in Eleusis möglich waren. Auf der Grundlage solcher Erfahrungen beginnt für die Eingeweihten ein neues Leben. Lebenskrisen gibt es für sie weiterhin, doch sie gehen anders mit ihnen um. Sie überwinden Ängste, leben freier und glücklicher, verantwortungsbewusster, begegnen Krisen gelassener. Die Überzeugung von der Unsterblichkeit der Seele vermag bei existenziellen Bedrohungen im Leben große Kraft zu geben.
Die alten Mythen des Abendlandes gehören ebenso wie das

Christentum zu unserem spirituellen und kulturellen Erbe, an dem wir anknüpfen können, um dann weiterzugehen. Die europäische Antike prägt bis heute unser Leben und unsere Seelenbilder, denken Sie nur an die zahlreichen Lehnwörter aus dem Lateinischen oder Griechischen. Auch unser Kontinent hat seinen Namen von der griechischen Göttin Europa. Die alten Mythen enthalten im Sinne C. G. Jungs Archetypen, die uns helfen, Aspekte unseres Innenlebens, des Unterbewussten, zu verstehen. Sie führen in tieferliegende Schichten unserer Psyche.

Haben sich die Menschen im antiken Griechenland noch als Teil der Natur gesehen, nicht als ihre Beherrscher, und sich in deren Kreislauf im Rahmen ihrer religiösen und gesellschaftlichen Strukturen eingegliedert, so hat sich dieses Verständnis im Laufe der geschichtlichen Entwicklung radikal verändert. In der postindustriellen Gesellschaft haben wir uns weitgehend von der Natur entfremdet, mit all den destruktiven Folgen, die wir heute weltweit erleben können in Form von Klimaveränderung, Umweltzerstörung und Naturkatastrophen. Die menschliche Hybris stößt allmählich an ihre Grenze, und die Frage nach Alternativen wird immer drängender. Wir können aus dem spirituellen Selbstverständnis naturverbundener Völker lernen; es jedoch nicht eins zu eins übernehmen. Antikes Kreislaufdenken enthält Möglichkeiten und Grenzen. Wir können heute die darin enthaltenen Möglichkeiten nutzen und über die Grenzen hinausgehen. Eine der Möglichkeiten ist, die Vergänglichkeit zu akzeptieren und den Tod als Teil des Lebens zu verstehen. Wir lösen uns damit vom linearen Denken, in dem etwas anfängt (z. B. das Leben) und dann mit dem Tod des Körpers als beendet gilt. Lineares Denken kann vielfältige Phänomene wissenschaftlich fundiert erklären; wir verdanken ihm große Errungenschaften; es blockiert jedoch den Zugang zu den Welten, die hinter den Erscheinungen liegen. Das Verständnis von Leben und Tod im Sinne eines Kreislaufs ist sehr viel weitreichender als ein lineares.

Ein noch viel größerer Schritt ist die Vorstellung vom Heraustreten aus dem Kreislauf von Geburt und Tod. Wir können ihn vollziehen, wenn wir dem Unverwundbaren in uns begegnen, und das bedeutet weit mehr, als zu erkennen, dass der Tod ein Übergang ist. Es bedeutet, bis ins Tiefste zu verstehen, dass alles in einem unsterblichen Bewusstseinsstrom miteinander verbunden ist. Ein solches Verständnis kommt in den buddhistischen Lehren zum Ausdruck.

Vom Kreislaufdenken zum unsterblichen Bewusstseinsstrom

Die meisten antiken Vorstellungen von der Seele wurzeln in einem von den alten Mythen beschriebenen Kreislaufdenken. Die Seele ist unsterblich, sie kehrt wieder, auch wenn die Vorstellungen, wie das geschieht, sich über die Jahrhunderte, vom Altertum bis heute, vielfach gewandelt haben. Psyche, in Abbildungen als anmutige weibliche Gestalt mit Vogel- oder Schmetterlingsflügeln dargestellt, hatte die Fähigkeit, die Grenzen zwischen Raum und Zeit zu überschreiten. Die alten Ägypter zeichneten Ba, den Seelenvogel, mit menschlichem Gesicht; er erhob sich – als Abbild der Seele des Verstorbenen – über dem Toten und ging auf die Reise.

Beim Seelenbegriff ist die Verlängerung der Einzelpersönlichkeit von der stofflichen in die nichtstoffliche Welt mitgedacht. Seele ist etwas Individuelles, wenn auch nicht Greifbares. Immer wieder gab es aber Versuche in der westlichen Welt, der Seele in bestimmter Weise habhaft zu werden, indem man z. B. ihr Gewicht bei einem Verstorbenen ermitteln wollte. Kunstvolle Apparaturen wurden entworfen, die den Körper im Moment des Todes und einige Zeit später wogen. Da war er dann, Versuchen zufolge, 20 Gramm leichter, was zu Vermutungen führte, dass das der Seelenanteil sein könnte. Bei Platon löst sich die als individualisiert gedachte Seele vom Körper, kehrt wieder zurück oder nimmt einen Platz in einer hierarchisch vorgestellten geistigen Welt ein. Die Seele wird dabei als ein eigenständiges Subjekt gesehen, dies gilt auch, wenn sie als Teil einer Weltenseele gedacht wird. Darin kommt eine dem gesamten abendländischen Denken zugrundeliegende dualistische Sicht der Dinge zum Ausdruck, die sowohl das Christentum als auch unser westliches Denken bis heute prägt.

Die Sicht des Buddha ist da eine ganz andere. Für ihn gibt es keinen Schöpfer und auch keine Schöpfung. Alles, was existiert, basiert auf abhängigem Entstehen, Ursache und Wirkung, dem Gesetz des Karma. Phänomene lösen sich in Leere auf, wenn die Ursache-Wirkungs-Faktoren zerfallen. Grundlage aller Existenz ist die Natur des Geistes, die für uns erfahrbar ist, in der wir ruhen können. Damit verbunden ist die Auflösung aller Konzepte. Diese ursprüngliche Vollkommenheit oder Einheit ist immer da und das Wesen von allem. Befreiung erlangt ein Wesen erst, wenn es die Natur des Geistes erkannt hat und mit ihr verschmilzt, in einem Feld, das weder existiert noch nicht existiert, also in einem nondualen Raum. Der Buddha geht mit dieser Auffassung vom Geist und von Leben und Tod weit über die oben beschriebenen abendländischen Vorstellungen hinaus.

»Die noch immer revolutionäre Einsicht des Buddhismus lautet: Leben und Tod sind im Geist, und nirgendwo sonst. Der Geist ist die universale Basis aller Erfahrung – der Schöpfer von Glück und Unglück, der Schöpfer auch dessen, was wir Leben oder Tod nennen.«[*] Sogyal Rinpoche beschreibt den gewöhnlichen Geist als Schöpfer von Glück und Leiden. Er meint den diskursiven, denkenden, unbeständigen Geist, der ständig Konzepte entwickelt, der urteilt, bewertet, taxiert. Dieser Geist ist voller Unruhe, verliert sich gerne in Zerstreuung, ist Ausdruck gewohnter Muster und Konditionierungen und äußeren

---

[*] Sogyal Rinpoche, S. 20 f.

Umständen hilflos ausgeliefert. In diesem verwirrten Geiste erleben wir immer wieder Sterben und Tod, wir projizieren ständig nach außen und quälen uns damit. »Es gibt aber auch die wahre Natur des Geistes, seine innerste Essenz, die von Wandel und Tod ganz und gar unberührt bleibt. Zur Zeit liegt sie in unserem eigenen, gewöhnlichen Geist verborgen, ist verhüllt und verdeckt von der mentalen Beschäftigung unserer Gedanken und Emotionen. Aber so, wie die Wolken von einem starken Wind davongeblasen werden können und die strahlende Sonne und den weit offenen Himmel enthüllen, so können unter günstigen Umständen besondere Einblicke in diese Natur des Geistes geschehen.«[*] Er führt weiter aus, dass sich die Natur des Geistes nicht auf unseren Geist beschränkt: »… tatsächlich ist sie die Natur von allem. Es kann nicht oft genug betont werden: die Natur des eigenen Geistes erkennen bedeutet, die Natur von allem zu erkennen.«[**] Erleuchtung ist erreicht, wenn ein Wesen in der Natur des Geistes dauerhaft ruht.

Mit Geist meinen wir oft Denken, Wahrnehmen, Urteilen. Doch der Geist ist, buddhistischer Vorstellung zufolge, weit mehr als das. Buddhistische Lehrerinnen und Lehrer sagen, der Urgrund des Geistes sei klares Licht, etwas Feinstoffliches, was nicht stirbt. Diese Essenz ist stets bei uns, im Leben und im Tod. Wenn wir in ihr ruhen, empfinden wir tiefen Frieden und Glückseligkeit. Es ist die Essenz, aus der alle Wesen hervorgehen und in die sie wieder zurückkehren.

Der Dalai Lama knüpft auch an Erkenntnissen der modernen Naturwissenschaften an, wenn er den Ursprung des Geistes erklärt, und er wählt dafür das Bild eines Bewusstseinsstroms. »Die Basis für die buddhistische Annahme der Wiedergeburt ist hauptsächlich die Kontinuität des Bewusstseins. Nehmen Sie die materielle Welt als Beispiel: Alle Elemente in unserem gegenwärtigen Universum, bis hin zur mikrokosmischen Ebene,

---

[*] ders., S. 67 f.

[**] ebenda

können – so nehmen wir gewöhnlich an – zurückverfolgt werden zu einem Ursprung, einem Ausgangspunkt, an dem alle Elemente der materiellen Welt verdichtet waren zu dem, was wir technisch ›Raum-Partikel‹ nennen. Diese Partikel sind aber wiederum das Ergebnis der Auflösung eines vorausgegangenen Universums. Wir finden also keinen Anfang, sondern einen kontinuierlichen Kreislauf, in dem sich das Universum entwickelt, auflöst und wieder ins Sein tritt. Mit dem Geist verhält es sich ähnlich.«[*] In diesem Sinne hat das Wort Geist nichts mit dem gewöhnlichen Denken und Empfinden zu tun.

Die Vergänglichkeit ist ein Abenteuer, das den Fluss des unsterblichen Bewusstseinsstroms offenbart. Dieser Strom existiert im Leben und im Sterben und nach dem Tod. Spirituelle Methoden wie Meditation, Visualisierungen, Gebete, das Studium von Weisheitstexten sind dazu da, ihn zu erfahren, der unsterblichen Dimension gewahr zu werden und sie als das eigentliche Wesen unserer Existenz zu erkennen. Dann sind wir in Krisen gewappnet. Die Erfahrung der ursprünglichen Natur muss jeder Mensch für sich machen. Spirituelle Traditionen wie der Buddhismus liefern hierzu die Methoden und die Weisheit.

Im Fluss sein

Der Fluss als Symbol für den Wandel

In der Menschheitsgeschichte hat Wasser stets eine ganz besondere Rolle gespielt. Flüsse sind Lebensadern, an ihren Ufern wuchsen, blühten und verfielen die größten und faszinierendsten Kulturen der Menschheit. Flüsse und Meere waren für kulturellen Austausch und Handel von enormer Bedeutung.

---

[*] zit. in: Sogyal Rinpoche, S. 115

Wasser ist eine der wichtigsten Naturgewalten. Dort, wo es fließt, gedeiht Leben, wo es versiegt oder zur Naturgewalt wird, wirkt es vernichtend. Überall in der Welt gibt es große heilige Flüsse wie den Ganges, an deren Ufern sich spirituelles Leben in den vielfältigsten Formen entfaltet. Flüsse speisen das Meer. Sie bestehen aus dem Element Wasser, ohne das auf der Erde kein Leben möglich wäre.

Wir selbst bestehen zu mehr als 90 Prozent aus Wasser und haben von daher einen mehr als engen Bezug zu diesem Element. Wasser kann fließen und stillstehen, und es kann die Aggregatzustände wechseln. Von dem griechischen Philosophen Heraklit soll der Satz stammen (wobei heute umstritten ist, ob der zweite Teil wirklich von ihm ist): »Wir steigen in denselben Fluss und nicht in denselben; wir sind es, und wir sind es nicht.«

Ich möchte Ihnen ans Herz legen, über diesen Satz einige Minuten nachzudenken. Nehmen Sie ihn wie ein Koan, jene rätselhaften Zen-Aussagen oder -Geschichten, die nicht mit dem Verstand zu ergründen sind, sondern das logische Denken so erschöpfen, dass ein Zugang zur inneren Weisheit möglich wird.

In jedem der beiden Satzteile Heraklits finden wir eine These und eine Antithese, die die vorherige Aussage mittels Verneinung relativiert. Im zweiten Satzteil findet eine Übertragung der Flusserfahrung auf menschliche Verhältnisse statt. Wenn sich alles ändert, aber der Fluss dennoch als etwas Beständiges existiert, dann regt die Beobachtung des Fließens zum Nachdenken darüber an, ob nicht doch etwas Ewiges hinter den Erscheinungen liegt, entweder ein Urstoff oder etwas Feinstoffliches wie die Seele (Psyche). Das ist der tiefere Sinn von *panta rhei* – alles fließt. Heraklit sucht in den Elementen wie Wasser und Feuer nach dem Ursprung der Erscheinungen, kann jedoch für die Seele keine Grenze finden. Wie groß die Inspiration ist, die von Heraklits »Koan« ausgeht, sieht man daran, dass Goethe, anknüpfend an Heraklits Satz, eines seiner berühmtesten Gedichte über den Wandel schrieb: *Dauer und Wechsel.* Darin heißt es:

Gleich mit jedem Regengusse
Ändert sich dein holdes Tal,
Ach, und in demselben Flusse
Schwimmst du nicht zum zweiten Mal.

Goethe führt das Nachdenken über Heraklits Satz zu einer eigenen Auffassung von Vergänglichkeit und dem, was ewig währt. Das Ewige lebt für ihn im Geistigen, z. B. in der Kunst, fort. Er ist von der Idee des Schönen, der Tugend, angetan, die in einem Raum außerhalb des Zeitstroms angesiedelt und nicht der Vergänglichkeit unterworfen ist.

Panta rhei

Das Nachdenken über die besonderen Qualitäten des Wassers führt unmittelbar zu der Begegnung mit Vergänglichkeit und Unbeständigkeit, denn Wasser ist immer in Bewegung, verändert sich fortwährend, und dennoch scheint es auch in gewisser Weise beständig zu sein. Wir leiden sehr unter Vergänglichkeit, wenn wir krank sind oder wenn ein geliebter Mensch uns verlässt. Trennungen jeglicher Art, von einem Arbeitsplatz, der uns gekündigt wird, einer Wohnung, die wir aufgeben müssen, vom Partner oder von unserem erwachsenen Sohn, der die Familie verlässt und eigene Wege geht, schleudern uns in Lebenskrisen hinein. Es ändert sich etwas, wir müssen uns neu arrangieren, anpassen, wandeln, und oft leisten wir erbitterten Widerstand gegen die Veränderung. Im Rückblick sehen wir dann erst, wie bereichernd die Entwicklungsschritte waren, die zu gehen wir uns gezwungen fühlten.

Vom Wasser können wir, wenn Krisen uns zu überrollen drohen, eine Menge lernen. Das Wasser hat kein Bewusstsein, wie wir es haben, besitzt nicht die Fähigkeit, sich mit der eigenen Existenz, dem Wandel auseinanderzusetzen. Es kann sich nicht beschweren, wenn es ein Tropfen wird, weil es aus der Symbiose in der Fluss-Gemeinschaft getrennt wird. Es kann sich nicht danach sehnen, endlich wieder ein Tropfen zu sein, wenn es im See ist. Ein Mensch kann sich nach etwas sehnen, denn er hat ein Bewusstsein.

Der Fluss, auf den ich heute blicke, ist morgen nicht mehr derselbe. Obwohl ich meine, es sei der gleiche Fluss wie gestern, hat sich alles verändert. Der Ganges ist seit Jahrtausenden der Ganges, und er ist es auch nicht. Der Name, den wir ihm geben, suggeriert Dauer, Ewigkeit. Namen sind nur Schall und Rauch, sagt Goethe. Sie tun so, als hätten die Phänomene Bestand, ordnen sie ein, legen sie in einer Schublade ab. Martin ist Martin, heute, morgen bis zu seinem Tod und später in der Erinnerung seiner Angehörigen. Wasser wandelt sich ständig, weil es immer im Fluss ist; auch Martin ist nie der Gleiche. Er war einmal ein Baby, bald ist er ein Greis. In jeder Sekunde ist Wasser anders, fügt sich neu zusammen und erfährt sowohl Verbundensein als auch Getrenntsein und unterschiedliche Aggregatzustände. Das gilt auch für Martin, nur in der menschlichen Welt.

Wenn Wasser zu Eis geworden ist und dann schmilzt, denken wir nicht, dass es stirbt. Es lebt weiter, nur anders. Wenn wir einen Tautropfen von einem grünen Blatt auf die Wiese gleiten sehen, dann bedauern wir nicht, dass es den Tropfen nicht mehr gibt. Darüber denken wir nicht nach. Wasser vergeht und vergeht nicht. Es ist in einem Kreislauf. Ist es nicht wunderbar, wie vielfältig seine Möglichkeiten sind? Die Vielfalt entsteht, weil es sich ständig wandelt. Der Wandel ist ein Prozess des Werdens und des Vergehens. In diesem Prozess sind unendlich viele Erfahrungen möglich, das Auf- und Absteigen, das Einswerden und Getrenntsein, das Versickern und Regnen, das Erstarren oder Aufschäumen, das Verdampfen oder die Wandlung in eine tosende Elementargewalt, die in einer Sintflut alles mit sich reißt und auch Leben nimmt. Das Wasser fließt in diesem Prozess von Moment zu Moment mit. Es leistet keinen Widerstand, es kennt weder Begehren noch Abneigung. Wenn es nötig ist, vom Tropfen zum Teil des Sees zu werden, dann geschieht das einfach. Alles wandelt sich, und es geht nichts verloren.

Und was ist mit Martin? Auch er durchwandert im Leben eine Vielzahl von emotionalen Zuständen, die denen des Wassers gleichen, erlebt Stille und Turbulenzen, Zeiten, in denen er mit den Ereignissen fließt, andere, in denen er Hindernisse überwindet oder auf Widerstände stößt.

Irgendwann ist sein Leben zu Ende, und es holt ihn der Tod, der große Gleichmacher. Dann gibt es ihn nicht mehr? Doch der Tod ist eine Wandlung, in der der Geist vom Körper erlöst wird. Die Symbiose, die Körper und Geist miteinander eingegangen sind und gepflegt haben, löst sich auf. Identifiziert mit dieser Symbiose ist das Ego, das grundsätzlich nicht loslassen will. Das gilt auch bei den kleinen Toden in schwierigen Zeiten des Lebens.

Denken Sie in einer Krise einmal an den Wassertropfen, der allein oder Teil des Meeres sein kann, ohne darunter zu leiden, er hat kein Ego, das etwas anderes will. Wir können vom Wasser viel lernen, z. B. vom Regentropfen, der zum Meer wird, aber nicht immer im Meer bleibt.

Gedankenpause am Wasser

Wenn Sie an einem Fluss oder See oder am Meer sind, was spricht dagegen, sich eine kleine Gedankenpause zu gönnen, eine Auszeit von inneren Verwicklungen? Versuchen Sie doch einmal für einige Minuten, nichts anderes zu tun, als das Wasser zu betrachten. Sie denken nicht über das Wasser nach, Sie richten einfach den Blick darauf, ohne gedankliche Fäden weiterzuspinnen.

Setzen Sie sich in den Sand oder ins Gras in einer aufrechten und entspannten Haltung und blicken Sie aufs Wasser. Holen Sie immer wieder die Aufmerksamkeit zum Wasser zurück, wenn Gedanken und Gefühle Sie ablenken, und lassen Sie den

Blick unfokussiert. Versuchen Sie sich auf diese Weise mit dem Wasser in Verbindung zu bringen, seine Qualitäten zu erfahren, ohne sich damit zu identifizieren. So können Sie die Fähigkeit des Geistes erfahren, zu ruhen und frei von Wertung, Begehren oder Ablehnung zu sein. Es ist ein unbefangenes Wahrnehmen. Bleiben Sie für einige Minuten oder länger dabei, so wie es für Sie stimmig ist. Diese kleine Meditation kann Ihnen ein Gefühl von innerem Frieden und Raum schenken. Nehmen Sie diesen Raum mit in den Alltag, dann wird vieles leichter.

Sich ändern geht immer

Da wir – anders als das Wasser – Anhaftung und Abneigung entwickeln, Begehren und Festhalten, leiden wir. Wir haben jedoch die Fähigkeit, mit unserem Geist unseren Geist zu beobachten und wahrzunehmen, wenn wir uns quälen, und können dann neue Sichtweisen und Perspektiven entwickeln. Damit sind wir imstande, auch unser Denken und Verhalten zu ändern, Entscheidungen zu treffen, geschehen zu lassen oder anzunehmen, was ist. Immer wieder neu können wir uns in jeder Lebenssituation ausbalancieren, lähmende Konzepte loslassen und wieder in Fluss kommen. Dann werden wir wie das Wasser. Die Erfahrung, im Fluss zu sein, und sei es nur für wenige Momente, schafft Zufriedenheit und Freude, öffnet das Herz. Also, es gibt so vieles, was man vom Wasser lernen kann!

Und die gute Nachricht ist: Veränderung ist immer möglich. Das zeigen auch die Ergebnisse der Neurowissenschaften über die Neuroplastizität des Gehirns. Matthieu Ricard, ein Wissenschaftler und buddhistischer Mönch, der sich für etliche wissenschaftliche Experimente zum Thema Meditation als Versuchsperson zur Verfügung gestellt hat, sagt dazu: »Eine der großen Tragödien unserer Zeit ist es, dass wir unsere Fähigkeit zur Veränderung unterschätzen. Unsere Charakterzüge bleiben so lange unverändert, solange wir nichts tun, um sie zu verbessern, und solange wir unsere Gewohnheiten und Muster tolerieren und dadurch verstärken, Gedanke für Gedanke, Tag für Tag, Jahr für Jahr.«[*]

Wir können Gewohnheiten ändern und wieder in Fluss kommen, auch wenn das Leben zu Ende geht. Da geschieht ein Prozess, den wir im Körper und im Geist vollziehen, damit der unsterbliche Teil von uns, die allersubtilste Energie, sich ablösen kann. In diesem Prozess gehen wir entweder ganz im großen Bewusstseinsstrom auf oder fließen in ihm hin zu einer neuen Existenzform, in der Ursache- und Wirkungs-Faktoren aufeinandertreffen und sich materialisieren.

Meditationen und Übungen

Ausgehend von antiken Vorstellungen über Leben und Tod begegneten Sie in diesem Kapitel den schwarzen Flüssen der Unterwelt und dem Mythos vom Raub der Persephone. Die Bereitschaft, die antiken Vorstellungen auf sich wirken zu lassen, ist die Voraussetzung für die folgende kleine Übung, in der Sie an den Ufern der Styx auf Leben und Tod treffen. Sie können so Einblicke in ihre tieferliegenden Einstellungen und Gedanken zum Tod erlangen und in die Möglichkeit, über die übliche dualistische Sicht hinauszugehen. Sie vertiefen sich dann in den Mythos und erkennen die Bedeutung des Ritus um den Raub der Persephone. So sind Sie gut vorbereitet auf eine Visualisierung, die Sie in die Unterwelt führt, in der Sie auf einige Ihrer Schattenseiten treffen und einen Blick auf die Unsterblichkeit des Geistes werfen. Sie nehmen eine Botschaft aus dem Schat-

---

[*] Ricard, S. 67

50

tenreich mit zurück in Ihr Leben. In diesem Prozess arbeiten Sie mit Archetypen, die im Unbewussten wirken und auf einer tiefen Ebene Ihre Einstellung zu Leben und Tod und damit auch zu Krisen, den kleinen Toden im Leben, prägen. Sie haben am Ende dieses Prozesses Ballast abgeworfen. So können Sie sich dann mit einem Fluss auf eine innere Reise begeben, in der Sie von der Wandlungsfähigkeit des Wassers lernen können. Diese Visualisierung stärkt Flexibilität und Vertrauen ins Leben und verdeutlicht, dass sich im Grunde alles von Augenblick zu Augenblick neu konstelliert und die Herausforderung darin besteht, mit dem Fluss des Lebens zu gehen und nicht gegen ihn. Das ist etwas, das man vom Wasser gut lernen kann. Die erste Übung, eine Stille-Meditation, kann Ihnen helfen, den Geist zur Ruhe zu bringen, eine wesentliche Voraussetzung dafür, dass Sie die folgenden Übungen mit fokussierter Aufmerksamkeit durchführen können. Diese Meditation ist auch auf der CD enthalten. Natürlich können Sie, wenn Sie mit Meditation vertraut sind, Ihrer eigenen Meditationspraxis folgen.

Da die Du-Form persönlicher ist und unmittelbarer wirkt, habe ich in den Meditationsanleitungen, die Sie auch auf der CD hören können, diese Ansprache gewählt und die Du-Form auch in den Textversionen beibehalten. In Meditationen und Übungen, die nicht auf der CD sind, sieze ich Sie.

Stille Meditation (CD)

Nimm eine Haltung ein, in der der Rücken aufrecht sein kann. Das ist entweder ein Sitz mit gekreuzten Beinen oder der Fersensitz, wenn du am Boden Platz nimmst.

Es ist auch möglich, auf einem Stuhl zu sitzen. Deine Füße stehen dann hüftbreit auseinander und möglichst parallel zueinander auf dem Boden.

Halte den Rücken aufrecht, wenn möglich, ohne dich anzulehnen. Die Wirbel liegen wie Münzen übereinander. Dein Kopf ist gerade, das Kinn neigt sich ein wenig zur Brust hin. Die Hände liegen locker auf Oberschenkeln oder Knien beziehungsweise in deiner gewohnten Meditationshaltung. Die Augen sind geschlossen, oder du schaust mit unfokussiertem Blick vor dich auf den Boden.

Überprüfe, ob sich die Haltung gut und gelassen anfühlt. Wenn nicht, verändere die Spannung dort, wo es nötig ist. Entspanne dich.

Jetzt gehe mit der Aufmerksamkeit zum Atem. Spüre den Ein- und den Ausatem, die Atembewegung, ohne den Atem zu beeinflussen. Fühle, wie die kühle Luft durch die Nasenlöcher in dich hineinströmt und wie der warme Atem wieder aus dir herausfließt.

Gedanken, Gefühle und Wahrnehmungen kommen und gehen wie die Wolken am Himmel. Du lässt alles geschehen, ohne zu werten oder gedankliche Fäden weiterzuspinnen. Versuche, wie der offene, weite Himmel zu sein, der hinter den Wolken liegt. Der Himmel ist nicht in die Wolken verwickelt. Er ist davon unberührt und frei.

Bleibe bei der Betrachtung des Atems.

Kehre immer wieder zurück zum Atem.

Jetzt öffne deine Augen, wenn du sie vorher geschlossen hattest.

Richte deinen Blick langsam und unfokussiert in den Raum vor dir. Löse deine Aufmerksamkeit sanft von deinem Atem.

Versuche, deinen Geist ruhen zu lassen, ohne dich auf etwas zu konzentrieren. Körper und Geist sind entspannt. Gehe einzelnen Gedanken, Gefühlen, Wahrnehmungen nicht nach. Nimm alles so, wie es ist.

Was auch immer geschieht, fokussiere dich nicht darauf. Versuche nicht, Gedanken, Gefühle, Wahrnehmungen zu unterdrücken. Beobachte einfach, wie alles kommt und geht, und bleibe entspannt.

Schweife mit den Gedanken nicht umher. Kehre immer wieder zum gegenwärtigen Moment zurück.

Öffne dann allmählich die Augen, dehne, strecke und räkle dich. Wenn du aufstehst, nimm den inneren Frieden mit in das, was du tust.

<hr />

Reise in die Unterwelt

Hinweis

Sie können die folgende Visualisierung auf einen Tonträger sprechen oder eine andere Person bitten, die Anleitung für Sie zu übernehmen. Die Person, die die Anleitung für die Visualisierung spricht, sollte genügend Pausen machen, damit es möglich ist, der Visualisierung mit der Vorstellungskraft zu folgen, wenn man diese hört. Sie können diese innere Reise auch in einer Gruppe anleiten. Die Teilnehmenden sollten entweder mit aufrechtem Rücken sitzen oder auf dem Rücken, möglichst gerade, am Boden liegen. Am Schluss, wenn die Notizen gemacht sind, ist eine Austauschrunde sinnvoll. Sie benötigen hierzu mindestens drei Stunden Zeit. Aus den hier genannten Gründen habe ich das »Du« als Ansprache gewählt. Diese Reise finden Sie aber nicht auf der CD.

Visualisierung

Du sitzt am Ufer eines Flusses und blickst hinüber zum anderen Ufer. Dort beginnt eine andere Welt. Es ist nicht die Unterwelt, sondern ein Kultort, an dem du in die Mysterien des Lebens eingeführt werden sollst. Ein Fährmann setzt dich mit einem Boot über; du gehst dann inmitten üppiger Vegetation einen Weg zu einem Tempelberg hoch. Du kommst an einem Felsbecken mit kristallklarem Wasser vorbei, das von einem

Wasserfall gespeist wird. Du legst deine Kleider ab, nimmst ein Bad, ziehst neue, weiße lange Gewänder an und gehst – gereinigt – den Berg hinauf. Unterwegs pflückst du Blumen, die du als Opfergaben mitnimmst. Du näherst dich dem Tempel, gehst die Stufen empor, öffnest die Tempeltür und triffst in der Mitte des Tempels auf eine Priesterin, die bereits auf dich wartet. Die Blumen legst du als Opfergabe auf einen kleinen Altar.

Der Priester erklärt dir, dass du gleich über eine geheime Pforte in die Unterwelt eintreten wirst, um Hades und Persephone zu begegnen. Hierzu musst du das Reich des Todes durchschreiten. Dies ist die Prüfung, die du zu bestehen hast. Du musst den Anweisungen folgen, die du erhältst.

Nachdem die Tür sich hinter dir geschlossen hat, bist du allein. Du stehst im Dunklen, gehst die Stufen hinab zu einer Höhle im Erdinneren. Es ist kühl und feucht. Am Fuße der Stufen ist ein unterirdisches Labyrinth. Es symbolisiert deine noch unwissende Seele. Es donnert, blitzt in der Dunkelheit, ein Stöhnen und Ächzen geht durch den Raum. Eine Stimme sagt dir: »Geh weiter deinen Weg!«

Am Ende des Weges versperrt etwas den Ausgang. Es ist ein riesiger, zähnefletschender Drache, der dich bedroht. Du stehst da, Auge in Auge mit ihm. Eine Stimme sagt: »Stell dich dem Drachen. Lass ihn mit Hilfe deiner Vorstellung immer kleiner werden. Dein Geist ist mächtiger als die Angst.«

Der Drache schrumpft, und bald ist er kaum noch daumengroß.

Du steigst über ihn, und ein Weg führt dich in eine Grotte.

Dort steht ein schwarzer Baum, der Baum der Träume. An ihm hängen riesige dunkle Früchte. Du öffnest eine, schaust hinein und betrachtest, was sich dir zeigt. Du kannst noch eine zweite Frucht öffnen. Schau hinein. Nimm die Botschaft auf.

Dann geh weiter. Du begegnest jetzt den Schatten von Verstorbenen. Einem der Schatten kannst du eine Frage stellen, die dir wichtig ist. Du wirst eine Antwort erhalten. Es folgt ein tunnelähnlicher Gang, an dessen Ende du in das Allerheiligste gelangst. Hades und Persephone sitzen auf einem Thron davor. Du gehst zu ihnen. Persephone beugt sich zu dir herab und hält dir einen Spiegel vor. Du blickst jetzt in den Spiegel des Todes.

Persephone spricht den Satz: »Erkenne, der Tod ist eine Illusion.«

Persephone gibt dir einen Korb. Darin ist ein Gegenstand als Geschenk für dich. In den Korb darfst du erst schauen, wenn du wieder im Tempel bist.

Der Raum öffnet sich nach oben, ein strahlend blauer Himmel erscheint, und alle Bilder lösen sich in Licht auf. Das Licht umfängt auch dich.

Du findest dich wieder im Tempel über der Grotte. Dort ruhst du dich aus. Dann öffnest du den Korb, nimmst das Geschenk Persephones heraus, steckst es ein und verabschiedest dich von diesem heiligen Ort. Du verlässt den Tempel auf dem Weg, den du gekommen bist.

Du badest wieder im Felsbecken, legst die weißen Gewänder ab und ziehst deine Kleider an. Dann gehst du den Weg zum Boot zurück.

Der Fährmann wartet dort auf dich und fährt dich über den Fluss. Du kommst langsam wieder im Hier und Jetzt an, dehnst, streckst und räkelst dich. Dann notierst du alles, was dir wichtig ist. Erinnere dich an das Geschenk der Persephone und deute dessen Symbolik.

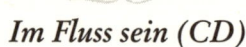

Im Fluss sein (CD)

Sitze möglichst in einer Haltung mit aufrechtem Rücken. Richte dich ein in dieser Haltung. Entspanne dich, indem du einige Male mit einem Seufzer oder einem gehauchten »Ah...« ausatmest.

Stell dir vor, du gehst an einem Fluss entlang. Es ist ein lauer Sommerabend. Du suchst am Ufer einen Platz, der dir gefällt; allein, in unberührter Landschaft. Du lässt deinen Blick schweifen und verfolgst dann den Fluss so weit, wie du ihn sehen kannst. Du überblickst den Strom, die Ufer, die Umgebung. Lass die Betrachtung auf dich wirken.

Wechsle jetzt die Perspektive. Du richtest deinen Blick auf den Fluss unmittelbar vor dir. Vielleicht kräuseln sich die Wellen an der Oberfläche. Vielleicht siehst du Lichtreflexe auf dem Wasser, vielleicht beobachtest du die Strömung des Flusses. Spüre in den dahinfließenden Strom hinein.

Verändere die Blickrichtung. Schau nach innen. Nimm wahr, wie die Betrachtung des Wassers auf deinen Geist wirkt.

Der Fluss ist vor dir. Es ist ein warmer Sommertag, und du entscheidest dich, in ihm zu baden. Du tauchst in das Wasser ein, fühlst es auf deiner Haut, bist ganz vom Fluss umfangen.

Stell dir nun vor, du verbindest dich mit dem Fluss und fließt als Teil von ihm durch die Landschaft.

Wie fühlt sich das an, so im Fluss zu sein?

Du spürst eine starke Strömung. Es gibt einen Sog nach vorne. Der Fluss, in dem du bist, fließt schneller.

Du nimmst ein Rauschen wahr und erkennst, dass der Strom sich einem Wasserfall nähert.

Das Wasser sammelt sich kurz vor dem Wasserfall und wird ganz ruhig. Du bist mit dem Wasser verschmolzen. Gleich wirst du mit dem Fluss einige Meter in die Tiefe stürzen.

Während das Wasser herabfällt, zerteilt sich der Fluss in Myriaden von Tropfen. Stell dir vor, du bist einer dieser Tropfen.

Inmitten einer schäumenden Wasserkaskade gleitest du mit Millionen anderer Tropfen hinab in die Tiefe. Nimm wahr, wie sich das anfühlt.

Unten, am Ende des Wasserfalls, ist ein großes Felsenbecken. Lautlos und kaum bewegt, ruht das Wasser darin wie Samt und Seide. Du bist mittendrin, verbunden mit dem kristallklaren Nass.

Es ist dunkel geworden. Der Mond geht auf und spiegelt sich im Wasserbecken. Du verbringst die Nacht an diesem Ort.

Die Sonne geht auf. Kühl und frisch fühlt sich der Morgen an. Zarte Nebelwolken legen sich über den See wie ein durchsichtiger Schleier. Nun stell dir vor, wie du in Gestalt eines Wassertropfens in den Nebelhauch aufsteigst, der über dem Felsenbecken liegt.

Dieser Nebel schwebt hoch in den Himmel, höher und höher. Du bist ein Tropfen im aufsteigenden Nebel.

Am Himmel trifft er auf eine flauschig weiße Sommerwolke. Du gleitest nun in diese Wolke hinein.

Der Wind bläst sanft. Du fliegst in luftiger Höhe. Du bist ein Wassertropfen in einer Wolke.

Jetzt schaust du aus der Wolke auf die Erde herab.

Du bist ein winziger Teil dieses Wolkengebildes in luftiger Höhe. Wie fühlt sich das an?

Das Wetter ändert sich. Du spürst Schwere und den Druck, dich aus dem Wolkenverband zu lösen. Du isolierst dich und fühlst, dass du nun bald ein Regentropfen sein wirst, der auf die Erde fällt. Das ist unausweichlich.

Als Tropfen fällst du tiefer, als du das vom Wasserfall her kennst. Der Wind bestimmt die Richtung. Unter dir ist die Erde.

Du löst dich aus der Wolke und bist nun ein Regentropfen.

Wohin fällst du? In den Fluss, auf die Haut eines Menschen, auf eine Sommerwiese? Vielleicht benetzt du ein Blütenblatt?

Schau, wohin die Reise dich führt.

Die Reise ist zu Ende. Ein weißer Nebel zieht durch deine Bilderwelt und löst sie sanft auf.

Geh mit der Aufmerksamkeit zu deinem Atem, nimm die Atembewegung wahr.

Spüre deinen Kontakt zum Boden.

Öffne die Augen. Dehne, strecke und räkle dich.

Nimm die positiven Erfahrungen deiner Reise mit in die Welt.

Der Blick zum anderen Ufer

Vorbereitung

Es ist sinnvoll, diese Übung in einer Gruppe zu machen, da das inspirierender ist. Die Übung sollte ohne Musikbegleitung in Stille durchgeführt werden. Es können viele Menschen daran teilnehmen.

Ein imaginärer Fluss wird im Raum gestaltet, und zwar mit Hilfe eines mehrere Meter langen farbigen, z. B. blauen Tuches, so dass zwei Uferseiten entstehen. Die Teilnehmenden sitzen sich an den Ufern (Tuchrändern) in zwei gleich langen Reihen gegenüber. Bei ungerader Teilnehmerzahl muss entsprechend ein leerer Stuhl hingestellt werden. Der Gruppenleiter erläutert den Mythos von Hades und Persephone. Dann wird darauf hingewiesen, dass das Tuch die Styx symbolisiert und die Teilnehmenden an dessen Ufern sich zu gleicher Zahl gegenübersitzen. Die antike Teilung der Welt in Unterwelt/Reich des Todes, der Schatten unter der Herrschaft von Hades/Pluto, Oberwelt/Erde, wo die Menschen leben, und Reich der Götter (Olymp) wird vorgestellt. Der Fluss bildet den Übergang zwischen der irdischen Welt, dem Diesseits, und dem Hades, dem Jenseits. Die Teilnehmenden erfahren, dass sie die Augen wäh-

rend der Übung geschlossen halten und sie nur dann öffnen
sollen, wenn es ihnen gesagt wird.

Aufbau und Durchführung
Es werden zwei gleich große Gruppen gebildet, die sich einander gegenüber an die imaginären Flussufer setzen. Die anleitende Person teilt die Seiten ein, bestimmt also, wer im Diesseits und wer im Jenseits sitzt, und zwar erst, wenn alle Teilnehmenden Platz genommen haben. Diese schließen die Augen,
spüren, wie sich die nun genannte jeweilige Seite (Leben oder
Tod), auf der sie sitzen, anfühlt.

Die anleitende Person erklärt dann, dass sie abwechselnd die
Menschen auf der Todes- und der Lebensseite im Raum anspre-
chen wird mit Worten, welche die Aufforderung enthalten, Gedanken und Assoziationen dazu auszudrücken. Die Worte sind:
»Das Leben ist …« Darauf sollen diejenigen antworten, die auf
der Lebensseite sitzen. Auf die Worte »Der Tod ist …« sollen
die antworten, die sich auf der Todesseite niedergelassen haben.
Das Ganze findet im Wechsel statt. Wenn den Teilnehmern klar
ist, was geschehen soll, beginnt die eigentliche Übung.

Jetzt wendet sich die anleitende Person den Teilnehmenden
auf der Lebensseite zu. Sie sagt: »Jetzt spricht die Lebensseite.
Das Leben ist …«, und wartet ab, was die Einzelnen sagen.
Wenn eine größere Pause entsteht, wiederholt sie die Worte:
»Das Leben ist …«, und die Teilnehmenden formulieren dann
erneut ihre Assoziationen. Ein drittes Mal wiederholt sie die
Worte: »Das Leben ist …« Dann wartet sie ab, bis die Menschen auf der Lebensseite nichts mehr zu sagen haben. Nun
wendet sie sich der Todesseite zu und sagt: »Jetzt spricht die
Todesseite. Der Tod ist …« Die Teilnehmenden, die auf der
Todesseite sitzen, antworten ihr. Sie wiederholt die Worte
noch zweimal, so wie auf der Lebensseite. Dann wechselt sie
wieder zur Lebensseite und sagt: »Jetzt spricht die Lebensseite. Das Leben ist …« wie oben. Danach wendet sie sich wieder der Todesseite zu. Jede Seite kommt zweimal dran.

Da es eine assoziative Übung ist, in der alle die Augen geschlossen haben, ändern sich die Antworten. Sie kommen aus der Einfühlung und sind sehr unterschiedlich. Wenn die Teilnehmenden beider Seiten jeweils zweimal gesprochen haben, fordert die anleitende Person die Mitwirkenden auf, die Augen zu öffnen und aufzustehen. Alle sollen jetzt behutsam und langsam den Fluss überqueren, d. h. die Seiten wechseln. Daher ist es wichtig, dass an den imaginären Flussufern die gleiche Anzahl von Stühlen steht. Wenn alle am jeweils anderen Ufer angekommen sind, nehmen sie dort auf den Stühlen Platz. Die anleitende Person fordert die Teilnehmenden dann auf, die Augen zu schließen und sich in die neue Situation einzufühlen. Nach einigen Minuten wendet sie sich der Lebensseite zu und spricht den Satz: »Das Leben ist …« Der Ablauf ist dann der gleiche wie oben. Nach der Lebensseite spricht die Todesseite, dann wieder die Lebensseite, die Todesseite folgt. Jede Seite kommt mindestens zweimal dran.

Danach fordert die anleitende Person die Teilnehmenden auf, die Augen zu öffnen und aufzustehen. Jede Person soll sich nun einen Platz im Raum suchen, entweder an einer Uferseite oder im Fluss oder irgendwo anders. Wichtig ist, dass sie den Platz findet, der für sie stimmt. Die anleitende Person sagt an, dass jeder eine Blickrichtung wählen und eine passende Körperhaltung, z. B. stehend, sitzend oder liegend, einnehmen soll. Der Fluss und die beiden Ufer dienen als Orientierung. Wenn jeder seinen Platz und seine Haltung gefunden hat, lässt die anleitende Person einen Gong ertönen, und alle frieren die eingenommene Körperhaltung für einige Sekunden ein. Die anleitende Person regt die Einzelnen dazu an, ihre Körperspannung zu spüren, den Atem zu betrachten und darüber nachzudenken, was die Körperhaltung und die gewählte Blickrichtung mit ihrer momentanen Lebenssituation zu tun haben. Nach einiger Zeit schlägt sie den Gong, und alle Teilnehmenden lösen die eingefrorene Haltung auf. Das Flusstuch wird zusammengelegt, die Stühle werden wieder in die übliche Anordnung gebracht. Die Sitzreihen sowie die damit verbundenen Zuordnungen von Diesseits und Jenseits sind damit aufgelöst.

Es folgt eine längere Austauschrunde über die gemachten Erfahrungen, wobei den Einzelnen ausreichend Zeit eingeräumt werden sollte. Die anleitende Person fungiert als Moderatorin, die nicht kommentiert oder wertet.

Sie sollten für diese Übung ungefähr zwei Stunden einkalkulieren. Sie ermöglicht tiefgreifende Erfahrungen und eignet sich sehr gut als Einstieg in das Thema Vergänglichkeit und Wandel. Ich habe diese Übung auch in Gruppen mit bis zu hundert Teilnehmenden durchgeführt. Da sie meditativ ist und von allen Achtsamkeit fordert, z. B. sollen sich die Teilnehmenden beim Sprechen nicht ins Wort fallen, auch wenn die Augen geschlossen sind, entsteht meist eine sehr konzentrierte Atmosphäre. Entschleunigung geschieht, und Ruhe kehrt im Raum ein. Es wird deutlich, dass sowohl die Todes- als auch die Lebensseite negative sowie positive Wahrnehmungen ermöglicht. Darüber kann man reflektieren. Am Ende der Übung kann die anleitende Person eine Geschichte vorlesen, z. B. die von Janosch mit dem Titel »Der Tod und der Gänsehirte«.

KRAFTQUELLEN

Spiritualität im Wandel

*Wir sind nicht menschliche Wesen, die spirituelle
Erfahrungen haben. Wir sind vielmehr geistige Wesen,
die menschliche Erfahrungen machen.*
Teilhard de Chardin

In der Antike ist Spiritualität unmittelbar mit dem Erlebnis
einer Schau des Göttlichen verknüpft, einer tiefen individuellen religiösen Erfahrung, die im Ritus erlebt wird, jedoch ihren
Ursprung im Mythos hat. Die Kenntnis des Mythos wird vor-
ausgesetzt und ist Bestandteil des kulturellen Erbes. Die kollektive religiöse Grundlage ist der Glaube an ein komplexes
Götterpantheon.
Der Begriff Spiritualität wird heute so unterschiedlich gebraucht, dass es mir wichtig ist, ihn in seinem Bedeutungswandel genauer zu betrachten. Der Begriff enthält, etymologisch
betrachtet, das lateinische Nomen *spiritus*. Dies wird mit *Luft,
Atem, Hauch* oder im übertragenen Sinn mit *Seele* bzw. *Geist*
übersetzt. Das Verb *spiro*, das dem Nomen zugrunde liegt, bedeutet *wehen, hauchen, atmen, leben* oder *beseelt sein*. Das
griechische Pendant dazu ist *pneuma* (Atem, Wind, Geist), das
dem alttestamentarischen Wort *ruach* entspricht, welches den
Wind beschreibt, den Gott über die Erde kommen ließ.* So
steht *ruach* für den göttlichen Atem, der dem Menschen Leben
einhaucht, ihn beseelt. Hier beginnt die monotheistische Prä-

---
* vgl. Bucher, S. 22 f.

gung des Begriffs, und damit verbunden ist eine Verflachung des Verständnisses von Spiritualität. »Im Laufe der Geschichte verengte sich der Begriff Spiritualität auf kirchliche Frömmigkeit.«* Dies gilt z. B. für das christliche Mittelalter. Jetzt bestimmte die Kirche, wie Spiritualität gelebt wird, erteilte Anweisungen und verfolgte mit der Inquisition die Abweichler als Ketzer. Spiritualität drückte sich aus in christlich religiösen Übungen oder Erfahrungen (in Gottesdiensten, Gebeten, Ritualen, dem Bibelstudium, der Einhaltung der Zehn Gebote, der Lebensführung im Sinn der christlichen Ethik). Deren legitimer Rahmen wurde von der Kirche bzw. von Religionsvertretern wie Kardinälen, Bischöfen, Priestern festgelegt. Schließlich bezeichnete *spiritualitas* auch den Besitz der Kirche. Die christliche Kirche legte fest, was Spiritualität im Guten wie im Schlechten ist, bestimmte die Rituale, belohnte die Frommen, verfolgte die Abweichler, missionierte die Heiden, formte sie nach ihrem Bilde, ohne deren Religion auch nur annähernd zu respektieren. Das Weltbild war dualistisch.

In neueren religionspsychologischen Erläuterungen wird Spiritualität vage als *geistliches* oder *inneres Leben* bezeichnet. Gegenwärtig wird Spiritualität innerhalb der verschiedenen religiösen Traditionen und der unterschiedlichen esoterischen Systeme neu interpretiert und kontrovers diskutiert. Dazu beigetragen hat auch die Hippiebewegung mit ihrem Interesse an außergewöhnlichen Bewusstseinszuständen, aus dem die New-Age-Bewegung hervorging. Hier wurden vielfältige spirituelle Systeme erprobt und erforscht und z. B. in die Psychologie und andere Wissenschaften integriert. Eine Öffnung für Erfahrungen der Naturvölker ebenso wie für die großen spirituellen Traditionen Asiens kam in Mode. Spiritualität wurde als Möglichkeit gesehen, sich neue Bewusstseinsräume zu erschließen, sich außergewöhnlichen Geisteserfahrungen zu öffnen, und zwar den jeweiligen individuellen Bedürfnissen entsprechend.

---

* ebenda

Damit einher gingen auch Experimente mit bewusstseinserweiternden Drogen, Tranceerfahrungen, die Nutzung des Atems (Holotropes Atmen, Rebirthing) oder Musik und Tanz (Sufitanz), die Reise zu Schamanen (z. B. am Amazonas) oder Geistheilern (z. B. auf den Philippinen), die Suche nach indischen Gurus oder buddhistischen Lehrenden vielfältiger Traditionen, bei denen Westler nun in die Lehre gingen. Dies alles offenbarte ein wachsendes Interesse an individueller und spiritueller Selbstfindung. Das, was das Christentum zum Teil abgespalten, verurteilt und verdammt hatte, wurde zurückgeholt, wertgeschätzt, erforscht, reintegriert. Vielleicht ist dies auch als eine Form kollektiver Wiedergutmachung zu verstehen. Diese Bewegung rebellierte gegen erstarrte religiöse Systeme und feierte den spirituellen Weg des Einzelnen als Teil höherer menschlicher Selbstentfaltung. Die neuen Esoteriker oder Spirituellen sind experimentierfreudig. Sie grenzen sich ab gegenüber den Weltreligionen mit ihren gemeinschaftlich geregelten spirituellen Lebensentwürfen.

Spiritualität im 21. Jahrhundert

In den westlichen Industriegesellschaften scheint sich im 21. Jahrhundert möglicherweise ein Prozess tiefgreifender Veränderung des religiösen Verständnisses in Form einer Revolution des Bewusstseins zu vollziehen. Die Suche nach einem aller Existenz zugrundeliegenden Urgrund des Geistigen findet zum Teil jenseits der herkömmlichen religiösen Glaubenssysteme statt, und es formt sich die Vision von einer Welt, in der das Trennende der Weltreligionen zurückgelassen und das Verbindende gesucht wird. Ziel ist, dass der oder die Einzelne entscheiden kann, auf welchem Weg er oder sie das eigene grenzenlose Potenzial erfahren will. Es geht um die freie Wahl des individuellen spirituellen Weges. Wie immer in Zeiten großer Umwälzungen gibt es auch hier eine machtvolle Opposition, in Form eines religiösen Fundamentalismus, der gegen zu viel Individualismus im Religiösen kämpft, auf die strenge Einhaltung traditioneller Regeln und Werte pocht und sich mit aller Macht gegen den Wandel zu stellen versucht.

Spiritualität wird im 21. Jahrhundert auch im Rahmen der Wissenschaft neu definiert. Sie wird auf individuelle geistige Wahrnehmungen bezogen, die in den transzendenten Raum verweisen und daher die Grenzen des Alltagsbewusstseins sprengen. Es handelt sich um überpersönliche Erfahrungen in der Sphäre eines absoluten, nondualen Bewusstseins. Darin zeigt sich »… ein Verständnis von Spiritualität, in dem diese wesentlich Verbundenheit und Beziehung ist, und zwar zu einem den Menschen übersteigenden, umgreifenden Letztgültigen, Geistigen, Heiligen, das für viele nach wie vor das Göttliche ist, aber auch die Beziehung zu den Mitmenschen und zur Natur. Diese Öffnung setzt voraus, dass der Mensch vom eigenen Ego absehen bzw. dieses transzendieren kann.«[*]

Spiritualität wird heute gemeinhin als transkulturell und transreligiös verstanden, da sie eine universelle Dimension des Menschseins anspricht, die weit über religionsgebundene Glaubensinhalte hinausgehen kann. »Die postmoderne Ära mit ihrer Infragestellung und Relativierung sämtlicher Autoritäten (Staat, Religion, Wissenschaft, Tradition) führte zunehmend zu einer Dissoziation von Spiritualität und Religion.«[**] Daher lässt sich heute individuelle Spiritualität von institutioneller Religiosität weitgehend trennen.

Die Globalisierung hat den oben beschriebenen Prozess in Sachen Spiritualität weiter beschleunigt. Das, was die Hippies 1967 wollten, ist immer einfacher, schneller zu realisieren. Mit Hilfe des Internets lassen sich umstandslos räumliche und zeitliche Grenzen überwinden. Das geht aber auch schon in Form virtueller Reisen mit Hilfe von Computeranimationen oder

---

[*] Bucher, S. 56
[**] Quekelberghe, S. 15

wenn der Schamane vom Amazonas in München einen Workshop gibt. Die Erschließung spiritueller Ressourcen basiert heute auf der individuellen Verfügbarkeit einer Vielfalt von Methoden und Inhalten unterschiedlicher spiritueller Systeme von den Weltreligionen bis hin zum Schamanismus im Zeitalter der Globalisierung. Der oder die Einzelne kann über spirituelle Methoden nicht nur lesen oder sich (im Internet) darüber austauschen, sondern sie mit Repräsentanten der jeweiligen Tradition ausprobieren, kann persönliche Erfahrungen sammeln und somit einen ganz individuellen Weg gehen. Das ist so etwas wie die Internationalisierung der Spiritualität.

Spirituelle Vielfalt und der persönliche Weg

Mittlerweile gibt es eine Reihe von Studien über den Bedeutungswandel der Spiritualität in der modernen Gesellschaft. Besonders aufschlussreich sind die Ergebnisse, die man dem »Religionsmonitor« der Bertelsmannstiftung aus dem Jahr 2008 entnehmen kann.[*] Darin wird deutlich, dass religiöse Haltungen und Weltbilder in den vergangenen Jahren vielfältiger und bunter geworden sind. Das Göttliche wird mittlerweile von vielen Deutschen als eine Energie, ein Durchströmtwerden, empfunden, als etwas, das im tiefsten inneren Raum geschieht, als heilsames Erleben, das eine ganz persönliche, transpersonale Erfahrung ist.[**] Hier zeichnet sich ein entscheidender Wandel im Hinblick auf das individuelle spirituelle Selbstbewusstsein ab.

In diesem Kontext wird die Arbeit mit Kraftquellen, um die es im weiteren Verlauf dieses Kapitels gehen wird, besonders wichtig. Der oben skizzierte Wandel stellt den Nährboden da-

---

[*] Religionsmonitor 2008, Bertelsmann Stiftung

[**] vgl. Vorstellungen von Gott, in: Psychologie Heute, Heft 19/2008, S. 11 f.

für dar, dass sich immer mehr Menschen ihnen zuwenden und sie anwenden werden. Kraftquellen können Menschen einen persönlichen Zugang zu dem ihnen innewohnenden Potenzial vermitteln, ohne dass diese sich an religiösen Vorgaben orientieren müssen. Es ist jedoch dabei auch möglich, sich auf religiöse Quellen zu beziehen oder auf abendländische Traditionen wie die Antike zurückzugreifen.

Was ist eine Kraftquelle?

Kraftquellen sind Ressourcen, die jedem Menschen innewohnen und seinem ursprünglichen Potenzial entstammen. Eine Quelle speist einen Fluss. Von ihr ausgehend, sucht der Fluss sich seinen Weg durch die Landschaft. Die Quelle ist der Ursprung des Flusses. Kraftquellen verkörpern in diesem Sinne den Ursprung unseres spirituellen Wesens. Wenn der Quell in uns sprudelt und wir uns damit vereinen, dann schöpfen wir aus unserem Potenzial. Genau daraus gewinnen wir Vertrauen ins Leben. Der Fluss ist im übertragenen Sinn unser Lebensstrom bzw. unser unsterblicher Bewusstseinsstrom, die Quelle steht für unsere ursprüngliche Vollkommenheit, das Unverwundbare. Sie versiegt nicht. Auf sie ist Verlass. Wir können immer Zugang zu ihr finden und sie auf der Reise durch die Höhen und Tiefen unserer Existenz nutzen, weil sie immer bei uns ist. Wenn wir ganz mit ihr verbunden sind, dann sind wir eins mit dem Fluss des Lebens und erfahren die grundsätzliche Gleichheit von allem, was lebt. Kraftquellen sind nach meiner Erfahrung die zuverlässigsten und besten Begleiterinnen in Lebenskrisen, besonders im Umgang mit Krankheit, Sterben und Tod.
Ich unterscheide drei Arten von Kraftquellen, die sich gegenseitig bedingen: äußere, innere und spirituelle Kraftquellen.

Durch verschiedene Methoden wie Innehalten, Meditation, Kontemplation, Visualisierung, Selbsterfahrung und andere Wege (z. B. religiöse) können wir uns die Kraftquellen erschließen; diese Methoden selbst können jedoch auch bereits schon Kraftquellen für uns sein.

Die spirituelle Erfahrungsmöglichkeit, uns mit der ursprünglichen Vollkommenheit, die unser Wesen ist, zu verbinden, ist in allen Kraftquellen enthalten, und diese Erfahrung kann sich auf dem Hintergrund von sinnlichen oder emotionalen Erfahrungen bzw. durch sie hindurch offenbaren. Die Verbindung oder die Verschmelzung mit der spirituellen Kraftquelle führt mitten in ein Heilungs-Potenzial, das unerschöpflich ist. In diesem Potenzial sind wir geborgen und geschützt im Leben und im Sterben und können außerdem noch hilfreich für andere sein, die es gerade schwer haben und unserer Unterstützung bedürfen.

Äußere Kraftquellen

Was motiviert und inspiriert mich?

Äußere Kraftquellen erfahren wir über unser sinnliches Erleben, z. B. im Garten, bei einer Heilbehandlung, einer zärtlichen Umarmung, mit einem Haustier, bei einem leckeren Essen, in einem guten Gespräch, beim Hören unseres Lieblingsliedes, kurz: in den schönen Momenten des Lebens. Die Sinne sind wie Tore, die in unsere geistige Welt führen. Wenn unser Garten üppig blüht, die Vögel zwitschern, die Holunderblüten duften und wir den feuchten Rasen unter den Füßen genießen, dann wird er zu einer Ressource. Wenn wir uns ärgern, weil der Rasen wieder gemäht werden muss, erfahren wir ihn als Last; dann erfreuen uns die Blüten nicht, das Vogelgezwitscher wird zum Gekreische, der feuchte Rasen zur potenziellen Erkältungsgefahr. Die Art und Weise, wie wir den Garten erleben, ob positiv oder negativ, welche Empfindungen er in uns auslöst, bestimmt, ob er zu einer Kraftquelle für uns wird oder nicht. Das heißt, die Sinneswahrnehmungen von Farben, Geräuschen, Klängen, Gerüchen oder Berührungen sind zunächst einmal neutral. Doch wenn wir sie mit einem Gefühl verknüpfen oder mit Erinnerungen, dann beginnen wir, das sinnliche Erleben als positiv oder negativ zu empfinden, weil wir es bewerten. Jetzt sind wir nicht mehr neutral. Negative Empfindungen haben oft negative Geisteszustände zur Folge. Es geht uns schlecht mit ihnen. Positive Empfindungen erleben wir als beglückend und wohltuend.

Jeder Mensch hat individuelle Vorlieben für Dinge, die ihm gefallen. Was für den einen nährend ist, kann für den anderen anstrengend oder bedeutungslos sein. Ob etwas für Sie inspirierend ist oder nicht, hängt nicht von den äußeren Dingen ab, sondern von Ihrer Wahrnehmung, und die ändert sich ständig. Dennoch gibt es Erlebnisse, Dinge, Handlungen, von denen wir wissen, dass sie uns häufig guttun. Wenn Sie sich entscheiden, diese in Ihren Tagesablauf zu integrieren, tun Sie sich etwas Gutes, und sei es vielleicht nur für einige Minuten oder Sekunden. Der Einkauf auf dem Wochenmarkt am Samstag oder ein Bad im See im Sommer kann den Tag zu etwas ganz Besonderem machen.

Ich habe erlebt, wie Menschen in schweren Belastungssituationen, z. B. pflegende Angehörige, vergessen hatten, was ihnen guttat. Gloria sagte mir, als es darum ging, Kraftquellen im Leben zu finden, ihr helfe nur ein mehrwöchiger Urlaub in Griechenland, und den könne sie in diesem Jahr nicht nehmen, weil ihr Mann sie rund um die Uhr in der Pflege beanspruche. Sie übersah dabei, was im Hier und Jetzt möglich war. Für sie waren das: ein Spaziergang im Park oder der Rückzug in ihr Zimmer für einige Minuten am Tag, Eis essen mit einer Freundin, ein Kinobesuch. Zunächst entschied sie sich, an zwei Wochentagen für drei Stunden am Abend eine Auszeit zu nehmen. In Absprache mit ihrem Mann klärte sie, dass in dieser Zeit Freunde für ihn sorgen würden. Ihr Mann nahm Glorias Bedürfnisse ernst.

Wie nutzte Gloria ihre Zeit? Sie blieb manchmal nur in ihrem Zimmer, setzte sich in ihren Lieblingssessel und sah aus dem Fenster. »Löcher in den Himmel gucken« nannte sie das, und ihre Augen strahlten. Anfangs fiel ihr das Nichtstun schwer, da ihre innere Uhr anders tickte und auch Schuldgefühle aufkeimten. Als sie sich nach einigen Wochen die Auszeiten definitiv zugestehen konnte, war sie wieder entspannter und hatte öfter gute Laune. Sie erkannte, wie wichtig auch kleine Dinge sind, und organisierte ihr Leben um. Gloria lernte, Hilfe anzunehmen, und allmählich konnte sie wieder abschalten und sich regenerieren. Die Beziehung zu ihrem Mann verbesserte sich. Beide waren wieder zärtlich miteinander und erfreuten sich am Zusammensein.

Besonders in Krisensituationen ist es wichtig, dass Sie sich an das erinnern, was Ihnen Freude bereitet, und es als »geschicktes Mittel« benutzen, um Ihre düsteren Stimmungen zu vertreiben. Die Übung mit dem Titel »Lebensfreude«, die ich am Ende des Kapitels ausführlich beschreibe, kann Sie hierin unterstützen. Mit ihrer Hilfe können Sie herausfinden, wie viel Raum Sie der Freude in Ihrem Leben gerade geben und was Sie wirklich aufbaut. Etliche Menschen, die diese Übung in einem meiner Kurse durchführten, bemerkten dabei mit Verwunderung oder Erschrecken, dass belastende Lebensaktivitäten viel mehr Raum einnahmen als das, was ihnen guttat. Stress, die täglichen Pflichten, Sorgen um Familienmitglieder, ein Trauerfall oder ein randvoller Terminplan hinderten sie daran, sich ab und zu etwas Gutes zu gönnen. Manchmal benötigen wir einen Spiegel, in den wir schauen können, um zu erkennen, was wir da gerade mit uns veranstalten. Dabei ist die Übung sehr hilfreich. Nehmen Sie sich ein wenig Zeit dafür.

Wenn Sie feststellen, das trifft auf mich zu, dann sollten Sie noch heute damit anfangen, etwas zu ändern. Manche kleinen Highlights brauchen nur wenige Minuten am Tag und wirken doch nachhaltig auf das Lebensgefühl. Es sind meist scheinbar banale Dinge, die wir nutzen können, um wieder in einen positiven Geisteszustand zu gelangen. Oft unterschätzen wir das oder vergessen einfach, die kleinen Inspirationen am Tag wirklich wahrzunehmen. Momente, in denen Sie Ihre Katze streicheln, die Sonnenstrahlen auf der Haut spüren oder ein schönes Lied hören, sind besonders aufbauend, wenn Sie das, was Sie tun, mit Ihrer ungeteilten Aufmerksamkeit und nicht nur einfach nebenbei erledigen. Heutzutage ist Multitasking zu einer verbreiteten schlechten Gewohnheit geworden. Telefonieren, nebenbei Zeitung lesen, dabei U-Bahn fahren und einen Coffee to go trinken … Wir tun das nicht nacheinander, sondern nebeneinander. Dabei überfordern wir auf Dauer unser Nervensystem und verlernen, uns auf eine Sache zu konzentrieren. Wenn ich mich dem Zeitungsartikel mit ganzer Aufmerksamkeit widme, lasse ich mich auf das ein, was ich lese, und folge den Gedanken und Überlegungen, eigne sie mir an, reflektiere darüber. So können die Dinge vom Kurzzeitgedächtnis in das Langzeitgedächtnis gelangen. Wenn ich wirklich mit der Aufmerksamkeit beim Trinken meines Kaffees bin, dann bin ich präsent und erlebe den Kaffee im Geschmack, in seiner Wirkung. Die Konzentration auf eine Sache wirkt erholsam auf meinen Geist. Wenn ich dann noch etwas, das mir guttut, mit ganzem Herzen und voller Aufmerksamkeit tue, dann spüre ich in diesem Moment einen Zuwachs an Wohlbefinden oder Kraft. Ich tanke dabei auf und gewinne Energie. Diese Chance verbaue ich mir, wenn ich mich dauernd zerstreue und zwischen einer Vielfalt von Aktivitäten ständig hin- und herwechsle. Wenn äußere Kraftquellen wirklich aufbauend sein sollen, dann ist es wichtig, dass ich sie ernst nehme, würdige und ihnen meine ungeteilte Aufmerksamkeit schenke. Genau genommen können so nahezu alle Dinge zu Kraftquellen werden.

Äußere Kraftquellen, das Lächeln eines Kindes z. B., kann ich auch zur Inspiration nehmen, das Lächeln in mir zu kultivieren, dabei öffnet sich mein Herz. Das Wohlbefinden, das Sie gewinnen, wenn Sie es sich gutgehen lassen, können Sie mitnehmen in Ihren Alltag, in Ihre Beziehung zu anderen, so auch in die Betreuung der Menschen, die Sie vielleicht pflegen. Das verändert etwas. Die Begegnung wird entspannter, auch wenn sie mit Anstrengungen verbunden ist. So verändern Sie Ihr Leben positiv. Es gibt überall etwas, worüber man sich freuen kann. Es ist möglich, damit heute anzufangen, behutsam und vielleicht nur für einige Minuten.

Freude als Quelle – der Baum der Erinnerungen

Ein guter Freund hat einen Baum auf eine große Wand in einem Zimmer seiner Wohnung gemalt und mit Früchten versehen, den Früchten der Erinnerung. Fotos, Gegenstände oder selbstgestaltete Symbole für schöne Erlebnisse hat er an diesem Baum befestigt. Eine dieser Früchte besteht aus einem Nest mit einem Foto Fidel Castros darin. Mein Freund denkt beim Betrachten schmunzelnd an Erlebnisse in den späten sechziger Jahren, der Zeit der Studentenbewegung, als er noch politisch aktiv war. Sein Castro ist bewusst ein bisschen verstaubt. Seine Freude teilt sich unmittelbar mit, und als er die dazugehörige Geschichte erzählt, amüsiere ich mich köstlich. So haben wir beide Spaß. Freude ist ansteckend. Sie auszutauschen ist wunderbar für alle Beteiligten. So holt mein Freund die beglückenden Erlebnisse von früher in die Erfahrung von heute. Während er sein Leben Revue passieren lässt, betreibt er ein bisschen Vergangenheitsbewältigung. In der Baumgestaltung lässt er seiner Kreativität freien Lauf, entdeckt und entfaltet ungeahnte künstlerische Fähigkeiten. So weckt Freude mehr Freude, das Leben wird zum Tanz. Im Grunde ist der Freudenbaum der von Verena Kast vorgeschlagenen Freudenbiographie ähnlich, bei der wir schauen, was uns im Leben Freude bereitet hat, aber auch sehen, was uns daran gehindert hat, uns zu erfreuen, und daraus lernen. Auch hier geht es um konkrete Erfahrungen und das damit verbundene Gefühl.

Innere Kraftquellen

Mein Potenzial entdecken

Nehmen Sie die Gunst der Stunde wahr und wählen Sie Ihre äußere Kraftquelle als Wegweiserin zu Ihrem tieferliegenden Potenzial. Hierzu benötigen Sie Achtsamkeit.

»Im Alltagsleben besteht Achtsamkeit aus einem hellwachen Geist, der unzerstreut jedes einzelnen Aspekts des momentanen Geschehens und ebenso dessen, was zu tun ist, gewahr ist. In der Meditation besteht Achtsamkeit darin, uns rückhaltlos auf die jeweilige Übung, auf unseren Atem einzulassen. Achtsamkeit besteht darin, der Gegenwart volle Aufmerksamkeit zuzuwenden, ohne sich um der Vergangenheit oder Zukunft willen Sorgen zu machen ... Im Buddhismus liegt der Nachdruck auf genau dem jetzigen Augenblick. Wir können unseren Geist anleiten, in der Gegenwart zu leben. Dazu müssen wir uns ein totales Aufmerksam-Sein bei dem, was wir gerade tun, zur festen Gewohnheit machen.«[*]

Mit Hilfe der Achtsamkeit können Sie in einem inspirierenden Augenblick die Aufmerksamkeit auf Ihre gegenwärtige Empfindung, z. B. Freude, lenken, indem Sie sich von den äußeren Sinneseindrücken abwenden.

Sie schauen in die positiven Empfindungen wie Freude, Sanftmut, Liebe, Mitgefühl, Dankbarkeit, Mut, Vertrauen hinein.

---

[*] Tulku Thondup, S. 72 f.

Angenommen, Ihr Garten ist eine wichtige äußere Kraftquelle für Sie. Dort stehen Sie an einem Sommermorgen im Gras, und Ihr Herz hüpft vor Freude über Bäume und Blumen, den Morgentau auf der Wiese und den Blättern, das Vogelgezwitscher. Die Freude, die Sie fühlen, ist ein Geschenk. Jetzt schließen Sie für einen Moment die Augen. Richten Sie Ihre Aufmerksamkeit zunächst auf den Atem, der Sie durchströmt. Geben Sie ihm allen Raum der Welt. Widmen Sie jetzt der Freude Ihre Aufmerksamkeit. Gibt es einen Ort in Ihnen, an dem Sie die Freude besonders wahrnehmen? Gehen Sie dorthin mit Ihrer Aufmerksamkeit. Vertiefen Sie sich in die Empfindung. Stellen Sie sich vor, die Freude verteilt sich von dort aus in Ihrem Körper. Wir haben unzählige Zellen. Sie sind so winzig, und wir können sie uns nur schwer vorstellen. Wer kein Bild von einer Zelle vor seinem geistigen Auge hat, kann im Internet oder in einem Biologiebuch eine abgebildete Zelle als Vorbild für die Visualisierung nehmen. Stellen Sie sich im Zentrum der Freude eine Körperzelle mit einer kleinen Membran und einem Zellkern vor. In dieser Zelle und um diese herum sammelt sich die Freude. Bald flackert dort ein lebendiges Freudenfeuer. Es hat unbändig viel Energie, die Sie mit dem Einatmen oder einfach mit Hilfe Ihrer Vorstellung zu anderen Zellen senden und schließlich im ganzen Körper verteilen können. Lassen Sie sich von der Freude durchfluten, schicken Sie sie in immer mehr Körperzellen und laden Sie sich so mit Freude auf. Vielleicht möchten Sie dabei ein »Ah…« oder »Om…« oder etwas anderes singen oder sich bewegen. Dann tun Sie das. Es kann sein, dass es Ihnen dabei warm wird.

Nach einigen Minuten öffnen Sie wieder die Augen. Schauen Sie sich um. Sie sind noch im Garten. Machen Sie nun, was ansteht, und nehmen Sie die Freude dabei mit in Ihr Tun. Solange Sie mit ihr verbunden sind, nährt Sie das, und das ist überall und zu jeder Zeit möglich, just dann, wenn Sie sich inspiriert fühlen, also mit einer äußeren Kraftquelle in Berührung kommen. Es reichen oft einige Sekunden oder zwei

Minuten, um sich von den dunklen Schatten der Missstimmungen zu lösen und in ein positives Wahrnehmungs- und Energiefeld einzutauchen. Wenn die Umstände es zulassen, nehmen Sie für längere Zeit wahr, was die Freude in Ihnen bewirkt. Wichtig ist, dass Sie wach und aufmerksam sind. Es geht nicht darum, vor sich hin zu träumen oder zu dösen.

Diese kleine Übung kann man jederzeit auch im Büro oder im Bus machen, dann, wenn Sie eine Pause haben, in der Sie nicht aktiv sind. Voraussetzung dafür ist, dass Sie gerade eine beglückende, inspirierende Wahrnehmung haben, z. B. den Vogel auf dem Fensterbrett, die Sonnenstrahlen zwischen den Birkenblättern, den Blick auf das Foto Ihrer Tochter, das Lächeln Ihrer Kollegin. Sie müssen nicht die Augen schließen, sondern Sie können mit einiger Übung den Blick nach innen richten, auch wenn die Augen geöffnet sind. Wenn Sie sich damit ein wenig vertraut gemacht haben, werden Sie bald den Blick im Alltag mehr auf die positiven Aspekte der Dinge richten und so mehr Freude und Gelassenheit entwickeln. Sie erfahren auch mehr über die besonderen Qualitäten unterschiedlicher Geisteszustände, wie z. B. Mitgefühl, Liebe, Heiterkeit, und darüber, was diese in Ihnen auslösen. Das bedeutet einen Zuwachs an Lebensqualität. Gerade, wenn alles über Ihnen zusammenbricht, in Krisenzeiten, haben Sie ein kleines, aber wirkungsvolles Korrektiv. Sie gewinnen Raum, wenn der Stress Ihnen den Atem raubt. In Belastungssituationen wird daraus eine Art geistiges Überlebenstraining, das auch vor Burn-out schützt. Es entstehen neue Verknüpfungen im Gehirn, die den Einbahnstraßen des Pessimismus Positives entgegensetzen. Der Muffel in Ihnen wandelt sich zum Optimisten.

Die Rosenblüte – ein Weg ins Unverwundbare

Sven beschrieb mir vor einiger Zeit anschaulich, wie es ihm gelang, sich inmitten einer großen Lebenskrise mit seiner inneren Quelle zu verbinden. Es geschah, ohne dass er überlegte oder plante.

Svens Freundin hatte einen Unfall und war schwer verletzt in eine Klinik gebracht worden. Er war noch im Schock, als er zur Intensivstation fahren wollte, um sie zu besuchen. Als Sven ins Auto stieg, zitterte er am ganzen Körper. Er musste einen Weg finden, sich zu beruhigen. Das Auto stand nahe an einem Park. Sven suchte sich eine alte Holzbank, von der aus er auf einen Busch mit rosablühenden, zart duftenden Heckenrosen blickte. Er setzte sich auf die Bank, schloss die Augen, legte die Hände auf sein Herz und richtete die Aufmerksamkeit intuitiv auf seinen Atem. Als er den Rosenduft roch, öffnete er die Augen. Er hatte das Gefühl, dass die Rose sich ihm mitfühlend zuwandte, und war ganz gerührt. Als er eine ihrer Blüten betrachtete, war ihm, als werde er ganz in diese Blüte hineingesogen. Sven richtete seine Aufmerksamkeit vollständig auf die geöffnete Rosenblüte. Mit Staunen und Bewunderung nahm er ihre Schönheit und Strahlkraft wahr und empfand tiefe Dankbarkeit für dieses Geschenk der Natur. Neben der leuchtenden rosa Blüte gab es Knospen, aber auch verwelkte Blätter. Ein Teil des Rosenstocks war verdorrt, und die Rose lebte einfach damit. In der Natur hat alles seinen Platz, dachte Sven, Freude, Leiden, Werden und Vergehen, auch er, seine Familie, seine Freundin, alle Menschen. Er verweilte einige Zeit in diesem Gefühl des Verbundenseins, spürte es überall in sich, und Enge und Schwere fielen von ihm ab. Er empfand Vertrauen und eine sanfte Ruhe, entspannte sich und richtete seine ganze Aufmerksamkeit auf diese Empfindungen. So fand er wieder ein inneres Gleichgewicht und konnte endlich richtig durchatmen.

In dieser kleinen Begegnung mit der Heckenrose, die nur wenige Minuten dauerte, gewann er neue Kraft, und die half ihm, als er die Klinik aufsuchte. Als er in den Wagen stieg, wollte er dieses Vertrauen und die innere Ruhe auf dem Weg zur Klinik bewahren. Ganz selbstverständlich bat er Jesus um Hilfe und betete inbrünstig: »Jesus Christus, bitte steh uns bei.« Sein Vertrauen wurde stärker. Er fühlte sich beschützt, als er die Klinik betrat. Seine Freundin lag verkabelt und beatmet im Krankenhausbett, und ihm brach beinahe das Herz, als er sie sah. Er weinte bitterlich.

Svens Freundin überlebte den Unfall, und beide kamen sich in der Zeit ihrer Genesung so nahe wie nie zuvor. Sven spürte die Zerbrechlichkeit des Lebens und die Kostbarkeit seiner Beziehung. Das erfüllte ihn mit Dankbarkeit und Wertschätzung. Diese Erfahrung hat Svens Leben verändert.

Für ihn ist die Heckenrose zu einem Symbol für seine Kraftquelle geworden, denn sie hat ihn gelehrt, dass alles miteinander verbunden ist und nichts verloren geht. Er nennt sie auch »meine Verzauberin«.

Sven hatte auf dem Höhepunkt einer großen Lebenskrise den Impuls, innezuhalten, sich abzukoppeln von den schrecklichen Gedanken und der überwältigenden Angst um das Leben seiner Freundin. Die kleine Pause auf der Parkbank bescherte ihm die unerwartete Begegnung mit einer äußeren Kraftquelle, der Heckenrose. Diese Begegnung setzte einen Prozess in Gang, der tief in Svens Erleben stattfand. Wenn er heute Heckenrosenblüten sieht oder ihren Duft einatmet, dann wird seine Verbindung zum Unverwundbaren wieder in ihm wach. Das geschieht auch, wenn er Heckenrosen auf Fotos oder in einem Film betrachtet, und deshalb hat er das Foto einer solchen Blume über seinen Schreibtisch gehängt. Mittlerweile ist für ihn die Vorstellung einer Rosenblüte sogar wirkungsvoller geworden als die Betrachtung einer realen Blüte. Und so visualisiert er sie in seiner Meditation, die ihn zu seinem inneren Potenzial führen soll. Sven erlebte vermittels der Rosenblüte Verbundensein mit allem, Vertrauen und Ruhe inmitten einer Krise. So kam er in Kontakt mit inneren Kraftquellen. Er wollte diese

Kraft mit ins Krankenhaus nehmen und betete, bat Jesus um Hilfe. Damit vertraute er sich einer spirituellen Kraftquelle an, die ihn in die Klinik begleitete und behütete.

Zu persönlichen Stärken stehen

Die äußere Kraftquelle weckt die innere, und aus ihr entsteht der Zugang zur spirituellen – als Fluss einer Bewegung von außen nach innen. Das Geschehen ist dynamisch und erfasst den ganzen Menschen. Es verändert seine Sicht auf die Situation, die bewältigt werden muss. Eine Kraft aus anderen Kanälen als der realen Welt wirkte in Sven und durch ihn hindurch, als er am Bett seiner Freundin stand. Er war verletzlich, weinte, doch fühlte er sich in seinem Schmerz von der spirituellen Kraft, von Jesus, getragen. Sven hatte die Heckenrose als ein Symbol für seine Kraftquelle gewählt. In einem meiner Seminare erinnerte er sich an diese Erfahrung, obwohl sein Erlebnis mit der Rose schon mehr als zehn Jahre zurücklag. Man muss wissen, Sven war aus der Kirche ausgetreten und verstand sich nicht als Christ. Die Verbindung zu Jesus wurde von der Rose geweckt und war von ihm nicht willentlich gewählt.

Jede und jeder von uns kennt diese wertvollen Augenblicke, in denen wir uns verbunden und vollkommen geborgen fühlen. Oft erleben wir sie in schweren Lebenskrisen und wundern uns darüber, dass irgendwo in uns ein »Lichtlein brennt«. Unser Unterbewusstsein verschluckt die Erinnerung an diese heilenden Momente dann meist wieder, weil das Leben weitergeht, andere Dinge anstehen und wir wieder ganz rational werden. Schnell hat uns die alltägliche Geschäftigkeit im Griff, in der wir den Blick stets nach außen und kaum nach innen wenden. Doch wir können die heilende Kraft dieser Bilder in uns wieder lebendig werden lassen, wenn wir uns an sie erinnern und ihnen unsere Aufmerksamkeit schenken.

Im Internet sah ich einen Film mit dem Titel »Buddha in der U-Bahn«. Darin stieg ein junger Mann in ein U-Bahn-Abteil und begann grundlos zu lachen. Die Menschen im Wagen reagierten zunächst genervt, sahen weg, waren beschämt, verlegen, oder sie wurden ärgerlich. Dann lachte eine Frau mit, und immer mehr Mitfahrende begannen zu lachen. Schließlich bog sich das ganze Abteil vor Lachen, ohne dass es einen Grund gab. Neuzugestiegene waren verblüfft oder unangenehm berührt, doch sie konnten der Sogwirkung nicht widerstehen. Sie lachten mit. Die Lach-Dynamik war atemberaubend und mitreißend. Der Vorlacher wurde nicht mehr gebraucht und wechselte den Wagen, um dort wieder neu mit dem Lachen zu beginnen. Das war seine Buddha-Aktivität. Schon bald entwickelte sich dort die gleiche Dynamik wie im vorherigen U-Bahn-Wagen. So ansteckend kann Lachen sein und viele Menschen beglücken. Es verbindet und stärkt, vertreibt Sorgen. Das Lachen, der Humor, wird hier zur Kraftquelle für alle Menschen im Abteil. Jeder ist anders, doch alle freuen sich. Schöpfen Sie aus den Kraftquellen. Das ist Lebenskunst, die Sonne in den grauen Alltag bringt. Sie ist kostenlos und jederzeit verfügbar.

Spirituelle Kraftquellen

Spirituelle Kraftquellen mobilisieren die heilende Kraft des Geistes, sind Ausdruck allumfassender Freude, Liebe, Weisheit und grenzenlosen Mitgefühls. Buddha, Allah, spirituelle Meisterinnen und Meister, Gottheiten der verschiedenen Religionen sind Brücken in den Raum, der hinter den Wolken von Unwissenheit und Verblendung bzw. hinter den Phänomenen liegt.

Die Arbeit mit den Kraftquellen aller Ebenen hat die Erschließung der spirituellen, der höchsten Ebene zum Ziel. Auf ihr können wir unsere Ichbezogenheit loslassen und verfügen dann über unser gesamtes Potenzial. Das gelingt ab und zu für Augenblicke, doch meist sind wir schnell wieder in unserer gewöhnlichen Wahrnehmung gefangen. Die Erfahrung bleibt jedoch wie ein Samen in unserem Bewusstsein, ein Samen, der immer wieder gewässert werden will und stets aufgehen kann.

Die heilende Kraft des Geistes nutzen

Wenn wir Freude in uns spüren und eine innere Weite wahrnehmen, können wir die Gunst der Minute nutzen, um einen Schritt weiterzugehen. Wir können uns vorstellen, dass hinter der Freude ein Raum liegt, der so weit wie ein strahlend blauer Himmel ohne Wolken ist, ein Raum, in dem alles enthalten und vollkommen ist und in dem wir ruhen. Wer lieber mit Vorstellungen arbeitet, die sinnlicher sind, kann sich auch eine persönliche spirituelle Kraftquelle vorstellen. Aus dem wolkenlosen Himmel heraus erscheint sie als Lichtgestalt vor unserem geistigen Auge. Wir spüren ihre heilende Präsenz, stellen uns einen Energiefluss von ihr zu uns vor, der reinigt und alle Anspannung und Verdunklung aus uns herauswäscht und uns ganz erfüllt. So erfahren wir ein Verbundensein mit allem. Es ist ein Fließen in den Raum unserer ursprünglichen Vollkommenheit. Wenn wir dort angekommen sind, lassen wir die inneren Bilder los und ruhen einfach in diesem Raum, ohne Fokus auf irgendein Objekt, eine Empfindung oder Vorstellung.

Es ist einfacher, als Sie vielleicht denken, eine solche spirituelle Kraftquelle zu finden, auch wenn Sie keiner Religion folgen. Meist haben wir im Laufe des Lebens Erfahrungen gemacht oder ein Erlebnis gehabt, das uns in einen Raum katapultiert hat, in dem wir Verbundenheit mit allem erfahren haben. Daran können wir anknüpfen. Die eigentliche Kraftquelle ist unsere unzerstörbare Natur, die im Buddhismus Buddha-Natur genannt wird. Sie wohnt jedem Menschen inne, und eine ihrer Qualitäten ist die Unverwundbarkeit. Manchmal schickt sie uns Signale, Bilder, die als Brücken in das Unverwundbare dienen können. Diese Bilder sind individuell sehr unterschiedlich, so verschieden, wie Menschen eben sind.

Der tibetische Meister Tulku Thondup sieht die Kraftquelle als ein Werkzeug, »… das für das Heilen nötige Energie und Weisheit in uns wachrufen kann. Bei einem Buddhisten kämen dafür das Bild, die visualisierte Gegenwart und segensreiche Energie einer spirituellen Gottheit in Frage, etwa ein Buddha. Andere könnten sich auf eine ihrem jeweiligen Glauben entsprechende Kraftquelle stützen. Die Kraftquelle könnte jede positive Form oder Wesenheit, jedes Element, jede positive Macht sein – die Sonne, der Mond, der Raum, das Wasser, ein Fluss, ein Ozean, die Luft, das Feuer, Bäume, Blumen, Menschen, Tiere, Licht, Klang, Geruch, Geschmack –, jede Ausprägung von Energie, die der Einzelne jeweils inspirierend und heilsam findet. Zum Beispiel könnte man einen hellen, reinen strahlenden Lichtball am Himmel visualisieren und ihn sich als die reine Essenz des Universums und die Verkörperung aller Heilenergien vorstellen.«[*]

Wenn die Kraftquelle Ihnen dienen soll, müssen Sie von ihr aber ernsthaft überzeugt sein. »Es kommt nicht so sehr darauf an, was wir als die Form oder das Bild der Kraftquelle auswählen, denn eigentlich ist es unsere innere Weisheit, mit der wir Kontakt aufnehmen. Das, worauf es ankommt, ist unser Vertrauen auf diese Weisheit und unser Offensein für sie; damit verherrlichen und feiern wir letztendlich die wahre Natur des Universums. Dadurch, dass wir eine Kraftquelle hegen und pflegen, schwächen wir die verbohrten, starren Einstellungen

---

[*] Tulku Thondup, S. 134

und Gefühle ab, die uns viele Probleme bereiten, und entfalten eine positive, für die Heilung offene Geisteshaltung.«[*]

Eine tibetische Geschichte erzählt davon, dass eine alte Frau von ihrem Sohn, der oft auf Reisen geht, eine Reliquie des Buddha erbittet. Da er eine solche nicht erwerben kann, bringt er ihr schließlich den Zahn eines toten Hundes mit, gibt ihn aber als Zahn des Buddha aus. Die alte Tibeterin verehrt diesen Zahn mit tiefer Hingabe, und es gehen mit der Zeit Wunderzeichen von ihm aus. Als sie stirbt, erlangt sie den Regenbogenkörper, und dies gilt in Tibet als eine hohe geistige Verwirklichung. In ihrer Wahrnehmung ist der Hundezahn identisch mit einer Buddha-Reliquie, mit dem Buddha. Der Hundezahn wird so zur spirituellen Kraftquelle, weil er für die Tibeterin das ist, was sie im Leben sucht, die Erleuchtung. Das Geheimnis der Kraftquellen liegt darin, dass sie uns helfen, den Blick auf Heilsames zu richten.

Wichtig ist, dass Sie bei der Suche nach Ihrer spirituellen Kraftquelle der Stimme Ihres Herzens, nicht Ihrem analytischen Verstand folgen. Oft haben wir Konzepte oder verinnerlichte Vorstellungen davon, was uns guttun sollte. Wenn sie sich fad anfühlen und wenig inspirierend, dann weisen sie nicht auf die geeignete Kraftquelle. Auf der Suche nach Ihrer persönlichen spirituellen Kraftquelle ist es wichtig, dass Sie eine innige Verbindung zu ihr fühlen, Freude und Geborgenheit empfinden sowie unerschütterliches Vertrauen in die natürliche Weisheit dieses Quells, ohne den leisesten Hauch von Zweifel. Sie sollten sich ganz Ihrer Kraftquelle hingeben können, ihre Präsenz spüren, die heilende Energie wahrnehmen, die von ihr ausgeht, denn schließlich ist sie der Ausdruck Ihrer ursprünglichen Vollkommenheit. Ihre Kraftquelle ist Ihr Ort, in dem Sie ruhen, im Leben und im Sterben. Daher ist es so wichtig, dass Sie

[*] ders., S. 136

eine Herzensverbindung zu ihr herstellen können. Erst dann sind Sie auf dem richtigen Weg.

Bei der Begleitung Sterbenskranker habe ich die Erfahrung gemacht, wie wichtig der Bezug zu einer spirituellen Kraftquelle ist, die man in der Not anrufen und um Hilfe bitten kann.

Brücken bauen – Emis Geschichte

Ich bin einer jungen Frau begegnet, die Buddhistin geworden ist, jedoch eine christliche Erziehung genossen hatte. Sie hatte ein Internat besucht, das von Nonnen geleitet wurde. Ihre Erinnerungen an diese Zeit waren sehr negativ und voller schrecklicher Erlebnisse. Auf dem buddhistischen Weg hatte sie gelernt, zu meditieren und zu visualisieren. Ihr tibetischer Lehrer hatte sie in unterschiedliche Praktiken eingeführt. Am Ende ihres Lebens half ihr diese spirituelle Schulung sehr. Sie war tief davon überzeugt, dass der Tod ein Übergang ist und sie sich darauf geistig vorbereiten konnte. Sie meditierte und folgte dem Rat ihres Lehrers, was die tägliche spirituelle Praxis betraf. In einer Nacht träumte sie von Christus, der sie umarmte und in Licht hüllte. Das irritierte sie sehr, da sie doch auf einem buddhistischen Weg war. Sie haderte mit sich, sprach mit ihrem Lehrer, und der ermutigte sie, in ihre Visualisierung Christus mit einzubeziehen. Sie spürte eine tragende Verbindung zu einem Christusbild aus ihrer Kindheit. In ihrer inneren Bilderwelt stand dieser Christus hinter dem Buddha, und sie wünschte sich: »Christus/Buddha, nimm mich in den Arm.« Es war diese Vorstellung, die tief in ihrem Herzen das Gefühl vollständiger Geborgenheit und Hingabe schuf und damit das Vertrauen, im Leben und im Sterben getragen zu sein. Wenn sie in dieser Visualisierung ruhte, war sie voller Vertrauen und Gelassenheit. Sie starb in Frieden, und ich bin überzeugt davon, dass ihre inneren Bilder, als ihr Geist Flügel bekam und sich vom Körper löste, eine Brücke waren in den nondualen Raum.

Der Geist ist in der Verbindung mit der Kraftquelle beruhigt und vertrauensvoll. So können wir das Leiden, die Erschütterungen der körperlichen, emotionalen und intellektuellen Auflösung im Sterben besser durchstehen. In den buddhistischen Traditionen ist es der Zustand unseres Geistes, auf den es im Leben und im Sterben ankommt. Ist der Geist friedlich, wenn wir sterben, dann müssen wir den Tod ebenso wenig fürchten wie das Leben. So einfach, wie das klingt, ist es aber natürlich nicht. Die körperliche Auflösung geschieht unausweichlich. Wenn wir ihr unsere Aufmerksamkeit entziehen und sie stattdessen auf unsere Kraftquelle oder den Raum, der hinter den Wolken liegt, richten, sind wir geschützt. Wer im Sterben und im Tod auf eine tiefe innere Verbindung zu einer spirituellen Kraftquelle bauen kann, der löst sich von dieser Welt vielleicht ein wenig leichter.

Was im Sterben hilft, hilft auch im Leben. Krisen, Stress, der Umgang mit negativen Emotionen und Gedanken, gewohnheitsmäßige Muster können sich positiv verändern, wenn die spirituelle Kraftquelle zur Zuflucht geworden ist. Die Lebensqualität steigt, und Freude kann einziehen, dort, wo wir uns depressiv oder ausgebrannt fühlen.

Die Verankerung der spirituellen Kraftquelle im Herzen sollte also jetzt geschehen. Dann können wir sie schon in krisenhaften Lebenssituationen nutzen und sind mit ihr vertraut, wenn es ans Sterben geht. Dazu müssen wir mit ihr experimentieren, sie in unser Leben integrieren.

Wir haben so viele unheilsame, negative Gewohnheiten. Warum schaffen wir nicht neue, die uns guttun? Ich denke mindestens einmal am Tag an meine Kraftquelle, und häufig habe ich das Gefühl, dass sie meine ständige Begleiterin ist. Mein Vertrauen ins Leben und die Verbindung zur Stimme meiner inneren Weisheit sind mit dieser positiven Gewohnheit gewachsen.

Wenn ich Seminare gebe oder Gruppen leite, dann ist meine Kraftquelle immer mit dabei. Das wohlige Gefühl ihrer Präsenz entspannt mich. So öffne ich mich für das, was ansteht. Wenn es kompliziert wird, verbinde ich mich mit Buddha Padmasambhava, der meine Kraftquelle ist. Manchmal bitte ich ihn um Rat. Meistens geht es um innere Gelassenheit, das Fallenlassen von Ansprüchen, das Mitgehen mit dem jeweiligen Prozess und ein gemäßigtes Tempo, in dem Innehalten möglich ist. So hilft mir meine Kraftquelle immer wieder neu, mich auszubalancieren. Es gibt auch Momente, in denen ich nicht weiterkomme oder die Verbindung nicht spüre. Dann ist das eben so. Die spirituelle Verbindung lässt sich nicht erzwingen. Es geht um ein Seinlassen und Akzeptieren dessen, was ist, nicht um ein Kraftquellen-Hochleistungsprogramm.

Als ehrenamtliche Hospizhelferin gerate ich immer wieder in Grenzsituationen. Wenn ich meinen Buddha um Hilfe bitte, ihn im Raum visualisiere oder sein Kraftfeld einatme, spüre ich die heilende Energie wie ein schützendes Feld. So hilft mir meine Kraftquelle im Umgang mit dem Leiden Kranker und Sterbender, weil sie meine Intuition öffnet und ich dann aus dem Augenblick heraus unbefangener denken und handeln kann.

Wie spirituelle Kraftquellen helfen

Manchmal kommen wir im Leben in Grenzsituationen, in denen wir uns bedroht fühlen. Dies geschieht meist in der Begegnung mit Unberechenbarem, Unvorhergesehenem. Vermeintliche Sicherheiten, an die wir uns gewöhnt haben, sind dann mit einem Mal nicht mehr tragfähig. Die Gerüste, die wir uns bauten, um uns daran festzuhalten, erweisen sich als morsch oder stürzen zusammen. Der Boden wankt; und es ist ein bisschen so, wie auf einer asiatischen Hängebrücke zu gehen, die in der Luft schwebt und vom Wind hin- und herbewegt wird, während man, an den Trageseilen festhaltend, vorwärtsbalanciert. Unter uns ist der Abgrund, ein reißender Strom. Die Gefahr droht, in den Strom zu stürzen, vielleicht auf einen Felsen zu fallen, wenn die Seile reißen, und dann ist alles aus …

Vor vielen Jahren schwamm ich einmal in Lanzarote an einer Stelle ins Meer hinaus, die von Felsen umgeben war. Das Meer schäumte, und die Wellen wogten. Es war so einladend, sich ins Wasser zu stürzen und darin zu baden. Ich tat das mit großer Freude, bis ich merkte, dass ich mit meinen Schwimmbewegungen nicht gegen die Strömung ankam. Ich ruderte auf der Stelle. Es gab kein Vor und kein Zurück mehr. Auf einem Felsen am Rand saß ein Fischer, dem ich verzweifelt zuwinkte. Ich schrie um Hilfe, doch das Meer war zu laut, und der Fischer winkte zurück. Er dachte, dass ich mich vergnüge. Schnell schwanden meine Kräfte, und Panik breitete sich in mir aus. Mein Verstand begriff, dass ich bald erschöpft sein würde. Er führte mir einen Film vor: Ich sinke ins Meer, die Lungen füllen sich mit Wasser, ich ersticke, mein Körper wird schwer und fällt auf den sandigen Grund. Das geschieht alles im Urlaub, mitten im Leben, in dem ich noch so viel vorhabe. Was ist mit meiner Familie, meinem Partner, all den Dingen, die noch zu erledigen sind? Es ist noch nicht meine Zeit. Ich habe mein Werk noch nicht vollendet. Ich will nicht sterben. Während diese Gedanken in durchdringender Klarheit durch meinen Kopf rasten, fuchtelte ich mit den Armen, rief um Hilfe und bemerkte verzweifelt, dass niemand da war, der mich hörte. Angst erfasste mich, während zugleich mein Verstand wie ein Computer die Situation analysierte, Gedanken produzierte, Gefühle auswertete. Alles geschah parallel. Die Angst steigerte sich zu Panik. Sie schnürte mir die Kehle zu, ich schluckte Wasser, Salz brannte in den Augen. Es entstand eine innere Gewissheit: Es wird nicht mehr weitergehen, ich werde sterben, es sei denn, es geschieht ein Wunder.
Ich blickte zum Himmel. Dort waren hellgraue, dichte Wolkenbälle mit weißem Rand. Dahinter war die Sonne, die durch

eine licht gewordene Wolke Strahlen zog. Einer der Sonnenstrahlen war auf mich gerichtet, ging mir mitten ins Herz. In
diesem Moment tat sich ein unermesslich weiter Raum in mir
auf. Die Panik verwandelte sich in ein tiefes Vertrauen. In all
dem Stress entspannte ich mich. Ich sah die Lichtgestalt eines
Buddha von der Sonne umrahmt, es war Padmasambhava; von
ihm stammt das Bardo Thödol, das Tibetische Totenbuch. Er
ist die Quelle meiner Zuflucht, schon seit Jahren. Innerlich ver-
schmolz ich mit dem Buddha, ritt auf dem Sonnenstrahl zu
ihm, ging in ihn ein. In diesem Moment fühlte ich mich geborgen. Mein analytischer Verstand zerlegte die Situation scharf-
sinnig weiter. Irgendwo war da auch noch Angst. Das Besondere an meiner Wahrnehmung war, dass ich nicht mit dem
Denken und auch nicht mit dem Fühlen der Angst identifiziert
war. Sie waren da, doch ich griff nicht danach, verwickelte mich
nicht in sie. Es waren nur Filme, die abliefen, an denen ich nicht
beteiligt war. Auf einer geistigen Ebene, die mein Herz tief be-
rührte, ruhte ich in Vertrauen und in einer unendlichen Geborgenheit. Alles konnte und durfte geschehen. Ich mischte mich
nicht mehr ein. Es gab eine innere Gewissheit, dass der Körper
jetzt sterben durfte und konnte. Eine unglaubliche Erleichterung ergriff mich. Auch Glückseligkeit. Ich legte mich mit
einer Hingabe, die nicht mehr von dieser Welt war, in dieses
Licht und die Führung des Buddha hinein und bat ihn mit ganzem Herzen um Hilfe.

Was dann geschah, war wirklich wie ein Wunder. Im Meer
tauchte ein Schwimmer auf, ein Mann, der mir seine Hand
reichte und mich mit aller Kraft aus dem Strudel herauszog.
Ich weiß nicht mehr, wie er mich an den Strand, ins seichte
Wasser brachte. Ich erinnere mich nur an seine Gestalt und sein
Gesicht. Es war ein muskulöser junger Mann, sonnengebräunt,
mit blauen Augen und halblangen Haaren. Am Strand sank ich
erschöpft auf ein Handtuch, Freunde umgaben mich, denen die
Gefahr nicht bewusst gewesen war. Ich redete irgendwas und
stand dabei neben mir. Eigentlich begriff ich das Ganze nicht.

Ich empfand das Sprechen als große Anstrengung, war körperlich erschöpft, im Kopf wie taub. Eigentlich wollte ich still sein und nach innen lauschen. Die Betriebsamkeit um mich herum war mir viel zu viel. Schließlich suchte ich meinen Retter, doch er war unauffindbar. Es schien, als habe er sich in Luft aufgelöst.

Wäre ich wirklich beinahe ertrunken? Alles war wie ein Traum. Die Normalität des Urlaubsalltags holte mich wieder ein. Ich hatte einen Schock, der einige Zeit anhielt, mit allen Symptomen, die dazugehören. Die Erfahrung, beinahe gestorben zu sein, lag in meiner Wahrnehmung wenige Stunden nach meiner Rettung schon Äonen zurück. Meine Psyche orientierte sich jetzt wieder am Lebensalltag und seiner Normierung innerhalb von Raum und Zeit. Das gewöhnliche Leben ging weiter.

Das war eine der Grenzsituationen in meinem Leben. Die Erfahrung des Verbundenseins mit meiner inneren Kraftquelle habe ich in den vielen Jahren meines spirituellen Weges als kleine tägliche Praxis geübt, manchmal in Stille, manchmal mitten in den Turbulenzen des Lebens, im Zug, im Auto, in den kleinen Pausen am Tag. Was als gedankliche Übung beginnt, indem ich meine Vorstellungskraft, d. h. meine visuellen Fähigkeiten, aktiviere, kann ich auch über die Rezitation des Mantra dieses Buddha in mir über akustische Schwingungen lebendig werden lassen. Der Klang des Mantra erweckt in mir die Vorstellungskraft, und ich kann meinen Buddha als Lichtgestalt im Raum vor mir sehen. Durch diese Verbindung mit seinem Energiefeld fühle ich mich ruhig und geborgen, wach, mitfühlend und präsent. Über die Jahre ist das Wirken an dieser inneren Verbindung mit dem Buddha zu einer positiven Gewohnheit geworden, die mittlerweile in meinen Zellen gespeichert ist und wachgerufen werden kann, wenn ich in schwierige Situationen gerate. Wenn ich das Mantra spreche und dabei unabgelenkt bin, bringt mich das schnell und sicher in das Energiefeld meiner Kraftquelle, und das gibt mir Schutz und Geborgenheit. Bin ich mit dem Kraftfeld des Buddha eins geworden, lösen sich die inneren Bilder auf, sie zerfließen in einen weiten himmelsgleichen Raum hinein, der Mitgefühl und Liebe ausstrahlt, der vollkommen ist und gleichzeitig ganz unspektakulär bescheiden, und es ist mir vergönnt, darin einfach nur zu sein. Diese Momente sind tiefbeglückend, erholsam und entspannend für Körper, Geist und Psyche. In ihnen wohnt heitere Gelassenheit.

In der oben beschriebenen Grenzsituation half mir jahrelange Übung. Wie wir heute wissen, schafft das Gehirn bei Wiederholungen mit der Zeit Verknüpfungen, die es offensichtlich aktivieren kann, z. B. in einer Notlage. Bezogen auf die Visualisierung einer spirituellen Kraftquelle oder auf andere Übungen heißt das: Übung macht den Meister, weil sie das Gehirn trainiert.

Brücken bauen – vertrauen und sein lassen

Haben Sie eine spirituelle Kraftquelle für sich gefunden, sollten Sie diese innerlich verankern. Machen Sie sich mit ihr vertraut, vertiefen Sie sich in sie, z. B. mittels der geleiteten Meditation auf der beiliegenden CD, wenden Sie sie im Alltag an. Integrieren Sie die Kraftquelle in Ihr Leben, bis sie Teil Ihres Bewusstseinsstroms geworden ist, dann kann sie zur Schützerin in der Not werden und Sie mit Ihrer inneren Weisheit verbinden, oder sie fungiert als »Hotline« zu Gott. Sie ist wie ein Kanal, der unser spirituelles Wesen mit der universellen Spiritualität verbindet. Der Tropfen vereinigt sich mit dem Wasser. Das Unverwundbare wird zur lebendigen Erfahrung. Dabei fließt Energie, die nicht stofflich ist.

Wenn Sie die Kraftquellenmeditation auf der CD als Übung wählen, dann schaffen Sie dafür geeignete äußere und innere Voraussetzungen. Suchen Sie sich einen Platz, an dem Sie für einige Zeit ungestört sein können, in einer Umgebung, die Ihnen guttut. Zunächst kreieren Sie ein entspanntes Klima in Ihrem Geist, indem Sie eine aufrechte Körperhaltung einnehmen und innerlich zur Ruhe kommen, z. B. mit Hilfe einer kleinen Atembetrachtung. Auch die stille Meditation auf der beiliegenden CD kann Ihnen dabei helfen, den Geist zu beruhigen. Die Kraftquellenmeditation enthält unterschiedliche Teile:

1. Die Zentrierung des Geistes mit Hilfe der Atembetrachtung
2. Die Visualisierung Ihrer Kraftquelle
3. Eine innere Heilung mit Licht
4. Die Entfaltung von Mitgefühl
5. Die Ausdehnung von Mitgefühl
6. Die Wahrnehmung universellen Verbundenseins
7. Die Rückkehr zum Atem

Ich empfehle Ihnen, diese Meditation so oft zu wiederholen, bis Sie die CD nicht mehr benötigen. Integrieren Sie die Vorstellung von Ihrer spirituellen Kraftquelle in Ihren Tagesablauf, und bitten Sie Ihre Kraftquelle um Hilfe, wenn Sie nicht mehr weiterwissen. Nur so wird es Ihnen gelingen, die Kraftquelle zur verlässlichen Wegbegleiterin, vor allem in schwierigen Lebenssituationen, zu machen. Es lohnt sich, auszuprobieren und zu spüren, wie Ihnen die Kraftquelle konkret helfen kann.
In der Kraftquellenmeditation visualisieren Sie Ihre ganz persönlichen inneren Bilder von ursprünglicher Vollkommenheit oder dem Göttlichen, und zwar auf eine Weise, die Ihr Herz tief berührt. Die Meditation schafft einen Rahmen dafür. Sie ist eine Methode, die nicht religiös festgelegt ist, jedoch an uralte Weisheiten und moderne Erkenntnisse im Hinblick dar-

auf, wie das Gehirn lernt, anknüpft. In dieser Meditation wird Energie gebündelt, auf einen spirituellen Fokus ausgerichtet. Das Gebet, das Mantra, der Hilferuf oder die Visualisierung ist dann wirkungsvoll, wenn Sie mit vollständiger Hingabe und der tiefen Überzeugung, dass Hilfe kommt, darum bitten. Dieser Hilferuf lenkt Ihre Gedankenenergie, auch die emotionale, sowie Ihre Wahrnehmung auf ein Ziel hin, strebt nach der mystischen Vereinigung mit der Kraftquelle. Der Hilferuf hat eine konkrete Richtung, steht nicht diffus im Raum. Ich habe in der Begleitung Sterbenskranker öfter erlebt, wie ein inniges Gebet zu Jesus oder tiefes Gottvertrauen Zuversicht schuf und Menschen in ihrem großen Leiden über sich hinausgewachsen sind. Ich habe auch erlebt, wie Menschen um Hilfe riefen, aber nicht wussten, wen sie anrufen sollten. In der Not waren diese Hilferufe eine Entlastung, denn sie enthielten ein: »Ich weiß nicht mehr weiter. Vielleicht gibt es außerhalb von mir noch etwas, das größer ist und mich tragen kann.« Zweifel und mangelndes Vertrauen in eine spirituelle Kraftquelle vergrößerten das Leiden, die Verzweiflung manchmal, wenn der Kranke sich nicht in ein Feld von Geborgenheit einschwingen konnte oder vielleicht Angebote der spirituellen Ebene nicht wahrnahm oder sie sogar abwehrte. Als Begleiterin können Sie in dieser Situation all Ihre Liebe geben, in der Verbindung mit Ihrer Kraftquelle eine Brücke bauen, doch es liegt immer in der Hand des Kranken, was er annimmt oder was nicht. Wenn wir eine Kraftquelle anrufen, dann sind es unser Vertrauen, unsere Hingabe, die uns tragen. Welche Hilfe kommt und wie diese dann geschieht, das können wir nicht beeinflussen, doch wir können sie annehmen. Aus buddhistischer Sicht würde man sagen, die spirituelle Unterstützung hat mit Karma zu tun, aus christlicher würde man von göttlicher Gnade sprechen. Auf intellektueller Ebene ist nicht zu ermitteln, wer oder was da zusammenkommt. Wenn Sie daran glauben, es sei Gott oder seine Gnade, dann ist das für Sie so. Für mich ist es mein Buddha, der die Brücke in den Raum der mir innewohnenden Vollkommenheit baut, in den ich bisher für winzige Augenblicke eintreten konnte. Doch das sind alles Erklärungsmodelle für ein Geschehen im konzeptfreien Raum. Sie sehen, auch ich versuche, das Unerklärliche zu definieren. Doch die Erfahrung des Verbundenseins liegt hinter den Worten. Diese können immer nur einen Hauch von dem vermitteln, was im Erleben geschieht.

An meinem Beispiel sehen Sie, wie unterstützend die Verbindung mit einer spirituellen Kraftquelle ist. Es war mir in meiner Panik gar nicht möglich, sie bewusst zu visualisieren, als ich am Ertrinken war. Die Verbindung geschah einfach. Ich wurde ruhig und hätte in dieser Notlage auch sterben können, doch ich wurde gerettet, und darüber bin ich froh.

Innehalten als Kraftquelle

Innehalten ist eine wichtige Voraussetzung für den Kontakt zu den Kraftquellen. Wir wenden dabei den Geist von den Zerstreuungen der Außenwelt auf das, was in uns geschieht. Mit Hilfe des Innehaltens übertreten wir die Schwelle zur heilenden Kraft des Geistes. In diesem Sinne ist Innehalten eine Quelle der Energie und Kraft. Die Achtsamkeit unterstützt uns dabei, unsere Ausrichtung aufrechtzuerhalten und uns nicht ablenken zu lassen.

Eine Bekannte sagte mir: »Wenn ich merke, da ist Bedrückung, ich fühle mich unbehaglich oder eng, gehe ich aus dem Zimmer, schaue aus dem Fenster auf einen Baum, eine Blume, den Himmel, auf geschäftiges Treiben, nehme alles so wahr, wie es ist, und schaffe eine gedankliche Pause von meinem Problem. Wenn ich dann zurückkomme, bin ich wieder ganz frisch. Es verändert sich etwas in der Kommunikation, weil ich entspannter bin.«

So gewinnt sie eine Verschnaufpause, mit deren Hilfe sie sich von Emotionen, Wertungen, Anhaftungen und Abneigungen entkoppelt. Das geht immer, in allen Lebenssituationen. Nach dieser Pause von der Verstrickung in Empfindungen, Gedanken, Wahrnehmungen tritt sie neu in die Situation. Sie nutzt die Pause, um dem Problem, das sie zu überwältigen droht, frisch, wertneutral, unbefangen und offen begegnen zu können. Es ändert sich nicht das Problemfeld, jedoch ihre Haltung dazu. So entstehen neue Blickwinkel und Sichtweisen, Spannungen können abklingen und Lösungen gefunden werden.

Nach meiner Erfahrung ist es immer gut, über ein Repertoire an Hilfsmitteln zu verfügen, aus dem man beim Innehalten schöpfen kann, wenn man sich wieder in der Identifikation mit einem Problem zu verlieren droht: vielleicht eine Atempause, das Verlassen des Raumes oder das Nutzen von Kraftquellen wie das Betrachten einer Blume, eines Blattes, der Blick in den Himmel, ein Stoßgebet oder ein Mantra usw. Wichtig ist, dass das, was Sie wählen, Ihnen momentan hilft, sich aus den Verstrickungen mit dem Problem zu lösen. Dies alles geht natürlich nur, wenn Sie erkennen, wann Sie feststecken.

Richten Sie in solchen kritischen Momenten die Aufmerksamkeit auf Ihren Atem. Spüren Sie den Ein- und Ausatem, die Atembewegung. Sie ziehen damit die Aufmerksamkeit von der kraftvollen Emotion ab und schaffen eine Unterbrechung. Diese Pause kann entscheidend sein. Danach sind Sie emotional und geistig wieder frisch und können der Situation anders begegnen. Es gibt einen minimalen Abstand zum Geschehen. Das hilft, nicht dem ersten Impuls zu folgen, der meist einem gewohnheitsmäßigen Muster folgt. Die Pause beruhigt die Gedanken. Dies ist eine Chance zur Gelassenheit. Am Tag öfter den aufgeregten Geist, der hin und her springt und ungezähmt ist wie ein Tiger, in den gegenwärtigen Moment zu holen, ist ein wirkungsvoller Weg, um Zerstreuung zu verringern, die Mitte zu finden.

Innehalten ist ein kraftvolles Mittel, um in den gegenwärtigen Moment zu gelangen. Damit schulen wir den Geist. Wichtig dabei sind Einsicht in den Sinn der Übung und etwas Disziplin, so lange, bis Innehalten uns zur Gewohnheit wird, einer positiven Gewohnheit. Dann geschieht es mühelos. Der Geist hat gelernt, sich auszubalancieren, und das Leben wird freudvoller. Heitere Gelassenheit erhöht die Lebensqualität. Wir folgen dem eigenen Tempo und unterwerfen uns nicht mehr zu sehr äußeren Diktaten, sind aber durchaus realitätstauglich.

»Durch die Konzentration auf den Atem schaffen Sie einen Raum zwischen der Erfahrung und der Identifikation mit ihr und schwächen dabei den Prozess, der Gewohnheiten überhaupt erst hervorbringt.«[*]

Mit der Methode des Innehaltens haben Sie ein Werkzeug, das sich im Alltag jederzeit einsetzen lässt. Innehalten beruhigt und führt in die eigentliche Heimat, den gegenwärtigen Moment, zurück. Es durchschneidet Verbindungen zu Vergangenheit und Zukunft und die daran gebundenen Konzepte. Sie können das Innehalten als Kraftquelle nutzen, wenn Sie mit negativen Gefühlen, den eigenen und denen anderer, konfrontiert werden.

Der vietnamesische Zen-Meister Thich Nhat Hanh beschreibt, wie wir die uns allen innewohnende Buddha-Natur immer wieder berühren können. Er nennt sie hier poetisch das Blumesein.

»Um unser Blumesein lebendig zu halten, müssen wir lernen, unseren Sorgen, Ängsten, unserer Aufregung und Trauer Einhalt zu gebieten. So können wir Frieden und Glück finden und wieder lächeln. Wenn etwas nicht gut verläuft, ist es angebracht innezuhalten, um die unangenehmen und zerstörerischen Kräfte daran zu hindern, sich weiter fortzupflanzen. Innezuhalten bedeutet nicht zu unterdrücken, es bedeutet in erster Linie zu

---

[*] Batchelor, S. 31

94

beruhigen. Wenn wir wollen, dass der Ozean ruhig ist, schöpfen wir nicht sein Wasser aus. Ohne Wasser bleibt nichts übrig. Bemerken wir in uns Ärger, Furcht und Aufregung, brauchen wir diese nicht abzutrennen. Wir müssen nur bewusst ein- und ausatmen, dies allein ist ausreichend, um den Sturm zu beruhigen. Wir brauchen nicht erst einen Sturm abzuwarten, um mit der Praxis zu beginnen. Wenn wir nicht leiden, führt zudem das achtsame Atmen dazu, dass wir uns wunderbar fühlen. Und es ist der beste Weg, uns darauf vorzubereiten, mit auftretenden Problemen fertig zu werden.«[*]

Die Arbeit mit den Kraftquellen knüpft hier an. Ist die Macht der negativen Geisteszustände für einen Augenblick gebrochen, wenden wir uns den Kraftquellen zu und kultivieren so die Freude am Unverwundbaren in uns, dem Blumesein. Wir schulen uns in Großzügigkeit, Disziplin und Geduld sowie Enthusiasmus und anderen positiven Geisteskräften, die wir in der Weise entwickeln, wie wir unseren Geist auf Heilsames ausrichten.

Der Stimme des Herzens folgen

Wir haben mindestens zwei Persönlichkeiten in uns, eine ist selbstsüchtig, von Leidenschaften getrieben, ignorant, zerstreut und äußerst schwatzhaft, stets damit beschäftigt, festzuhalten und eigene Regeln aufzustellen: das Ego. Es gibt aber auch ein Wesen in uns, das eher still ist, aus der inneren Weisheit schöpft und ein Leben im Verborgenen führt. Wir folgen im Alltag oft mehr den äußeren Antrieben, den Verführungen des Ichs und hören meist nicht auf die innere Stimme, die aus unserem spirituellen Wesenskern kommt. Spirituelle Kraftquellen zeigen uns

---

[*] Thich Nhat Hanh, S. 21 f.

den Weg aus der Diktatur unserer Ichbezogenheit in unsere innere Essenz. Sie sind eine Zuflucht vor dem Ego.

Buddha und Jesus sind Verkörperungen von komplexen spirituellen Lehren und Praktiken. Sie sind spirituelle Kraftquellen, basierend auf jahrtausendealten Traditionen und von daher auch in dem Sinne energetisch aufgeladen, dass ich mich an ein Feld anschließen kann, wenn ich der Lehre folge. Dann wird mir auch der Schutz dieses Feldes zuteil; ich fühle mich in Tempeln oder Kirchen, in denen ich beten oder meditieren kann, in gewisser Weise zu Hause, kann zu einem Lehrer oder Geistlichen gehen, um Rat zu holen und Unterweisung zu bekommen, kann Schriften und Texte studieren, in denen ich Antworten auf meine Fragen finde sowie Anleitungen für meinen Weg. Spirituelle Kraftquellen religiöser Traditionen sind daher ungemein wirkungsvoll, doch sind sie es nur dann, wenn ich der Tradition wirklich von Herzen folgen kann.

Eine spirituelle Heimat finden

Der Gedanke der Zuflucht steckt auch in der individuellen spirituellen Kraftquelle, die aus einem religiösen Kontext stammen kann, aber nicht muss. Wer keine religiöse Orientierung hat, kann dennoch eine Kraftquelle in sich finden, die dann vermutlich eine ganz individuelle Ausdrucksform haben wird. Das ist möglich, weil heutzutage Spiritualität nicht mehr an Religion gebunden ist. Ich habe in meiner Arbeit feststellen können, dass es eine Vielzahl von Menschen gibt, die sich ganz von den traditionellen religiösen Wegen gelöst hat, aber nach eigenen spirituellen Ausdrucksformen sucht.

Insofern ist es gerade heute wichtig, dass Kraftquellen und die Wege, mit ihnen zu arbeiten, sehr persönlich sein dürfen. Das gibt einerseits viel Freiheit, ist andererseits nicht ganz einfach, weil die stützenden Rahmenbedingungen religiöser Gemeinschaften und uraltes Erfahrungswissen, eingebunden in Traditionen, nicht oder nur partiell von dem Menschen, der seinen ganz persönlichen spirituellen Weg geht, genutzt werden kann. Wir benötigen auf der Suche nach unseren Kraftquellen und im Umgang damit Mut, ein Quentchen Umsicht sowie einfache, aber wirkungsvolle Anleitungen. Diese finden Sie z. B. in diesem Buch. Es ist sinnvoll, auf Hilfestellungen und Anleitungen zurückzugreifen, da nicht jeder alles aus sich selbst heraus neu schöpfen muss. Erfahrungswissen ist wertvoll und kann, richtig gewählt, eine große Stütze auf dem persönlichen Weg sein. Unterstützend ist es, sich ab und zu eine kompetente Wegbegleitung zu suchen, um nicht verloren oder in die Irre zu gehen.

Bei der Suche nach der für Sie stimmigen Kraftquelle geht es nicht darum, irgendeine Kraftquelle aus irgendeinem spirituellen System zu übernehmen, sondern darum, genau zu spüren, welches Bild, welcher Klang Sie tief in Ihrem Herzen berührt und Ihnen Geborgenheit und Sicherheit gibt. Sie sollten dann den Mut aufbringen, das innere Bild auch tatsächlich zu nehmen, das eine wirkliche Zuflucht geworden ist, und dies kann durchaus Jesus oder Buddha sein, selbst wenn Sie sich der entsprechenden Tradition gar nicht zugehörig fühlen. Es ist sinnvoll, ein wenig mit Kraftquellen zu experimentieren, dabei tief nach innen zu schauen und zu spüren, ob Sie in dieser Kraftquelle ganz und gar geborgen sind. Im Laufe des Lebens kann sich die Kraftquelle wandeln oder umgestalten, auch da gilt es, aufmerksam zu sein. Die Kraftquelle wird mit der Zeit zu einer spirituellen Zuflucht ohne äußere Autorisation werden, auch wenn Sie sich mit keiner spirituellen Tradition verbunden fühlen.

Es ist wichtig, dass Sie die inneren Bilder von der spirituellen Kraftquelle auch wieder loslassen, wenn Sie in die offene Weite Ihrer innersten Natur eintauchen. Echte Kraftquellen sind nur ein Medium, das Sie zu Ihrem spirituellen Wesen führt. Sie dienen als Brücke ins Transzendente, ins Göttliche. Unser spirituelles Wesen ist viel weiter, als die menschliche Vorstellungskraft reicht. Das ist der Grund, warum wir die visualisierten Kraftquellen loslassen, wenn sie ihre Bestimmung erfüllt haben.

Hindernisse auf dem Weg

Auf allen Ebenen dieses Prozesses gibt es aus buddhistischer Sicht ein Problemfeld – das des Greifens, des Festhaltenwollens, z. B. an angenehmen Empfindungen wie Freude oder Glück. Wir möchten, dass das Glück für immer bleibt, und wehren uns, wenn wir loslassen müssen. Da ist es gut, sich zu erinnern, dass alles kommt und geht und dass wir Dinge gehen lassen müssen, damit neue Erfahrungen kommen können. Es gibt ein Glück, das größer ist als ein Sechser im Lotto oder eine orgiastische Erfahrung. Es ist das ruhige, fließende Glücksempfinden, das jenseits von Anhaftung und Abneigung liegt. Diese Glückserfahrung ist ein ausgewogener Fluss, in dem wir befreit sind von der Leidenschaft des Greifens.

Mit Hilfe der spirituellen Dimension der Kraftquellen können wir dorthin gelangen. Allerdings fallen wir auch immer wieder aus dieser Erfahrung heraus. Das ist menschlich.

Hass und Stolz sind andere Hindernisse, die uns blockieren. Hinzu kommt unsere grundsätzliche Unwissenheit, die sich auf vielfältige Weise Ausdruck verleiht und darin wurzelt, dass wir glauben, die Dinge, Phänomene seien beständig und hätten Substanz.

Unsere alltägliche Zerstreutheit und unsere gewohnheitsmäßigen Muster sind weitere Hindernisse, denen wir immer wieder begegnen, wenn wir inneren Frieden finden wollen. Buddhistische Lehrende weisen immer wieder darauf hin, dass Übung den Meister macht und es wichtig ist, nicht aufzugeben. Wir können stets neu beginnen.

Meditationen und Übungen

Bevor Sie die Kraftquellenmeditation, die auch auf der CD enthalten ist, durchführen, sollten Sie zunächst einige Male die folgende Kontemplation durchführen, vor allem, wenn Sie unsicher über die Gestalt oder Ausdrucksform Ihrer Kraftquelle sind. Suchen Sie sich dafür einen ruhigen Ort und nehmen Sie sich vielleicht fünfzehn Minuten Zeit. Sie können diese Kontemplation so lange wiederholen, bis Sie eine konkrete Vorstellung von Ihrer Kraftquelle haben.

Die spirituelle Kraftquelle finden

Schließen Sie die Augen. Gehen Sie mit der Aufmerksamkeit zum Atem und beobachten Sie eine Weile den Ein- und Ausatem. Sie können hierzu auch die erste Meditation auf der CD zu Hilfe nehmen. Am Ende der Atembetrachtung kontemplieren Sie über die folgenden Fragen:

1. Gibt es Erfahrungen in meinem Leben, in denen ich mich vollkommen geborgen gefühlt habe? Welche sind es?
2. Gibt es ein inneres Bild oder Symbol, das für mich unermessliche Liebe und Weisheit, Vertrauen ausdrückt?

Lassen Sie sich genügend Zeit, über diese Fragen nachzudenken.

Wenn Sie ein Symbol oder Bild gefunden haben, erkunden Sie es und spüren Sie hinein, so tief, wie Sie können.

Schließen Sie die Kontemplation mit einer stillen Meditation ab.

Jetzt notieren Sie Ihre Erfahrungen auf einem Zettel oder in Ihrem Notizbuch.

Die inneren Bilder klingen nach. Lassen Sie zu, dass die positiven Erfahrungen in den Alltag hineinwirken. Erinnern Sie sich immer wieder an Ihre Kraftquelle, tauchen Sie in deren Energiefeld ein, wenn Probleme auftreten oder Sie sich gestresst fühlen. Es ist sinnvoll, im Laboratorium des Lebens mit der Kraftquelle zu experimentieren und ihre Wirkung zu erleben.

Wiederholen Sie die Kontemplation zu einem anderen Zeitpunkt. Knüpfen Sie an die vorherigen Erfahrungen an. Sie können, wenn Sie Ihre Kraftquelle gefunden haben, herausfinden, wie Sie schnell und gut einen Kontakt zu ihr im Alltag herstellen können.

Kraftquellenmeditation (CD)

Versuche, aufrecht und entspannt zu sitzen, an einem Platz, der dir guttut.

Achte darauf, dass dein Rücken aufgerichtet ist. Der Kopf ist gerade, das Kinn neigt sich ein wenig zur Brust hin. Die Hände liegen entspannt auf Oberschenkeln oder Knien oder in deiner gewohnten Meditationshaltung.

Die Augen sind geschlossen, oder dein Blick ist unfokussiert auf den Boden vor dir gerichtet. Achte darauf, entspannt zu sitzen.

Jetzt geh mit der Aufmerksamkeit zum Atem. Spüre den Ein- und den Ausatem.

Lass Gedanken, Gefühle und Wahrnehmungen kommen und gehen wie die Wolken am Himmel. Verbinde dich mit dem Raum, der hinter den Wolken liegt. Verweile für einen Moment in dieser Erfahrung.

Jetzt sieh über dir einen wolkenlosen Sommerhimmel. Er ist strahlend blau. An diesem makellosen, blauen Himmel erscheint, wie aus Licht gemalt, deine Kraftquelle. Sie ist deine Verkörperung von Wahrheit, Weisheit und Liebe in einem allumfassenden Sinn. Das kann ein Buddha sein, Christus, eine spirituelle Meisterin, ein spiritueller Lehrer, eine Farbe, ein Klang, ein Kristall oder eine Erfahrung aus der Vergangenheit, in der du vollkommene Geborgenheit und Frieden empfunden hast.

Vielleicht ist es ein heller, strahlender Lichtball, der die reine Essenz des Universums verkörpert. Was auch immer es sein mag, finde deine Kraftquelle und spüre ihre Präsenz, ihre Energie.

Wenn du die Kraftquelle siehst, hörst oder ihr Energiefeld fühlst, wird in dir Frieden, tiefes Vertrauen, Geborgenheit oder einfach Wohlbefinden geweckt.

Denke daran, deine Kraftquelle ist der äußere Ausdruck deiner unsterblichen, unverwundbaren Natur.

Spüre die Verbindung mit deiner Kraftquelle.

Die Kraftquelle sendet dir Lichtstrahlen, die dich umhüllen und dein Energiefeld reinigen. Ihr Licht fließt über deinen Scheitel in dich hinein, die Wirbelsäule herab und verteilt sich von dort aus überall in deinem Körper, bis in die Finger- und Zehenspitzen hinein. Stell dir vor, wie das Licht sogar in deine Zellen fließt.

Du kannst die heilende Energie deiner Kraftquelle jetzt dorthin lenken, wo du es heute dringend brauchst. Das kann eine Körperstelle sein, die angespannt ist, die schmerzt oder in der ein chronisches Leiden sitzt. Lass das Licht dorthin fließen und spüre, was geschieht.

Schicke das Licht deiner Kraftquelle auch in deine Gefühle; dorthin, wo du Traurigkeit, Angst, Wut oder Unbehagen spürst oder was es auch sein mag. Fühle die heilende Energie deiner Kraftquelle und lass sie wirken.

Das heilende Licht fließt auch in deine Gedanken, dorthin, wo sie Knoten oder gewohnheitsmäßige Muster bilden, die oft so qualvoll sind. Nimm die wohltuende Wirkung der Lichtkraft in deiner Gedankenwelt wahr.

Stell dir vor, alle innere Verdunklung und Anspannung hat sich in Licht aufgelöst. Heilendes Licht durchströmt dich vom Kopf bis zu den Füßen.

Nimm dich jetzt im energetischen Feld deiner Kraftquelle wahr. Empfinde, wie die heilsame Energie, genährt von deiner Kraftquelle, sich in dir ausbreitet bis in deine Aura hinein. Sie geht über die Grenzen deines Körpers hinaus und umhüllt dich wie ein zarter Hauch.

Jetzt spüre, wie die Energie deiner Kraftquelle in deinen Herzraum fließt, wo sie sich zu einer kleinen Sonne verdichten, die in alle Richtungen strahlt, genährt von deiner Kraftquelle.

Die Strahlen deiner Herzenssonne kannst du nun zu einem Menschen schicken, den du gut kennst, der krank ist oder der gerade eine schwere Zeit hat.

Sieh diesen Menschen vor deinem geistigen Auge. Verbinde dich gut mit deiner Kraftquelle. Jetzt schicke ihm heilendes Licht aus deiner Herzenssonne. Überlasse es dem Menschen vor dir, was mit dem Licht geschieht.

Jetzt dehne dein Mitgefühl aus. Du kannst das Licht aus deiner Herzenssonne zu anderen fühlenden Wesen senden oder zu Orten auf diesem Planeten, die Heilung brauchen.

Spüre bei allem, was du tust, die Verbindung mit deiner Kraftquelle.

Richte die Aufmerksamkeit jetzt auf die Sonne in deinem Herzen. Lass dich von ihr durchstrahlen.

Spüre die Verbindung mit deiner Kraftquelle.

Sieh dich jetzt als Lichtpunkt unter unzählig vielen Lichtpunkten auf diesem Planeten, in diesem Universum. Die Lichtpunkte sind miteinander verbunden, und du bist einer davon. Die Lichter strahlen Frieden, Mitgefühl, Liebe und Weisheit aus.

Dieses Netz aus unzählig vielen funkelnden Lichtern bildet ein Energiefeld, das einfach nur da ist und strahlt. Du bist ein Teil dieses Feldes.

Verweile in dieser Erfahrung.

Nun sieh einen weißen Nebel, der sich über deine inneren Bilder legt, ihre Konturen verwischt und sie sanft auflöst.

Nimm deinen Atem wahr. Folge der Bewegung des Ein- und des Ausatems.

Du bist wieder ganz in deinem Körper.

Nimm dich wahr an deinem Platz, in dem Raum, in dem du mit dieser Meditation begonnen hast. Spüre den Kontakt zum Boden.

Öffne die Augen. Komm im Hier und Jetzt an. Dehne, strecke und räkle dich.

Denke daran, das Gute, das du in dieser Meditation erfahren hast, mit in die Welt zu nehmen.

In der folgenden kleinen Übung geht es um das, was Ihnen im Leben Freude bereitet. Nehmen Sie sich ein bisschen Zeit dafür. Die Übung macht Spaß und wirkt entspannend. Man kann sie alleine oder in einer Gruppe durchführen.

Lebensfreude

Nehmen Sie ein großes Blatt Papier, Buntstifte, einen Farbkasten und Pinsel, Pastellkreiden oder Wachsmalstifte und malen Sie ungezwungen und spontan das, was für Sie Lebensfreude bedeutet. Das kann ein Farbenspiel sein, oder es können ganz konkrete Dinge auf dem Blatt erscheinen. Malen Sie ohne Anspruch, dass etwas Perfektes dabei herauskommen soll. Wenn das Bild fertig ist, schauen Sie es an und denken Sie über die Frage nach: Wie viel Raum gebe ich der Freude in meinem Leben?

Nehmen Sie jetzt ein weiteres Blatt Papier und malen Sie darauf einen Kreis. Nun zeichnen Sie in den Kreis die Bereiche in Ihrem Leben ein, in denen Sie am meisten Lebensfreude empfinden, z. B. indem Sie große und kleine Tortenstücke bilden oder andere Ausdrucksformen wählen. Bereiche sind oft: Beruf, Familie, Kontakte, Natur, Haustiere, Bewegung und Meditation usw. Zeichnen Sie die Bereiche so ein, dass deutlich wird, welchen Stellenwert die Freude im jeweiligen Bereich gegenwärtig in Ihrem Leben hat. Dann notieren Sie in einer Auflistung unter der Grafik die Tätigkeiten in Ihrem Leben, bei denen Sie am meisten Freude empfinden. Schreiben Sie alle auf, auch die kleinen Dinge, wie einen Spaziergang machen, malen, Musik hören, eine Tasse Cappuccino im Café trinken. Jetzt schauen Sie sich das Ganze an. Machen Sie sich klar, wie viele kleine Dinge es gibt, die Sie erfreuen.

Sie haben damit Ihre äußeren Kraftquellen entdeckt, herausgefunden, was Ihnen guttut und was Sie inspiriert. Das sind in der Regel unterschiedlich kleine und größere Dinge. Besonders in kritischen Lebenslagen ist es gut, in diese Schatztruhe zu greifen und das herauszuholen, was Ihnen im gegenwärtigen Moment einen Auftrieb gibt. Vielleicht hängen Sie Ihre Zeichnung an eine Stelle, auf die Sie oft blicken; schauen Sie auch, wenn Sie traurig sind, einmal auf die Freudenliste.

Sie benötigen für das Malen und Beantworten der Fragen 30 bis 45 Minuten Zeit. Wichtig ist in der Gruppenübung, dass Sie nach der kreativen Arbeit Ihre Erfahrungen in einer Austauschrunde teilen. Dazu kann man die Zeichnungen aufhängen oder in den Kreis legen. Alle präsentieren und kommentieren ihr Werk, antworten auf Fragen. Das ist ein schöpferischer Prozess, der Freude macht.

Finden Sie einen Weg, Ihren Schatz in den Tagesablauf zu integrieren, indem Sie bewusst Zeit dafür einplanen. Gönnen Sie sich ab heute jeden Tag eine kleine Freude. Wenn Sie wenig Zeit haben, sind das vielleicht Dinge, die nur Minuten benötigen, das heiße Bad, das Hören eines Lieblingsliedes, das Betrachten einer Blume.

In schwierigen Lebenslagen können kleine Zettel, richtig plaziert, oder ein Symbol, das Sie inspiriert, Sie aufmerksam macht, an Ihre Erinnerung appelliert, sinnvoll sein. Mir hilft es, wenn ich meinen Buddha aus Holz betrachte, der mir am Schreibtisch gegenübersitzt. Vielleicht formulieren Sie einfach einen Satz, z. B.: »Erinnere dich«, und verteilen ihn in der Wohnung, so dass er Ihnen immer wieder ins Auge fällt. Sie werden sehen, es macht Freude, die Wohnung mit Fotos, Postkarten oder Symbolen, schönen Dingen an den exponierten Stellen zu dekorieren. Da können Sie Ihrer Phantasie freien Lauf lassen. Das erfrischt Herz und Seele, nicht nur an schlechten Tagen.

Widmung

Mit der folgenden »Widmung«, die Sie auch auf der CD finden, können Sie alles Positive oder den Verdienst aus den gewonnenen Erfahrungen zum Wohle aller fühlenden Wesen widmen, indem Sie ihnen ein Leben voller Glück, Mitgefühl und Liebe, basierend auf einer Haltung von heiterer Gelassenheit oder Gleichmut, wünschen. In buddhistischen Kontexten schließt man Meditationen oft mit einer Widmung ab, weil man eine Haltung von Großzügigkeit und Mitgefühl kultivieren möchte und das Wohl aller fühlenden Wesen mit einbeziehen will; hieraus entsteht Verdienst.

Widmung*

Mögen durch die Kraft und die Wahrheit unseres Tuns
alle Wesen Glück erfahren und die Ursachen von Glück.
Mögen sie frei sein von Leid und den Ursachen von Leid.
Und mögen alle niemals getrennt sein
von der großen Glückseligkeit, die frei ist von Leid.
Und mögen sie in Gleichmut leben,
frei von Anhaftung und frei von Abneigung
sowie im Wissen um die Gleichheit von allem, was lebt.

* Der Text entstammt der Praxis der Rigpa-Sangha (der Dharma-Organisation von Sogyal Rinpoche). Ich habe eine ältere Version der Widmung gewählt.

Teil II

WEGE DURCH LEBENSKRISEN

UMGEHEN MIT ANGST

Der Drache, der den größten Schatz hütet

... denn es bestehen geheime Beziehungen zwischen dem
Schönen und dem Schrecklichen, an einer bestimmten
Stelle ergänzen sich beide wie das lachende Leben und
der nahe tägliche Tod.
Rainer Maria Rilke

Angst, ein Wort, das aus dem indogermanischen Wortstamm »angh« besteht, was so viel heißt wie »eng«, und dem Suffix »st«, das »dazugehörig« bedeutet, ist also, wörtlich übersetzt, »das, was zur Enge gehört«. Wer kennt nicht Gefühle von Beklemmung, Enge im Brustraum, Atemnot, wenn Angst von uns Besitz ergreift. Angst ist etwas Zusammengesetztes, ein Konglomerat von physiologischen Abläufen, emotionalen Prozessen und geistigen Wahrnehmungen. Dies wird auch in neueren naturwissenschaftlichen Definitionen der Angst deutlich, so bei dem Neurobiologen Gerald Hüther: »Der Angstbegriff wird in seinem biologischen Zusammenhang etwas weiter gefasst als beispielsweise in der Affektforschung. Er bezeichnet das initial bei jeder psychogenen Stressreaktion ausgelöste Gefühl, das sich durch die individuelle Erfahrung der Bewältigbarkeit einer bestimmten psychischen Belastung zwangsläufig verändert. Das ursprüngliche Gefühl der Angst verwandelt sich daher in Abhängigkeit von diesen individuell gemachten Erfahrungen zu einem Spektrum von Gefühlen, die wir aus der Erfahrung der Überwindbarkeit initial empfundener Ängste entwickeln. Sie können das ursprüngliche Gefühl

109

der Angst mehr oder weniger vollständig überdecken und dann als Überraschung, Neugier, Freude oder gar Lust empfunden werden.«[*]

Biochemische Prozesse, die in uns Menschen ablaufen, wenn wir uns ängstigen, haben einen klaren Ablauf, trotzdem sind die emotionalen Reaktionen individuell ganz unterschiedlich. Angst wirkt sofort auf den Körper, stimuliert den Hormonhaushalt, führt zu muskulären Anspannungen und beeinträchtigt das Gefühlsleben, deshalb ist sie enorm anstrengend, und wir benötigen nach Angsterlebnissen Zeit zur Regeneration.

Angst erfasst den ganzen Menschen. Zur Angst gehört, dass sie sich in uns aufblähen kann zu einem schreckenverbreitenden Monstrum. Wohlbefinden und Angst vertragen sich meist nicht. Angst löst Stress der unangenehmsten Art aus und begleitet die Menschheit seit Beginn ihrer Entwicklung. »Unser großes lernfähiges Gehirn ist also auf einem unvorstellbar langen Weg entstanden, der von der Angst und dem Leid all derer gekennzeichnet ist, die sich vergeblich bemüht haben, in einer sich ständig verändernden Welt zu überleben. Jeden kleinen Schritt, den unsere Ahnen auf diesem Weg vorangekommen sind, haben jene erst mit Dauerstress und dann mit ihrem Leben bezahlt.«[**]

Angst konfrontiert uns mit unserem biologischen, lebensrettenden Programm des »fight or flight«, »kämpfen oder fliehen«. Aufgrund des Ausstoßes von Hormonen und anderen körpereigenen Stoffen werden wir hellwach, sind unglaublich leistungsfähig in einer Art Hochspannung, können wegrennen oder angreifen. Ein Verhalten, das uns heute, wo wir meist darum bemüht sind, unsere Angst nicht zu zeigen, selten als angemessene Antwort erscheint. Das führt aber dazu, dass wir die Anspannung, nachdem der Schreck uns in die Glieder ge-

[*] Hüther, S. 31
[**] ders., S. 24

fahren ist, oftmals gar nicht abbauen, sondern sie im Körper bleibt und uns im Stressmodus hält.

Angst kann uns – auch in Form von Panik – überwältigen, von uns Besitz ergreifen und unsere vermeintlich autonome Persönlichkeit für kurze Zeit nahezu auslöschen. Sie ist unberechenbar und fordert uns manchmal im Leben auf, eine Hürde zu nehmen oder nachzugeben. Wenn wir die Angst vermeiden, betäuben oder verleugnen, dann kann sie sich verselbständigen und uns das Leben schwermachen. Angst kann uns aber auch Dinge lehren, aufmerksam auf etwas machen, eine Botschaft senden.

»Angst gehört unvermeidlich zu unserem Leben. In immer neuen Abwandlungen begleitet sie uns von der Geburt bis zum Tode. … Wenn nun auch Angst unausweichlich zu unserem Leben gehört, will das nicht heißen, dass wir uns dauernd ihrer bewusst wären. Doch ist sie gleichsam immer gegenwärtig und kann jeden Augenblick ins Bewusstsein treten, wenn sie innen oder außen durch ein Erlebnis konstelliert wird. Wir haben meist die Neigung, ihr auszuweichen, sie zu vermeiden, und wir haben mancherlei Techniken entwickelt, sie zu verdrängen, sie zu überspielen und zu leugnen. Aber wie der Tod nicht aufhört zu existieren, wenn wir nicht an ihn denken, so auch nicht die Angst.«[*]

Lebensgefühl Angst

Die biochemischen Prozesse im Gehirn beim Auftreten von Angst sind mittlerweile wissenschaftlich gut erforscht, ebenso wie die unterschiedlichen Erscheinungsformen der Angst untersucht und kategorisiert wurden.
Die Psychologie hat Unterscheidungskriterien und wirkungs-

---

[*] Riemann, S. 7

volle Behandlungsmethoden für Ängste entwickelt, die sich zu Angsterkrankungen ausgewachsen haben. Ängste können sehr unterschiedliche Ausdrucksformen annehmen. Sie können sich als Beziehungsängste äußern wie Verlustangst, Trennungsangst, Angst vor Selbstverlust, Angst vor Nähe, Angst vor der Intensität von Liebesgefühlen oder das Gegenteil, hinzu kommen Phobien, Angst vor der Individuation, Ängste infolge von Traumatisierungen, Angst vor Ungewissheit, Bedrohungen, Hilflosigkeit, Kontrollverlust, Todesangst usw. Sie werden die eine oder andere Angst aus diesem Spektrum kennen. Jede Angst hat eine besondere und sehr persönliche Geschichte und führt ein Feld von Emotionen und Konzeptbildungen und Reaktionen mit sich.

»Wir haben selten nur Angst. Wir haben es fast immer mit ganzen Emotionsfeldern zu tun. Emotionsfelder meint natürlich auch Sprachfelder, denn Emotionen benennen wir mit mehr oder weniger farbigen Ausdrücken. Zum Emotionsfeld Angst gehört die Spannung, die Beklemmung, die Panik, die Furcht. Dieses Emotionsfeld geht aber noch wesentlich weiter. Zum Emotionsfeld Angst gehört dann auch Kummer, Zorn, Wut, Aggression, Angst und daraus resultierender Ärger, mit dem Feindseligkeit verbunden ist, das sind zwei Emotionen, die sehr eng verschwistert sind. Wenn wir Angst haben, dann wollen wir bekanntlich entweder fliehen oder angreifen. Angreifen ist Aggression. Es gibt Menschen, die sehr selten Angst spüren, dafür wesentlich leichter Aggression … Zu Angst gehört dann auch das Emotionsfeld Angst-Scham-Schuld … Auf der anderen Seite haben wir das Emotionsfeld Angst-Mut-Hoffnung.«[*]

In so vielfältiger Weise äußert sich Angst. Wenn Sie das Emotionsfeld erkunden, in das Ihre jeweilige Angst eingebettet ist, erfahren Sie mehr über deren Ursachen und über Problemlösungen.

---

[*] Kast, S. 20 f.

Entwickeln Sie ein Gespür für die Aura Ihrer Angst, dafür, wie die Angst sich anschleicht und Sie überwältigen will. Dann können Sie rechtzeitig reagieren und der Angst ihren Platz zuweisen. Mit der Aura Ihrer Angst können Sie sich durch die Übung mit dem Titel »Dialog mit der Angst« am Ende dieses Kapitels vertraut machen und daraus dann Strategien im Umgang mit der Angst entwickeln.

Jede Angst, die Sie bewältigt haben, macht sie stärker, indem Sie mehr Vertrauen in Ihre Fähigkeiten entwickeln. Außerdem entstehen im Gehirn Schaltungen, die Ihnen in ähnlichen Angstsituationen signalisieren: Das kannst du schon. Damit schwindet die Angst. Sie haben einiges dazugelernt und können sich neuen Herausforderungen stellen. Angstbewältigung im positiven Sinn stimuliert unser Persönlichkeitswachstum und leitet wichtige Reifungsprozesse ein.

Angsterkrankungen haben in Deutschland sowie in allen Industriestaaten in den letzten fünfzig Jahren erheblich zugenommen, besonders unter Kindern. So leidet jeder zehnte Deutsche heute unter behandlungsbedürftiger Angst, darunter sind mehr Frauen als Männer. Der Psychotherapeut Wolfgang Schmidbauer hat in einer Studie zum »Lebensgefühl Angst« festgestellt, dass wir in den Industriegesellschaften heute von einer häufig unterschwelligen, beklemmenden alltäglichen Angst heimgesucht werden, obwohl wir mehr Sicherheit und Wohlstand, ein gehobenes Konsumniveau, universelle Kommunikation und eine ständige Erreichbarkeit über Computer und Handy haben.

Es gibt eine Langzeitstudie der R+V Versicherung, in der ein repräsentativer Querschnitt von 2500 Bürgern erfasst wurde. Danach stieg 2010 das durchschnittliche Angstniveau der Deutschen auf 50 Prozent, das sind sechs Prozent mehr als im Jahr 2009, und es ist der zweithöchste Wert seit dem Beginn der Studie vor 20 Jahren. Die sieben größten konkreten Ängste der Deutschen sind: steigende Lebenshaltungskosten (68 %), schlechte Wirtschaftslage (67 %), Naturkatastrophen (64 %), Überforderung der Politiker (62 %), Pflegefall im Alter (61 %), schwere Erkrankung (57 %).

Wir sind heute gegen alle möglichen Risiken versichert wie Unfälle, Diebstahl, Krankheit, Alter. Trotzdem ist das Lebensgefühl durch Enge und Unzufriedenheit, konkrete und diffuse Ängste geprägt. Man hat herausgefunden, dass Menschen in den Jahren des Zweiten Weltkriegs weniger unter Angst litten als heute, obwohl die kollektive und individuelle Bedrohung um ein Vielfaches größer war. Anscheinend sind Menschen in Kriegen oder Katastrophen nicht so sehr auf sich und ihre Gefühle fixiert.[*] Der ausgeprägte Individualismus unserer technischen Hochleistungs- und Wohlstandsgesellschaft dagegen mit ihrer Fokussierung auf das Wohl und Wehe des eigenen Egos scheint Angstzustände zu fördern. Doch ganz allgemein scheint Angst zu unserem Menschsein zu gehören. Aber woher kommt sie?

Vergänglichkeit und Angst

Da alles im Leben unbeständig und vergänglich ist, sind wir immer einer allem zugrundeliegenden Unsicherheit ausgesetzt. Die Faktoren, die dazu geführt haben, dass wir ein Dach über dem Kopf haben und uns keine Sorgen um unsere Grundversorgung machen müssen, können sich, auch wenn das sehr unwahrscheinlich anmutet, morgen schon als brüchig und nicht mehr tragfähig erweisen, wenn z. B. ein großes Unwetter, eine Katastrophe oder ein Krieg uns alles nimmt, was wir besitzen. In einigen Teilen der Welt ist das für Millionen Menschen immer wieder bittere Realität. Auch in Europa ist der Zweite Weltkrieg, der mehr als 47 Millionen Menschen das Leben kostete, erst seit 65 Jahren vorbei. Wir haben uns an den Frieden

---

[*] siehe Kistler

gewöhnt, doch eine latente Unsicherheit gibt es immer, jeden Tag in unserem Leben, und sie bietet der Angst eine solide Grundlage.

Der Weg des Buddha

Die Lebensgeschichte des Prinzen Siddhartha, der später zum Buddha wurde, ist auch die Geschichte eines Menschen, der auszog, um das Leiden und somit auch die Angst zu überwinden.

Prinz Siddhartha, der um ca. 500 vor Christus in einem Königshaus ein Leben inmitten von Reichtum und sorgenfreien Annehmlichkeiten führt, ist schon als junger Mensch begierig, etwas von der Welt hinter den Palastmauern zu erfahren. Sein Vater dagegen will alle schmerzhaften Seiten des Lebens wie Alter, Krankheit und Tod von seinem Sohn fernhalten. Doch Siddhartha setzt sich durch. Bei seiner ersten Ausfahrt begegnet er einem alten, gebrechlichen Menschen, bei der zweiten einem Kranken, bei der dritten trifft er auf Trauernde, die sich um einen Verstorbenen versammelt haben. Und er erfährt, dass alle Wesen dem Tod unterworfen sind, auch er selbst, und dass der Tod die endgültige Trennung von Familie und Sippe bedeutet. Bei der vierten Ausfahrt trifft er einen umherwandernden Mönch, dessen Ausstrahlung ihn sehr beeindruckt. Prinz Siddhartha ist erschüttert von dem menschlichen Leiden, dem er begegnet ist, und entschließt sich, herauszufinden, wie man Befreiung vom Leiden erreichen kann. Er gibt sein verwöhntes Leben und allen Luxus auf, verlässt seinen Palast, seine Familie, wird ein Wandermönch, studiert bei unterschiedlichen spirituellen Lehrern seiner Zeit, führt ein einfaches Leben und erlangt schließlich Erleuchtung. Als Buddha, als Erwachter, hat er einen Pfad gefunden, der zur Befreiung und Überwindung von Leid und Angst führt, und diesen über 45 Jahre lang gelehrt. Diese Befreiung ist, so seine Botschaft, nur in unserem

Geist möglich. Wir alle tragen das Potenzial der Befreiung in uns – dieses Potenzial ist die Buddha-Natur in uns. Dieses Potenzial müssen wir in unserem Leben entfalten, wir müssen ihm Raum geben.

Das menschliche Leben beinhaltet die grundsätzliche Unsicherheit darüber, was im nächsten Moment geschehen wird. Davor kann uns nichts schützen, auch nicht der größte Reichtum schützt uns vor den erschütternden Erfahrungen der Vergänglichkeit. Dies begriff der junge Siddhartha, als er sich entschied, sein luxuriöses Leben aufzugeben. Der Buddha hat Alter, Krankheit und Tod vor dem Hintergrund seiner Erkenntnisse und Erfahrungen auch als Götterboten oder Gesandte des Himmels bezeichnet, weil sie uns an unabänderliche Wahrheiten erinnern, wie die Zerbrechlichkeit des Lebens, und uns helfen, unsere Sterblichkeit nicht zu verdrängen.

Der Buddha hat verschiedene Formen des Leidens unterschieden. Da ist zunächst das Leiden *(dukkha-dukkhata)*, das sowohl körperlichen Schmerz oder Krankheit als auch geistige oder emotionale Verletzungen umfasst, z. B., wenn wir nicht erhalten, was wir wollen, getadelt statt gelobt werden und vieles mehr. Dann gibt es das Leiden an der Vergänglichkeit *(viparinama-dukkhata)*, das ich oben schon beschrieben habe, und die dritte Art des Leidens ist das Leiden am Leiden *(sankhara-dukkhata)*. Der Meditationslehrer Fred von Allmen beschreibt es als potenziell vorhandenes Leiden, »… das allen Dingen dieses Lebens innewohnt«.* Angst gehört zu all diesen Leidenserfahrungen.

Eine buddhistische Erklärung der Angst könnte so aussehen: Jede Angst ist eine individuelle Erfahrung und eine Ausdrucksform des grundlegenden Leidens an dieser Existenz. Sie erscheint, weil alles, was zusammengesetzt ist, sich wieder auflöst, das heißt, vergänglich ist. Angst ist die Begleiterin aller

---

* von Allmen, S. 83

drei Erscheinungsformen von *dukkha*. Doch ist sie wie alle Phänomene inhärent leer, das bedeutet, Angst erscheint, wenn verschiedene Ursache- und Wirkungs-Faktoren aufeinandertreffen. Wir erleben sie dann als eine unangenehme persönliche Erfahrung. Wenn die Umstände, die zu ihrer Entstehung geführt haben, sich auflösen, schwindet auch die Angst. Das Kommen und Gehen der Angst ist nur möglich, weil sie als eigenständiges Phänomen nicht existiert. Sie erscheint nur im Kontext abhängigen Entstehens. Wir können mit unserem Handeln und Denken auf sie einwirken oder uns darauf verlassen, dass die Angst auch wieder aufhören wird, weil sie vergänglich ist. Da Angst nicht zu unserem ursprünglichen Wesen gehört, können wir sie überwinden, wenn wir uns auf dem Pfad der Erleuchtung vom Leiden befreien.

Angst macht darauf aufmerksam, dass unser inneres Gleichgewicht gestört ist. An ihr kommt man nicht vorbei, sie will gesehen und respektiert werden; doch hat sie auch nichts gegen eine Transformation, denn sie kann ihre Gestalt wandeln oder sich auflösen. Sie schützt unser Leben, manchmal unser Ego, und sie kann uns als neurotische oder unkontrollierbare Angst erheblich quälen. Sie hat immer etwas mit uns zu tun.

Der Buddha hat sich stets als eine Art Arzt verstanden. Er hat das menschliche Leiden diagnostiziert und dann eine Therapie zur Überwindung von Angst und Leid entwickelt. Das Ziel der Therapie ist Leid- bzw. Angstfreiheit. Dieses Ziel können wir erreichen, indem wir dem von ihm gelehrten achtfachen Pfad folgen. Auf diesem Pfad können wir unsere Buddha-Natur, das Unverwundbare in uns, erfahren, können erfahren, dass es keine Trennung gibt, sondern alles stets mit allem anderen verbunden ist. Diese Erfahrung entzieht der Angst die Basis.

Diese Nicht-Getrenntheit wird oft durch das Bild von Welle und Ozean verdeutlicht, so auch von Sogyal Rinpoche: »Denken Sie zum Beispiel an eine Welle im Ozean. Auf eine Weise betrachtet, scheint sie eine unterscheidbare Identität zu besitzen: Anfang und Ende, Geburt und Tod. Auf andere Weise betrachtet, existiert die Welle nicht wirklich, sondern ist einfach ein Verhalten von Wasser, ›leer‹ von eigener Identität, aber ›voll‹ von Wasser. Wenn Sie wirklich über die Welle nachdenken, erkennen Sie, dass sie von Wind und Wasser zeitweise hervorgerufen wird und abhängig ist von einer Reihe sich dauernd verändernder Bedingungen. Sie verstehen dann auch, dass jede Welle mit jeder anderen verbunden ist.«[*]

Auch die Angst ist nur eine Welle im Ozean des Lebens. Wenn wir die Angst so betrachten, dann ist sie ein sich ständig wandelndes Phänomen, das aufgrund verschiedener Faktoren, die zusammengekommen sind, erscheint und, wenn diese Faktoren sich auflösen, wieder entschwindet. »Wenn Sie wirklich in sich hineinschauen, hat nichts eine eigenständige ›inhärente‹ Existenz, und diese Abwesenheit unabhängigen Seins nennen wir ›Leere‹ … Wenn wir also uns selbst und die uns umgebenden Dinge betrachten, die wir für solide, stabil und beständig gehalten haben, finden wir, dass sie nicht mehr Wirklichkeit besitzen als ein Traum.«[**]

Das gilt auch für die Angst. Was sich wie ein Monstrum aufblähen kann, ist letztlich eine Illusion, der wir Macht über uns geben, wenn wir an sie glauben und sie nähren. Entziehen wir ihr die Macht, dann kann sie sich nicht entfalten. Es ist unsere geistige Einstellung und Haltung, die darüber bestimmt, welchen Einfluss Angst auf uns hat. Wir haben also – trotz der biologischen Abläufe – eine Wahl.

Doch wir sitzen allzu häufig in unserem kleinen Palast, den wir im Unterschied zu Siddhartha nicht verlassen wollen, weil wir meinen, so die Welt voller Gefahren, Unsicherheiten, Leid und Angst vermeiden zu können. Wir blenden aus, was nicht in unser Konzept passt, und legen uns Scheuklappen an, um die Unberechenbarkeit der Welt nicht sehen zu müssen. Für einige Zeit mag das funktionieren. Irgendwann platzt in diese heile

---

[*] Sogyal Rinpoche, S. 56
[**] ders., S. 56 f.

Welt jedoch mit Sicherheit eine Leiderfahrung hinein, unser Partner hat sich neu verliebt, unser Sohn hat einen Unfall, die Großmutter erleidet einen Herzinfarkt, der Mietvertrag wird gekündigt, wir verlieren den Arbeitsplatz, unser Vermögen hat sich aufgrund der Finanzkrise halbiert ... Jetzt zeigt sich, dass uns unsere kleine Trutzburg nicht wirklich hat schützen können, und die Angst über die grundsätzliche Verunsicherung und Bedrohung unseres Wohlbefindens bricht mit Macht hervor. Wir können darauf reagieren, indem wir unser Terrain noch mehr sichern und überall potenzielle Feinde wittern. Dann ist unerträgliche Anspannung bis hin zu körperlicher Erkrankung fast zwangsläufig die Folge. Misstrauen beginnt sich in uns als Lebensgefühl auszubreiten. Diese Form, mit der Vergänglichkeit zu leben, indem man sie so weit wie möglich ausblendet, lässt letztlich auch dem persönlichen Glück wenig Raum.

Wenn wir schon keine Wahl haben und mit der Vergänglichkeit leben müssen, könnten wir da nicht lernen, ein positives Verhältnis zu ihr und zur Angst als einer ihrer Manifestationen zu entwickeln? Vielleicht beginnen wir damit, innezuhalten und uns zu erlauben, vorsichtig aus der Angstanästhesie zu erwachen und nach Wegen zu suchen, heilsam mit der Angst umzugehen. Wir könnten zunächst unsere Scheuklappen ablegen, was uns direkt eine umfassendere Sicht ermöglicht, und die Angst respektvoll würdigen. Wir könnten schauen, ob sie uns etwas sagen will, eine Botschaft für uns hat, die wir erforschen und der wir folgen können. Auf diese Weise lassen wir unseren Widerstand gegen die Angst fallen und lernen von ihr. Dazu brauchen wir Mut und geschickte Mittel. Zu diesen Mitteln gehören auch die spirituellen Kraftquellen, die im dritten Kapitel ausführlich beschrieben wurden. Angst ist eines der größten Hindernisse, das Unverwundbare in uns zu erfahren, sie ist aber gleichzeitig auch eine der größten Chancen, dies zu tun. Wir müssen die Schwelle überschreiten, vor der sie sich aufbaut; dann kann sie uns etwas Wichtiges zeigen oder uns sogar behilflich sein. Kein Wunder, dass Rainer Maria Rilke, einer unserer berühmtesten deutschen Dichter, sie mit einem Drachen vergleicht, aber er weist auch darauf hin, dass sie einen unserer größten Schätze hütet.

Drachen im Mythos

Der Drache, von lat. *drago* (wörtlich übersetzt »starr blickendes Wesen« bzw. »Schlange«), ist ein mythisches Mischwesen, das die Phantasie der Menschen in nahezu allen Kontinenten und Kulturen bis heute bewegt. Drachen haben meist eine geschuppte Haut. Sie sind Schlangen ähnlich oder Reptilien, haben Merkmale von Vögeln wie Flügel sowie Adlerklauen oder tragen Attribute von Raubtieren, z. B. Löwenpranken. Drachen können kriechen, Feuer speien, fliegen und schwimmen, hausen in feuchten Erdhöhlen und sind Sinnbilder für Chaos und Zerstörung. Sie bedrohen das Überleben der Menschen und müssen von Helden oder Göttern besiegt und überwunden werden. So erscheinen sie in abendländischen Mythen, während der ostasiatische Drache zudem ein Glücksbringer oder Fruchtbarkeitssymbol sein kann.

Der Drache ist auch ein Symbol für die Angst, wer sich ihr stellt, muss sich überwinden, muss kämpfen, und wenn er sie besiegt, wird er zum Helden und damit zum Vorbild. Der Sieg über den Drachen ist im Mythos Bestandteil eines heroischen Lebenslaufs. Der Held rettet auf diese Weise ein Land, gewinnt einen Schatz oder eine begehrte Jungfrau und wird unverwundbar, so wie Siegfried im Nibelungenepos, der im Drachenblut badet. (Die Körperstelle Siegfrieds, die vom Blut nicht benetzt wird, ist seine Achillesferse. Er stirbt, als ein Speer ihn genau dort trifft.)

Im Mythos ist die Aussicht auf einen Schatz die größte Motivation des Helden, die Angstschwelle zu überwinden. Er weiß, der bevorstehende Kampf wird alle seine Fähigkeiten herausfordern, Blut wird fließen. Der Held riskiert sein Leben. Die Geschichte vom Drachentöter, erzählt am winterlichen Lagerfeuer in den Abendstunden in einer Welt, die keine Medien wie Film und Fernsehen oder das Internet kennt und in der auch Lesen und Schreiben kaum eine Rolle spielen, erzeugt Gänsehaut, Gruseln, Mitempfinden von Angst, aber auch von im Kampf gelebter Angstaggression und am Ende Freude über den Sieg. Wer die Geschichte hört, überschreitet in der Identifikation mit dem Helden eine Schwelle. Die Zuhörenden erfahren den Sieg über den Drachen als Katharsis und empfinden Freude über den Lohn für die große Anstrengung, wenn der Held die Jungfrau zur Gemahlin erhält oder den Schatz nun sein Eigen nennen kann. Archetypische Helden wie die Drachentöter lehren auf symbolischer Ebene die Bewältigung des Schrecklichen und Angsteinflößenden. Sie lehren den Umgang mit der Angst.

Ein Drache ist eine Projektionsfigur: übermächtig, gewaltig, vernichtend, meist unbesiegbar, viel mächtiger und größer als das Menschlein, das von ihm bedroht wird, ein feuerspeiendes Ungeheuer mit gefletschten Zähnen.

Interpretiert als feindliches Wesen außerhalb von uns, ist er eine Abspaltung des Negativen, Bösen, Dunklen, die auf einen Dämonen projiziert werden. Wer sich dem Drachen stellt, bekämpft im übertragenen Sinne den inneren Feind, z. B. die Angst. Ist der Angstdrache mittels einer großen Portion Aggression bezwungen, dann eignet sich der Held die Kraft des besiegten Ungeheuers an. Ein neues Leben kann beginnen. Eine transformierte Persönlichkeit steigt wie Phönix aus der Asche. Nach der Überwindung der Angst kann der Held eher das Verbindende sehen und sich seinen Mitmenschen zuwenden, heiraten, politische Verantwortung übernehmen, König werden oder frei seinen eigenen Weg gehen. So zeigt der Mythos Wege der Angstbewältigung.

Wer sich seiner zum Dämon gewordenen Angst stellt, braucht heroischen Mut. Mut basiert auf Selbstvertrauen und einem

Gefühl des Geborgenseins in der Welt. Auf spiritueller Ebene kann dieser Mut auch in dem inneren Wissen vom Unverwundbaren in uns gründen, dem Wissen, dass wir mehr sind als unsere Angst, mehr sind als der Körper. Auf diese Weise können wir den Angstdrachen besiegen und erfahren, dass er nur eine Projektion unseres Geistes war. Der Drache ist nur ein energetisches Monster, das real aussieht. Als Drachenbezwinger besiegen wir unsere Unwissenheit, unsere Verblendung über die Natur der Wirklichkeit und können uns mit unserer wahren, unserer unsterblichen Natur verbinden. Als Schatz winkt der unermessliche Reichtum des Unverwundbaren. »Ist die große Dunkelheit des Herzens, die Verblendung, erst gereinigt, erhebt sich immerzu der unverhüllten Sonne strahlendes Licht.«[*]

Moderne Drachen

Bis heute spielen Drachen in modernen Romanen, Filmen, Computerspielen, vor allem in der virtuellen Welt eine große Rolle. Virtuelle Medien geben Drachenbilder vor, sie schränken aber auch die innere Gestaltungskraft des Einzelnen ein, weil er kaum noch eine eigene Phantasie entwickeln muss.
Es gibt heute neben den Drachendämonen auch das Bild vom schützenden, fürsorglichen und hilfsbereiten Ungeheuer, das dem Menschen dienen will. Eine Entmystifizierung des Drachen hat in Literatur und Film stattgefunden, vor allem in deutschsprachigen Kinderbüchern seit 1945; Michael Ende hat daran entscheidend mitgewirkt. Der grüne Drache *Tabaluga* oder *Urmel aus dem Eis* tun keiner Fliege mehr etwas zuleide; sie sind kuschelige Fabelwesen und lösen die alten Schreckensbilder auf. Der Drache wird zum Freund oder Retter in der Not, manchmal ist er sogar selbst hilfsbedürftig. Er dient dem

---

[*] Dudjom Rinpoche, in: Sogyal Rinpoche, S. 202

Menschen. Menschen reiten auf Drachen, fliegen mit ihnen durch die Lüfte und nutzen deren Kraft. Es geht im Umgang mit ihnen heute nicht mehr so sehr ums Überleben oder den Tod, Sieg oder die Niederlage, sondern um die Transformation von (negativen) Energien. Der Schatz kann auf sanftere Weise errungen werden, wenn wir darauf vertrauen, dass auch Drachen Ausdrucksformen unseres unerschöpflichen Potenzials sind. Der Mensch und sein Angstdrache dienen einander, werden Partner. Das zeigt andere Möglichkeiten des Umgangs mit der Angst auf als in den alten martialischen Mythen wie dem Nibelungenepos.

Auch der Film *Avatar* zeigt einen anderen Umgang mit der Angst. Ein Initiationsritus fordert in diesem Film von den erwachsenen Mitgliedern der Gesellschaft, dass sie eine Flugechse, die zu ihnen passt, auswählen, mit ihr kämpfen und dann, wenn der Drache nachgibt, sich mit ihm energetisch verbinden. Jetzt folgt der Drache dem Willen des Wesens, das ihn lenkt, und schenkt ihm seine Kraft. Hier mündet der Kampf in eine lebenslängliche Freundschaft.

Drachenspiel

Ich möchte im Folgenden eine unkonventionelle Methode vorstellen, sich mit dem Angstdrachen zu beschäftigen. Sie spielen jetzt nicht den Drachentöter, sondern Sie sind dem Ungeheuer zunächst ganz zu Diensten. Spielen Sie mit, wenn Sie Lust dazu haben.[*]

Stellen Sie sich eine konkrete Angst, z. B. ihre Angst, sich zu blamieren, einmal als Drachen vor, den Sie bändigen wollen. Geben Sie dem Drachen eine Gestalt, die furchterregend ist, vielleicht hat er Pranken mit Krallen, wilde Augen, speit Feuer oder fletscht die Zähne. Machen Sie ein echtes Untier aus ihm.

---

[*] siehe auch Tsültrim Allione: Den Dämonen Nahrung geben

Der Drache sitzt vor Ihrem ganz persönlichen Schatz und versperrt Ihnen nicht nur den Zugang, sondern auch noch die Sicht darauf. Nun fragen Sie, was der Drache, der Ihre Angst vor Blamage verkörpert, von Ihnen will, dann geben Sie ihm alles, was er fordert, z. B. Ihre Aufmerksamkeit, Ihren Mut, Ihre Unsicherheit, Ihr Selbstvertrauen, Ihre Kompetenz, Ihre Freude, Ihre Selbständigkeit, Ihre Lust auf Süßes, Ihre Unbeschwertheit, Ihr Wissen, Ihr Streben nach Perfektionismus, die Wertschätzung Ihrer Freunde, Ihren Wagen, Ihr Haus, Ihre Kleidung, die Katze oder den Kanarienvogel, Ihren Job, den Inhalt Ihres Kühlschrankes, dann noch das Vorratslager im Keller, und wenn er auch noch Ihr letztes Hemd haben will, dann schenken Sie es ihm. Nun stehen Sie vielleicht da wie das Mädchen aus dem Sterntaler-Märchen, das Belohnung vom Himmel erwartet. Denn Sie wissen, es gibt ja auch noch den Schatz. Doch der Drache will noch mehr. Er will Sie fressen. Wenn es Ihnen möglich ist, lassen Sie es zu. Der Drache vertilgt begierig alles, was Sie ihm geben. Stellen Sie sich vor, wie er wächst und wächst und wächst und dabei immer stärker wird. Sie bestimmen den Zeitpunkt, wann es genug ist. Der Drache ist nun vollkommen überdimensioniert. Nun wandelt er sich vor Ihren Augen in ein mit Luft gefülltes, aufgeblasenes Gummimonster. Irgendwo ist ein Ventil auf seiner Haut. Wenn Sie es öffnen, dann entweicht alle Luft aus ihm. Sie können auch ein Loch in die Gummihaut des Drachen ritzen, aus dem die Luft entweichen kann, oder Sie können ihn platzen lassen. Er schrumpft und schrumpft und schrumpft, bis er schließlich ganz in sich zusammenfällt und platt vor Ihnen liegt. Jetzt passt er in Ihre Handtasche. Schauen Sie diesem Schauspiel genüsslich zu.

Wenn der Drache kollabiert ist, können Sie sich dem Schatz widmen, vor dem er gesessen hat. Betrachten Sie ihn, berühren Sie ihn, spüren Sie seine Qualitäten, nehmen Sie dessen Botschaften auf, baden Sie im Schatz wie Dagobert Duck in Geldmünzen und -scheinen, vielleicht müssen Sie lachen, spüren

Freude oder haben Lust zu tanzen. Dann lösen Sie die inneren Bilder auf und nehmen von diesem Schatz so viel wie möglich mit in Ihr Leben.

Vielleicht mögen Sie sich als Erinnerung an dieses Spiel einen kleinen Drachen zulegen, vielleicht als Kuschelechse, Flugobjekt oder Spielzeugdinosaurier. Betrachten Sie ihn, wenn wieder einmal Angst in Ihnen aufkommt. Möglicherweise schrumpft die Angst in sich zusammen, oder es geht ihr die Luft aus wie dem Monster im Spiel.

Moderne Drachenperformance – Karin und Maria

Was passiert, wenn wir uns dem Angstdrachen nicht stellen, vor ihm fliehen oder seine Existenz verdrängen? Dann wird die Angst im Unterbewusstsein ein Eigenleben führen. Sie wirkt dort wie ein unterirdischer Vulkan, der jederzeit ausbrechen kann. Was da gärt und kocht, ist im Wesentlichen ausgebremste Energie, die, wenn sie außer Kontrolle gerät, einen Angst- oder sogar Panikschub auslösen kann, manchmal ganz ohne erkennbaren Grund.

Karin lief mit ihrem Hund durch den Wald, ein Spaziergang wie jeden Tag, und plötzlich hatte sie Atemnot, das Herz pochte, Schweiß brach aus, ihr wurde schwindelig. Sie musste sich auf den Boden setzen. Spaziergänger informierten den Notarzt. Medizinische Untersuchungen ergaben keine körperlichen Befunde. Ihre Ärztin riet ihr zu einer psychologischen Behandlung, obwohl Karin lieber Tabletten gegen die Angst haben wollte. Sie entschied sich zunächst mit großer Skepsis für eine Psychotherapie, weil die unergründlichen Attacken in unterschiedlichen Situationen, ohne erkennbaren Auslöser, immer wiederkehrten. In der Therapie schaute sie tiefer und entdeckte, dass sie den zehn Jahre zurückliegenden Tod ihrer kleinen Tochter nicht verarbeitet hatte. In der Tat hatte sie deren Unfall beinahe vergessen und nach der Trauerfeier allen

Menschen um sich herum verboten, auch nur den Namen der Tochter zu erwähnen. So schuf sie ein Tabu, um nicht mehr mit ihrem unermesslichen Schmerz konfrontiert zu werden, an dem ihre Ehe sowie die Beziehung zu etlichen Familienmitgliedern zerbrachen. Der Angstdrache führte in Karins Unterbewusstsein ein Eigenleben und wuchs umso mehr, je mehr er mit Tabus, Verboten, Vermeidungs- und Vergessensstrategien, Süchten, Perfektionismusansprüchen, Schuldgefühlen und mehr gefüttert wurde. Karin lebte allein. Sie war ein Workaholic geworden, funktionierte perfekt, machte Karriere und genoss hohe berufliche Anerkennung. Doch die verdrängte Angst, basierend auf unbewältigter Trauer, suchte sich einen Weg, mit dem sie nicht gerechnet hatte.

Angst kann uns in unerträglichen Situationen durchaus schützen. Problematisch wird es, wenn sie ein unkontrolliertes Eigenleben führt, weil wir in einem solchen Trauma steckenbleiben und seine Existenz leugnen. Dann leben wir mit angezogener Handbremse und sitzen fest in einem teuflischen Verleugnungs-, Vermeidungs- und Projektionskreislauf. Für Karin ging es darum, dass sie den Schmerz über den Verlust ihrer Tochter und all die damit verbundenen Schuldzuweisungen noch einmal durchlebte und Schritt für Schritt auflöste. Dieser Prozess dauerte ungefähr vier Jahre. Heute ist Karin, wie sie selbst sagt, ungezwungener geworden. Sie lebt wieder in einer Partnerschaft. Ihre Einstellung zur Arbeit hat sich gelockert, ihr Selbstwertgefühl ist gestiegen. Auf die Frage, was ihr am meisten im Umgang mit der Angst geholfen habe, sagt sie: »Ich habe mich getraut, die Angst zu sehen und anzuerkennen, dass sie da ist. Das war ein großer Schritt. Sie hat sich vor meinem Schmerz aufgebaut. In einer Übung bat ich sie, mir zu erlauben, die Tür zu meinem Schmerz zu öffnen. Das geschah, und es war fast unerträglich, was ich da erlebte. Es war so, als wäre meine Tochter gerade gestorben. Ich erlebte alle Verzweiflung und Wut, schrie und weinte. Danach war ich erleichtert. Ich fand Wege, ihren Tod anzunehmen und vermeintlich

Schuldigen zu vergeben. Die Panikattacken wurden weniger und hörten irgendwann ganz auf. Ich habe mit meinem Drachen gerungen und dabei von ihm gelernt; erst dann wurde ich frei.«

Ein Angstdrache kann auch durch äußere Faktoren, z. B. einen engen Fahrstuhl, eine Menschenansammlung, aus seinem unterirdischen Versteck kommen. Maria ist überzeugt davon, dass der Drache zu beruhigen ist, wenn sie Menschenansammlungen meidet und einfach nicht mehr Fahrstuhl fährt. Sie hat ihre Angst auf ein Objekt projiziert und lebt ihren Alltag mit Einschränkungen, die ihre Freundinnen und Freunde absurd finden. Doch nach einer Weile wird alles erst richtig kompliziert. Dem Drachen wird es zu eng in seiner Höhle. Er will raus. Er meldet sich bei anderen Anlässen, d. h., für Maria kommen weitere Ängste hinzu. Maria fürchtet sich jetzt auch davor, Bus zu fahren, bald kann sie keine öffentlichen Verkehrsmittel mehr nutzen. Obwohl Marias Leben nun von immer größeren Einschränkungen bestimmt ist, gibt der Drache keine Ruhe. Es reicht ihm nicht, dass Maria mittlerweile ihren Job gekündigt hat und kaum noch aus dem Haus geht. Er beschert ihr jetzt unberechenbare Panikattacken ohne jeden erkennbaren äußeren Anlass. Mittlerweile haben sich Freundinnen und Angehörige von Maria distanziert, weil sie es unerträglich finden, mit all den Tabus und Einschränkungen konfrontiert zu werden, die für Maria im Alltag überlebenswichtig geworden sind. Maria wird immer einsamer. Sie bindet kostbare Lebenskraft an ihre Angst und ist gefangen in zwanghaften Gedankenketten und damit verbundenen Gefühlen. Sie findet den Zugang zur heilenden Kraft ihres Geistes nicht mehr. Der Angstdrache hat sich in Maria eingenistet wie ein Parasit. Er kreiert immer einschränkendere Denk- und Verhaltensmuster, Zwänge, die für Maria mehr und mehr zum Gefängnis werden. Schließlich entscheidet Maria sich für eine Psychotherapie. Marias spezielle Angst, z. B. vor dem Fahrstuhlfahren, schwindet in der Therapie relativ rasch und gibt den Raum frei für die Bearbeitung eines frühkindlichen Traumas, das unter der Angst verborgen lag und auf das die Angst aufmerksam machen wollte. Der Angstdrache verfolgte einen guten Zweck, er wollte Maria auf etwas hinweisen, doch Maria wollte nicht hinschauen. Die Bearbeitung des Traumas hat Maria sehr verändert und ihr den Zugang zu ihren Fähigkeiten und ihrem Potenzial geöffnet. Maria weiß heute, dass die Angst auch eine Freundin war.

Wenn Ängste und Panik unseren Tagesablauf immer mehr dominieren, das Leben zunehmend freudloser und unglücklicher wird, wir uns sozial isolieren, dann beginnt sich ein Teufelskreis zu schließen. Spätestens jetzt, besser schon vorher, sollten Sie therapeutische Hilfe suchen, um Ihrer Angst behutsam ins Gesicht zu sehen. Unterbrechen Sie den Teufelskreis, bevor er Sie ganz gefangen nimmt. Hierzu können Sie alle in diesem Buch vorgestellten Methoden nutzen.

Halten Sie Ihre Angst ab und zu liebevoll im Arm. Sie ist ein Teil von Ihnen, und es gibt immer Wege, mit ihr zu leben. Vielleicht suchen Sie sich ein Stofftier aus, wie wäre es mit einem pinkfarbenen Dinosaurier, dem Sie einen Namen geben? Knuddeln Sie mit ihm, schimpfen Sie mit ihm, werfen Sie ihn an die Wand und wählen Sie ihn zum Gesprächspartner, um herauszubekommen, wie Sie mit dem Monster zusammenleben können, spielen Sie das Drachenspiel. Es ist wichtig zu wissen, dass wir mit der Angst ein spezielles Arrangement finden können. Wir können in einen Lernprozess mit ihr treten. Dann entdecken wir: Angst macht aufmerksam auf tieferliegende Probleme, lässt nicht locker, bis wir ihre Signale aufnehmen und das, was in oder hinter ihr verborgen ist, aus der Abspaltung hervorholen und betrachten. Wir können dann angemessene Wege des Umgangs mit der Angst entwickeln. Das ist ein Prozess, der Zeit braucht.

Wenn wir rechtzeitig erkennen, was die Angst uns sagen will, können wir verhindern, dass oben beschriebene Teufelskreise entstehen. Der Gegenpol zur Angst ist Vertrauen bzw. Hingabe. Nähren wir unser Vertrauen in eine spirituelle Kraftquelle, z. B. in Situationen, in denen es uns gutgeht, wässern wir einen positiven Samen, der dann aufgehen kann, wenn wir in Not sind. Es bedarf jedoch auch der Einsicht in das Wesen der Angst. »Die Lösung liegt darin, zunächst einmal auf begrifflicher Ebene einzusehen, dass das Sich-Ängstigen vor der Angst ein Phantom ist, dessen Überwindung wir behutsam erlernen können. Meditation und positive Visualisierung können uns dabei helfen.«[*]

Der tibetische Weisheitslehrer Tulku Thondup rät, die Angst willkommen zu heißen und darauf zu vertrauen, dass sie kommt und auch wieder geht. Sie ist vergänglich wie alles im Leben, das ist die gute Nachricht. Ihm zufolge ist es hilfreich, den Atem zu beruhigen, sich immer wieder zu entspannen sowie das Zittern und alle anderen körperlichen Reaktionen zuzulassen. Wir brauchen oft einen vertrauten Menschen oder therapeutische Begleitung, um die Angst nicht allein durchstehen zu müssen. Tulku Thondup rät, sich nach jeder erfolgreich durchlebten Angstattacke etwas Gutes zu gönnen, den Erfolg zu feiern, auch wenn schon bald die nächste kommen mag. Es gehört zur Heilung, Rückschläge zu akzeptieren und den Mut nicht zu verlieren.

Vertrauen können wir auch entwickeln und stärken, wenn uns jemand bei Angstzuständen in den Armen hält und uns mit der Kraft seiner Liebe beisteht oder wenn wir uns in unserer Angst von einer Gemeinschaft getragen fühlen. Wir müssen die Last nicht alleine tragen, können auch in der Angst die Erfahrung des Verbundenseins machen.

Am Ende dieses Kapitels finden Sie unter dem Titel *Dialog mit der Angst* eine sehr wirkungsvolle Übung, durch die Sie mit Ihrer Angst in ein Gespräch treten können. Die Wirkung der Übung basiert auf der Personifikation der Angst; damit wird

---

[*] Tulku Thondup, S. 120 f.

sie aus dem Nebulösen in das Feld der Erfahrbarkeit geholt. Das passiert natürlich auch, wenn Sie der Angst die Gestalt eines Drachen geben. Sie können in der Übung erleben, wie die Angst sich anfühlt und wo und wie sie sich körperlich ausdrückt. Oftmals hat die Angst eine Botschaft für Sie, die meist sehr lebenspraktisch und hilfreich ist. Sie haben die Chance, Ihre Angst als Partnerin und Freundin und nicht länger als Feindin zu sehen. Die Übung können Sie alleine oder in einer Gruppe durchführen.

Ich habe diese Übung mit großem Erfolg in Gruppen angeleitet, und die meisten Teilnehmenden gingen daraus mit Erkenntnissen hervor, die ihnen weitergeholfen haben. Der Vorteil der Gruppenübung ist, dass Sie sich einer Leitung anvertrauen können, ein stützendes Umfeld und einen produktiven Erfahrungsaustausch haben. Das Ganze kann Freude machen und hat eine ausgeprägt humorvolle Seite. Wichtig ist, dass Sie sich wirklich auf die Prozesse einlassen, auch wenn Sie zunächst skeptisch sind. Lassen Sie Ihre Zweifel fallen, denn es passiert nichts, außer dass sie vielleicht neue Erfahrungen machen, die Ihnen Wege aus der Angst zeigen. Die Antworten kommen aus dem Strom Ihrer inneren Weisheit.

Wiederholen Sie die Übung häufiger. Man kann mit ihr Knoten lösen, solange die Angst sich nicht als neurotisches Muster bereits verselbständigt hat. In diesem Fall sollten Sie sich eine therapeutische Begleitung auf dem Weg in die Freiheit suchen.

Die Angst als Hüterin der Schwelle

Urangst – die Angst vor dem Tod

Die gesellschaftliche Tabuisierung von Sterben und Tod verstärkt die Angstproblematik ungemein. Verleugnen wir die Tatsache, dass alles, auch wir selbst, vergänglich ist, eröffnen wir damit der Angst ein weites Betätigungsfeld und machen uns das Leben schwerer, als es ist.

Egon Fabian beschreibt die Angst unserer Zeit als existenzielle Angst und führt sie ebenso wie Horst Eberhard Richter oder Verena Kast und viele andere Wissenschaftlerinnen und Wissenschaftler auf die Urangst vor dem Tod zurück. Das heißt, wer sich mit Angst auseinandersetzt, muss sich auch mit Sterben und Tod beschäftigen. Es ist kein Wunder, dass die größte Angst der Menschen, die Todesangst, in unserer Gesellschaft so übermächtig geworden ist und zugleich so verdrängt wird. Sie treibt in wilden Phantasien Blüten, weil wir unsere Sterblichkeit bis heute tabuisieren und kollektiv verleugnen. Die Tabuisierung des Todes führt zu einer Kultur der Unbarmherzigkeit, wie Horst Eberhard Richter es nennt. Angst, nicht nur Todesangst, wird mit allen Mitteln verleugnet und darf nicht gezeigt werden. Es herrscht eine Art Angstanästhesie. Wir sind wissenschaftsgläubig, und der Tod passt nicht in unser Weltbild des Machbarkeitswahns. Er stört, erscheint als Versagen oder als vermeidbar. So haben wir verlernt, mit unserer Urangst umzugehen und ihr Potenzial zu nutzen.

Schon der Buddha hat gelehrt, dass wir die Angst vor dem Tod nur bewältigen können, indem wir uns ihr auf ganz persönliche Weise stellen. Der Weg ist: umgehen mit dem, was da ist; damit aufhören, es zu ignorieren oder zu verleugnen; mutig sein, hinschauen, zulassen, Sterbenskranke unterstützen, den Verstorbenen ansehen, ihn vielleicht sogar waschen und ankleiden; also nicht den Kopf in den Sand stecken, wenn »es« geschieht, sondern da sein und darüber hinaus akzeptieren, dass man selbst auch sterben wird. Wer das Herz für die eigene Sterblichkeit öffnet, entwickelt Mitgefühl, entfaltet die Qualitäten der Fürsorge und transformiert Ängste. In diesem Prozess gewinnen wir Kraft. Der Weg führt mitten durch die Angst in die Erfahrung unseres unverwundbaren Potenzials.

In fast allen buddhistischen Traditionen gilt daher das Nachdenken und Kontemplieren über die Vergänglichkeit und den Tod als besonders wichtig, weil es uns über eine Schwelle in einen Raum führen kann, in dem es keine Angst mehr gibt – es ist der Bereich der Buddha-Natur, des Unverwundbaren in uns.

Auf diesem Hintergrund lehrt der Buddha in der Satipatthana-Sutta (Majjhima Nikaya 10) über die Vier Grundlagen der Achtsamkeit neben der Betrachtung des Körpers sehr ausführlich die »Neun Leichenfeld-Betrachtungen« und fordert die Meditierenden auf, den eigenen Körper als Leichnam zu sehen. Er möchte, dass sie sich selbst im Prozess der Auflösung, im Sterben und im Tod betrachten, mit dem Ziel, die Ketten von Anhaftung und Abneigung zu lösen. Sie müssen dabei Ekel und Angst überwinden. Das ist kein nekrophiler Kult. Es geht um die Überwindung der Angst des Egos vor seiner Auflösung. Diese Angst ist die Mutter aller Ängste, und sie reicht am tiefsten. Wenn sie schwindet, öffnet sich das Feld der uns innewohnenden Weisheit.

Der Buddha lebte in einer Agrargesellschaft, und der Tod war ein integraler Bestandteil des Lebens. Die Verbrennung der Leichname fand in aller Öffentlichkeit auf einem gesonderten Platz mit dazugehörigen Ritualen statt. Die verstorbene Person wurde von den Angehörigen in Tücher gewickelt und dorthin gebracht. Es war nicht möglich, wegzuschauen so wie heute, wo Sterben und Tod abgeschottet, hinter verschlossenen Türen, meist in Krankenhäusern oder Heimen geschehen. Familienmitglieder sammelten das Holz für die Verbrennung des Leichnams. Der Rauch und die Flammen des Leichenfeuers waren zu sehen und zu riechen. Die Begegnung mit dem Tod war eine zutiefst sinnliche Lebenserfahrung in der sozialen Gemeinschaft. Die Nonnen und Mönche des Buddha sollten sich ihrer Angst auch auf den öffentlichen Verbrennungsplätzen stellen, nicht nur in stiller Zurückgezogenheit.

In den modernen Gesellschaften findet die Begegnung mit dem Tod als öffentliches und soziales Ereignis kaum mehr statt, mit Ausnahme der Trauerfeier.

Die christliche Tradition kennt das *memento mori*, das »Erinnere dich des Todes«, wie es Noker von Zwiefalten, auch Noker von Sankt Gallen genannt, in seiner Schrift *memento mori* im 11. Jahrhundert formulierte. Das *memento mori* feierte eine Renaissance im 17. Jahrhundert, als Europa von der Pest und dem Dreißigjährigen Krieg heimgesucht und entvölkert wurde. Es wurde zum Gruß der Mönche und Nonnen des Benediktinerordens, sollte darauf aufmerksam machen, dass die Lebenszeit mit jedem Tag ein wenig knapper wird, weil das Leben vergänglich ist, und daran gemahnen, in den Nichtigkeiten des Alltäglichen nicht zu ertrinken, sondern mit Gottvertrauen und Liebe den Lebensweg zu gehen und mit Barmherzigkeit Sinnvolles zu tun. Das *memento mori* diente der Bewusstseinsschulung. Es war eine spirituelle Praxis. Diese knüpfte auch an die von den Kirchen verbreitete Vorstellung an, das Diesseits sei ein Jammertal, die Bürden des Lebens müssten ertragen werden, damit die Seele im Jenseits Frieden finden könne.

Sowohl auf dem christlichen wie auf dem buddhistischen Weg, ebenso wie in den Mysterienspielen der Antike, geht es um die Konfrontation mit der Urangst vor dem Tod, der Herausforderung, ihr ins Gesicht zu sehen, um daraus auch für das Leben zu lernen. Einblicke in diese Prozesse konnten Sie schon bei Ihrer Reise in die Unterwelt gewinnen.

Abschied von Jonas

Ich möchte aus eigener Erfahrung berichten, wie heilsam das Spüren und Zulassen der Angst in Todesnähe sein kann. Vor einigen Jahren verbrachte ich einige Zeit am Totenbett eines Freundes, nachdem ich ihn zusammen mit einem Bestatter für die Aufbahrung angekleidet hatte. Wir hatten den Aufbahrungsraum mit Kerzen und Blumen geschmückt. Von einem Audiotape erklang der Gesang des Amitabha-Mantra aus einer Tradition des tibetischen Buddhismus.

Amitabha (Sanskrit: grenzenloses Licht) ist der Hüter des Glückseligen Reinen Landes Sukhavati. Die Sukhavati-Vyuha-Sutra erzählt die Geschichte des Mönchs Dharmakara, der die Buddhaschaft erlangte und zu Amitabha wurde. »In seinen neunzehn Gelübden versprach er, so lange keine Buddhaschaft zu erlangen, bis alle, die eine Wiedergeburt im Reinen Land wünschten, die sein Namensgebet sprachen und ihm Verdienste widmeten, auch tatsächlich dort Wiedergeburt angenommen hätten. … Amitabha hat gelobt, alle, die immer wieder seinen Namen sprechen, in sein Reines Land zu führen. Sein Name wird zu einem Fenster, durch das wir den Buddha des Grenzenlosen Lichtes und sein Reines Land sehen können. … Wenn wir uns auf ihn konzentrieren und uns einsgerichtet und voller Hingabe mit seinem Namen verbinden, beginnen wir somit, ein Meer von erleuchteten Qualitäten zu erfahren. Hingabe und Vertrauen auf den Buddha werden sich somit ganz von selbst entfalten.«[*]

So viel zum Hintergrund dieser buddhistischen Praxis, die für Sterbende und Verstorbene besonders dann geeignet ist, wenn sie schon zu Lebzeiten dazu einen Zugang hatten und mit ihr vertraut waren. Der Verstorbene, um den es in meiner Geschichte geht, hatte als praktizierender Buddhist eine Verbin-

---

[*] Tulku Thondup: Friedliches Sterben – Glückliche Wiedergeburt, S. 263 f.

dung zur Amitabha-Praxis, die seit Jahrhunderten in unterschiedlichen buddhistischen Traditionen Asiens auf vielfältige Weise geübt wird.

Als ich das Tape ausgeschaltet hatte, umfing mich tiefe Stille. Ich rezitierte Mantras und verband mich mit meiner Kraftquelle. Danach wollte meine Erinnerung Raum. Ich ließ Begegnungen mit dem Verstorbenen vor meinem geistigen Auge Revue passieren, bunte Bilder, die mein Herz berührten. Ich dankte dem Verstorbenen für seine tatkräftige Unterstützung in einigen Situationen, erinnerte mich an etliche Begegnungen mit ihm, den Respekt und die Achtung, die wir voreinander hatten, auch in verrückten Situationen, an seinen Humor, dachte an seine Bissigkeit und die besondere Art, mit der er andere Menschen gegen sich aufbringen konnte. Er war ein unbequemer Zeitgenosse gewesen, ein Querkopf, ein Kämpfer, ein Rebell. Ich schickte ihm Licht, Liebe und mein Mitgefühl, bat um Frieden für seinen gequälten Geist. Dann blieb ich still in der Präsenz des Toten und bat meine Kraftquelle um Unterstützung und geistige Führung für den Verstorbenen.

Als ich innerlich ganz zur Ruhe gekommen war, wollte ich neben dem Leichnam über den Tod kontemplieren. Der Bestatter war zusammen mit einigen Angehörigen mit der Vorbereitung der Trauerfeier beschäftigt; andere Gäste waren noch nicht eingetroffen. So war ich allein mit dem Toten und bat ihn innerlich um sein Einverständnis. Ich hatte den Eindruck, dass sein Geist nicht nur zustimmte, sondern auch bereit war, mich zu unterstützen. Dafür bin ich – auch heute noch – sehr, sehr dankbar. So versetzte ich mich in die Lage des Verstorbenen, der so alt war wie ich, und stellte mir intensiv vor, dass auch ich hier liegen könnte, nach einem Herzinfarkt, mit der Reisetasche in der Hand vor einem Kreuzberger Café zusammengebrochen, kurz vor der Abfahrt zu einem Sommerretreat in Südfrankreich. Ich stellte mir vor, wie ich keine Luft mehr bekam, die Beine mir wegsackten, ich auf das graue Kreuzberger Pflaster fiel, mir das Bewusstsein schwand, wie ich nach einer halben Stunde wiederbelebt wurde, ins Krankenhaus kam, in tiefe Bewusstlosigkeit fiel. Auf der Intensivstation eines gigantischen Berliner Krankenhauses wurde ich verschlaucht und verkabelt, Besucher kamen, Pflegepersonal versorgte mich. Quälende Wochen ohne Sprechfähigkeit, voll innerer Unruhe und doch im Koma. Eine liebevolle Verwandte an meiner Seite, mein Lichtblick, dann der letzte Atemzug, ein Aufbäumen ... das Ende.

Die Kurzaufbahrung mit Betttüchern und Blumen im improvisiert geschmückten Fahrstuhl des Krankenhauses, auf dem kalten Bett liegend, alles ein bisschen skurril, wie eben mein Leben auch war, bedrückte Gesichter, Besucher mit feuchten Augen, Hilflosigkeit. Später das Einsargen, die Lagerung im Kühlraum des Fuhrunternehmers im schlichten Holzsarg, jetzt die Aufbahrung ... Ich liege hier im Sarg, inmitten der Blumen, kalt und starr, in Neukölln; der Raum befindet sich neben einem ehemaligen Misthaufen, für Berlin ein ländliches Flair, und ist doch irgendwie stimmig. Gleich findet die Trauerfeier statt, und man trägt mich im Sarg dorthin. Vorher werden sich Mitglieder meiner Sangha von mir auf ihre Weise verabschieden. Karg, kalt, überschaubar ist dieser Totenplatz.

Jetzt packt mich auf einmal die Angst, die sich rasch zur Panik steigert. Ein zähnefletschendes Monster, das mich zerfleischen möchte. Ich lasse es zu, zittere, schwitze und keuche. In diesem Moment gleitet meine Wahrnehmung auf eine andere Ebene. Der Boden wankt unter meinen Füßen, nichts ist mehr zum Festhalten da, kein Gerüst, das trägt. Dann wird es hell, leerer Raum, kein Sehen mehr. Mein Körper ist wie aufgelöst, das Bewusstsein frei schwebend und nicht dingfest zu machen. Es sind vielleicht nur Sekunden, aber einige von diesen unvergesslichen, wertvollen Momenten, die sich tief ins Bewusstsein eingraben.

Ich verstehe etwas. Zunächst ist da die Angst, alles zu verlieren, fast wie eine zersetzende Panik, die sich in mein Bewusstsein hineinfrisst. Dann kommt der Impuls, sich dem gleißenden

Licht vor meinen Augen zu stellen, alles aufzugeben. Sein, Nichtsein, nichts von beiden, das Denken hört auf ... Tiefe und Stille, ich werde zu einem spiegelglatten See, dessen Wasser vollkommen zur Ruhe gekommen ist. Ich bin zugleich wie ein Tropfen, der sich ganz im Wasser des Sees auflöst. Eine Erfahrung des Verbundenseins, mein weiches offenes Herz, große Lebendigkeit und nichts mehr zu tun, heitere Leichtigkeit des Seins. Eigentlich reichen die Worte nicht aus für diese Erfahrung. Ich stoße auf den Schatz, den mein Drache hütet. Hinter der Angst ist die Freiheit grenzenlos. Angst und Hingabe erfahre ich als zwei Seiten einer Medaille.

Schnell weicht diese Erfahrung, sie vergeht, und ich finde mich neben dem Leichnam am Totenbett wieder, in meiner Aufgabe, die Trauernden zu begleiten. Mein Realitätsbewusstsein übernimmt die Kontrolle, und ich erfülle die von mir erwarteten Aufgaben. So dicht liegt alles nebeneinander: Leben, Tod, die Erfahrung des Unverwundbaren. Da ist keine Kontinuität, nur ein Ereignisfluss von Augenblicken, die einander nie gleich sind und die sich ineinanderschieben. Ich gewinne in einem lichten Moment im Angesicht des Todes Einblicke in die Angst und darf meinen Schatz bergen. Ich gewinne auch die Gewissheit und das Vertrauen, dass es möglich ist, durch die Angst hindurchzugehen und in einen anderen Wahrnehmungs- und Bewusstseinsraum zu gelangen, den ich als Geschmack meiner Buddha-Natur interpretiere.

Wenn ich ab und zu am Grab des Verstorbenen stehe und eine Blume pflanze, denke ich an ihn mit großer Achtung und voller Dankbarkeit für sein letztes Geschenk an mich.

Manchmal ist es uns vergönnt, direkt in den Spiegel unserer eigenen Vergänglichkeit zu schauen, besonders dann, wenn wir einen Menschen durch den Tod begleiten, der in unserem Alter ist, vielleicht ein guter Freund oder eine vertraute Freundin. Es ist dann gut möglich, dass Sie sich mit dem Leiden dieses Menschen so identifizieren, dass Sie keinen Abstand mehr zu ihm haben. Wenn er stirbt, ist es so, als ob Sie selber stürben. So erging es mir mit Jonas. Ich habe diese Erfahrung provoziert, indem ich mich an seine Stelle gesetzt habe. Es kann jedoch geschehen, dass Sie nicht merken, wie tief Sie sich verbunden haben, und irgendwann diffuse Widerstände auftauchen, etwa den Sterbenskranken oder die Verstorbene zu besuchen. Es kann sein, dass allein der Gedanke an den Besuch lähmende Angst in Ihnen hervorruft oder Ihnen der Schweiß ausbricht, denn es ist ungeheuer bedrohlich zu erleben, dass sich alles auflöst, woran Sie glauben oder festhalten. Nicht zu jeder Zeit sind wir bereit für so ein Erlebnis. Es kann durchaus sinnvoll sein, der Angst nachzugeben und nur so dicht an sie heranzugehen, wie Sie dies momentan können. Hier sollten Sie immer achtsam mit sich sein und keine Grenze überspringen. Wenn Sie bereit sind, über Grenzen zu gehen, können Sie unter Umständen tiefe spirituelle Erfahrungen machen, und Sie erleben die heilende Kraft Ihres Geistes, Ihre Buddha-Natur, das Unverwundbare in Ihnen. Meist währt eine solche Erfahrung nur kurze Zeit, aber sie werden Sie nie vergessen. Vielleicht ergreift Sie die Sehnsucht nach Wiederholung. Es gibt keine größere Triebkraft für den spirituellen Weg, denn diesem werden Sie sich jetzt auf Ihre Weise widmen wollen. Packen Sie die kostbare Gelegenheit am Schopf, wenn Sie sich bereit fühlen, und gehen Sie los.

Die Angst vor dem eigenen Tod

Wir können aus den alten spirituellen Traditionen lernen und von ihnen übernehmen, was uns hilft, mit der Vergänglichkeit sinnvoll zu leben. Ein erster Schritt ist getan, wenn wir uns eingestehen, dass wir sterblich sind, und dieses Wissen auch emotional an uns heranlassen. Wir haben keine Gewissheit darüber, wann wir sterben werden, und es ist noch nicht einmal klar, ob wir den nächsten Tag erleben werden oder nicht.

Jede und jeder von uns muss mit dieser grundsätzlichen Unsicherheit leben, auch wenn wir es nicht wahrhaben wollen. Doch wenn wir uns auf diese Betrachtungsweise einlassen, werden wir eine größere Wertschätzung für das Leben entwickeln, denn wir sehen, wie unendlich kostbar dieses Leben ist. In diesem Sinne ist das Nachdenken über unsere Sterblichkeit heilsam.

Die Flussmeditation ebenso wie die Reise in die Unterwelt, die ich im zweiten Kapitel vorgestellt habe, sind kreative Wege, die dazu beitragen können, dass wir den Übergängen, den Schwellensituationen im Leben mit mehr Gelassenheit begegnen. Dies gilt auch für das Lesen oder Studieren literarischer oder spiritueller Texte, den Besuch von Veranstaltungen, die sich mit dem Lebensübergang auseinandersetzen. Vielleicht werden Sie selbst aktiv in Projekten oder in der Hospizbewegung, oder Sie besuchen einen schwer erkrankten Bekannten oder Verwandten und schenken ihm Ihre Zeit. All das wirkt Ängsten entgegen.

Weichen Sie nicht aus, wenn Sie einen verstorbenen Menschen noch ein letztes Mal sehen können, gehen Sie zu ihm, lassen Sie sich auf den letzten Abschied ein. Gehen Sie zur Trauerfeier, der Beerdigung oder zum Grab und stellen Sie sich der Situation. Folgen Sie nicht Ihrem antrainierten Vermeidungsverhalten. Die konkrete Begegnung mit dem Tod ist immer heilsam. Sie werden erfahren, dass die Gedankengebilde und Phantasien in Ihrem Kopf viel schlimmer waren, und erkennen dann, was Angst alles anrichten kann. Versuchen Sie sich mit Ihren Kraftquellen zu verbinden, dann wird vieles einfacher. Auch wenn durch eine bedrohliche Situation, wie die Diagnose einer lebensbedrohlichen Krankheit, einen Unfall, einen Überfall oder andere äußere Ereignisse in Ihnen akut Todesangst aufkommen sollte, ist es sehr hilfreich, innerlich Zuflucht zur Kraftquelle zu nehmen; bitten Sie Ihre Kraftquelle um Hilfe und vertrauen Sie deren Führung. Diese Zuflucht wird Sie aber vermutlich erst dann tragen, wenn Sie bereits eine gewisse Vertrautheit mit Ihrer Kraftquelle entwickelt haben.

Finden Sie ein Arrangement mit Ihrer Angst, z. B. mit Hilfe der Übungen in diesem Kapitel. Handeln Sie mit Ihrer Angst aus, welchen Raum Sie ihr geben, aber versuchen Sie nicht, die Todesangst loswerden zu wollen. Das wird nicht gelingen, und Sie blockieren sich nur selbst.

Kontemplation über Vergänglichkeit

Es gibt in den buddhistischen Traditionen zahlreiche Meditationen über Vergänglichkeit, eine davon bezieht sich auf die folgenden Gedanken:

1. Entwickeln Sie Wertschätzung und Dankbarkeit für die Kostbarkeit Ihres Lebens, das so besonders ist und nicht selbstverständlich, für Ihre Lebensumstände, für das, was Sie erfahren haben. Denken Sie daran: Sie haben die Möglichkeit, Ihr volles menschliches Potenzial zu verwirklichen. Nutzen Sie diese Gelegenheit.
2. Denken Sie daran, dass das Leben zerbrechlich ist und trügerisch. Unsere Existenz ist so vergänglich wie die Wolken am Himmel oder die Wellen im Ozean. Auch dieser Körper ist sterblich. Der Tod ist unausweichlich. Keiner von uns weiß, wann und wie er kommen wird. Nutzen Sie Ihre kostbare Lebenszeit, um Sinnvolles zu tun und freudvoll zu leben.
3. Vergegenwärtigen Sie sich, dass alles, was geschieht, auf Ursache-Wirkungs-Zusammenhängen beruht – auf Karma. Selbst die kleinste Handlung oder Absicht im Denken hat Auswirkungen auf dieses und vielleicht folgende Leben. Daraus ergibt sich die Wichtigkeit, achtsam und ethisch zu handeln, niemanden zu verletzen, weder mit Worten noch in Taten, Sinnvolles zu tun, mitfühlend und liebevoll zu sein.
4. Weil wir von Unwissenheit beherrscht werden, drehen wir uns immer wieder im Kreis. So sind wir gefangen im Leiden.

Erinnern Sie sich daran, dass Sie die Buddha-Natur haben, die frei ist von Leiden. Sie ist Ihr eigentliches Wesen. Es ist immer und jederzeit möglich, einen Zugang zu ihr zu finden. Wählen Sie einen spirituellen Weg.

Diese Kontemplation hilft, sich daran zu gewöhnen, dass Leben und Tod zusammengehören. Sie schafft in Ihrem Geist die Bereitschaft, Vergänglichkeit zu respektieren, und bildet ein Gegengewicht zur Tabuzone Tod in unserer Gesellschaft, in der die Ausgrenzung und die Ignoranz von Sterben und Tod geradezu kultiviert werden. Darüber hinaus hilft Sie Ihnen, Wertschätzung für Ihr Leben zu entwickeln. Diese vom Buddha beschriebene Kontemplation kann man in formellen Meditationssitzungen üben oder auch im Alltag, am besten mehrmals in der Woche. Man kann die oben aufgeführten Gedanken auf ihre Essenz konzentrieren, vielleicht gibt es auch einzelne Worte oder einen Satz, die das Gemeinte für Sie ausdrücken. Auch durch das kurze *memento mori* können Sie sich immer wieder an Ihre Sterblichkeit erinnern. Durch die Kontinuität einer solchen kleinen Praxis werden Sie mit der Zeit einen anderen Umgang mit der Vergänglichkeit und ihren Schattenseiten, den Krisen, Trennungserfahrungen bis hin zum Tod entwickeln. Die Angst vor der Sterblichkeit wird so ins Leben eingefügt, der Drache wird nicht genährt; er erhält einen Platz, an dem er gesehen und respektiert wird.

Die Angst vor dem Tod der anderen

Manchmal plagen uns Gedanken daran, dass unsere Eltern, unser Kind oder unser Partner, unsere Partnerin plötzlich sterben könnten, ohne dass es dafür einen konkreten Anlass gibt. Wir spüren die Vergänglichkeit als Bedrohung, fokussieren uns auf eine mögliche Trennung. Wir empfinden eine grundlegende Unsicherheit und fühlen uns ausgeliefert, abgeschnitten von unseren Ressourcen. Diese Form einer vorwegnehmenden Angst ist eine diffuse generelle Angst, eine Angst als Lebensgefühl.

Vielleicht gelingt es Ihnen in solchen Momenten, die Aufmerksamkeit auf das zu richten, was gerade ist. Schauen Sie sich um, nehmen Sie Ihre Umgebung wahr. Hilfreich ist es, zunächst den Atem als Medium zu nehmen und dann die Sinneswahrnehmungen, Gerüche, optischen Eindrücke, Berührungen, Klänge bewusst zu registrieren. So entziehen Sie der Angst die Aufmerksamkeit. Hilfreich ist in solchen Situationen auch alles, was Ihr Vertrauen in das Leben stärkt; Erfahrungen, Erinnerungen, Aktivitäten und vor allem die Anbindung an eine spirituelle Kraftquelle. Meditieren Sie oder lesen Sie inspirierende Texte wie die Geschichte von Thich Nhat Hanh über das Blatt mit den vielen Stielen (siehe S. 299 f.). Gehen Sie vor allem nicht zu stark in Ihre Gedanken hinein. Unterbrechen Sie den Angstkreislauf, indem Sie immer wieder innehalten. Wenden Sie die im ersten Teil des Buches beschriebenen Methoden an und vertrauen Sie auf die Vergänglichkeit, denn auch Ihre Angst währt nicht ewig.

Möglicherweise sind jedoch die Angstsignale auch Warnsignale, die Sie auf eine tatsächlich drohende Gefahr aufmerksam machen wollen, so wie es Träume öfter tun. Wenn Sie unsicher sind, dann suchen Sie den Dialog mit Ihrer Angst, oder nehmen Sie sich Zeit, Ihre Gefühle und Gedanken zu beobachten und dann in einer meditativen Innenschau tief in sich hineinzuspüren. Es ist gut, zunächst den Körper mit kleinen Übungen zu lockern und zu entspannen oder einige Male tief durchzuatmen. Schauen Sie, ob es Ihnen gelingt, mit Hilfe geistiger Methoden die Botschaft der Angst zu erkennen. Um zur Ruhe zu kommen, können Sie auch die stille Meditation auf der CD nutzen. Danach loten Sie Ihre Angst aus, erforschen Sie Ihre Ausweichmanöver, körperliche Reaktionen, Gefühle, das Angstfeld als Ganzes.

Sollten Freundinnen, Freunde, Verwandte oder Haustiere von Ihnen in der letzten Lebensphase sein, dann nehmen Sie sich die Zeit herauszufinden, was der Mensch/das Tier Ihnen wirklich bedeutet. Finden Sie einen Weg, Ihre Gefühle, Gedanken, auch die intimeren oder das, was Sie bisher nicht zu sagen gewagt haben, auszudrücken. Warten Sie nicht zu lange. Zeigen Sie vor allem Ihre Zuneigung und Liebe. Sollte es nicht möglich sein, in einem Gespräch, in einem Brief oder auf einem anderen Weg das zu sagen, was Ihnen auf dem Herzen liegt, dann können Ihnen eine sanfte Umarmung, Blickkontakt, ein liebevoll gewähltes kleines Geschenk wertvolle, schöne Momente schenken, die Sie miteinander teilen können. Später, zu Hause, können Sie dann für sich Entlastung schaffen für all das, was nicht ausgesprochen werden konnte, durch ein kleines Ritual, eine Meditation, ein Gedenken, ein Gebet oder indem Sie sich Ihre Worte vom Herzen schreiben bzw. mit einem vertrauten Menschen über die Situation sprechen.

Jede Art der spirituellen Praxis hilft, an einem Energiefeld zu weben, in dem dieser Mensch/dieses Tier aufgehoben ist. Das hilft auch gegen die Angst, dieses Wesen zu verlieren. Am wirkungsvollsten ist es, wenn Sie sich mit Ihrer Kraftquelle verbinden oder auf Ihre Weise versuchen, den Raum zu berühren, in dem es keine Trennung gibt. Alles, was das Verbindende stärkt, wirkt auf einer tiefen Ebene jeder Angst entgegen. Wenn Sie wieder Ihre innere Fülle spüren, können Sie in der Begegnung präsent und mitfühlend sein. Eine Herzensverbindung kann entstehen, und Ihre Intuition wird Ihnen sagen, was richtig ist, eine Berührung, Stille, ein Gespräch …
Sie können Ihrem Gegenüber die Angst nicht nehmen, doch sie mit ihm aushalten und heilende Energie schicken. In diesem Feld kann die kranke Person sich nehmen, was ihr guttut, und das hilft auch Ihnen. Es ist ein Geben und Nehmen. Ich habe häufig erlebt, dass sich die Situation dann entspannt. Sie können auch durch körperliche Nähe, eine Umarmung, die Hand hal-

ten, miteinander kuscheln eine Verbindung schaffen, die beruhigt und nährend ist.

Unterdrücken Sie nicht die Gefühle, die sich um die Angst herum gruppieren, geben Sie ihnen Raum, vielleicht, wenn Sie alleine sind, gehen Sie humorvoll und spielerisch damit um, agieren Sie körperlich aus, was Sie bedrückt, durch Laufen, Schwimmen, Radfahren oder was es auch sein mag. Atmen Sie gut durch. Das hilft gegen die Enge. Lassen Sie die Tränen fließen. Angst ist anstrengend, die eigene und die anderer ebenso. Gönnen Sie sich nach einer Angsterfahrung immer eine Erholungspause, in der Sie auftanken können.

Natürlich sind menschliche Nähe, verständnisvolles Zuhören, Gehaltenwerden oder einfach ein Mensch, der die Angst mit Ihnen aushält, Balsam für die Seele, doch manchmal müssen Sie auch alleine klarkommen. Vielleicht unterstützen Sie dann die Meditationen auf der CD und die Übungsanleitungen in diesem Buch darin, Angst besser zu bewältigen.

Die Ängste der Helfenden

In meinen bisherigen Begegnungen mit dem Tod habe ich gelernt, dass mein persönlicher Umgang mit der Angst auf das Beziehungsmosaik um den sterbenskranken Menschen, in dem ich ein kleines Steinchen bin, einwirkt. Wer in Bereichen arbeitet, in denen Krankheit, Sterben und Tod zum beruflichen Alltag gehören, z. B. in Einrichtungen für Senioren, Krankenhäusern, im therapeutischen und pflegerischen Sektor, in Hospizen oder im Sanitäts- oder Unfalldienst, bei der Feuerwehr und Polizei, im Bestattungsgewerbe usw., sollte lernen, sinnvoll mit eigenen Ängsten umzugehen. Erst dann kann man sich in die Patienten oder Klientinnen einfühlen und ihnen auch geistig-seelischen Beistand geben. Wenn wir zu sehr in Angstvermeidungsmustern stecken, überträgt sich das auch unweigerlich auf sie. Die Vermeidung steht wie eine Wand zwischen

Betreuenden und Kranken, eine Wand, die mitfühlendes Verstehen und Empathie blockiert. Diese Wand verhindert, dass Sie mit Ihren Gefühlen in Kontakt sind, deswegen können Sie sich dem anderen Menschen nicht öffnen. Wer sich von der Not des anderen Menschen nicht berühren lassen kann, entwickelt vielfältige Abwehrstrategien, dazu zählen Überaktivität und Geschäftigkeit, ausweichendes Verhalten und Flucht, Vermeiden von Nähe, das Verheimlichen der Wahrheit, Abgelenktsein – ich bin in Gedanken mit anderen Dingen beschäftigt als mit dem kranken Menschen, während ich bei ihm bin –, aggressives Verhalten, das Nicht-Wahrnehmen seiner Bedürfnisse und vieles mehr.

In allen Grenzsituationen, in denen Angst unsere Begleiterin ist, werden bei uns »Knöpfe gedrückt«. Wir reagieren mit Verhaltensweisen, an die wir uns gewöhnt haben. Damit fühlen wir uns sicher, so als würden wir uns wirklich auf die Situation einlassen, und vermeiden, uns hilflos zu fühlen. Wir sind dann nicht präsent, sondern folgen unseren bekannten inneren Programmen. So treten wir nicht wirklich in Kontakt mit dem Menschen, den wir betreuen. Wirklich beistehen können wir einem Menschen, der Angst hat, wenn wir mit unseren Stärken und Schwächen da sind und authentisch handeln. Dazu brauchen wir den Mut, zu unserer Angst zu stehen und sie und damit uns zu zeigen.

In der Nähe des Todes ist Angst immer gegenwärtig, in den Schatten und inneren Bilderwelten, die den kranken Menschen heimsuchen, in den Befürchtungen der Angehörigen, deren Lebens- und Beziehungsgefüge erschüttert ist, in den Aktivitäten der behandelnden Ärzte, Therapeutinnen, Pflegekräfte, die immer wieder ihr Gleichgewicht finden müssen, während sich unter ihren Händen ein Mensch auflöst. Wie wir selbst mit Angst umgehen, beeinflusst unweigerlich das Beziehungsgeflecht.

Gerade bei helfenden Tätigkeiten sollten wir uns erlauben, unsere Ängste zuzulassen und die Zerbrechlichkeit des Lebens zu spüren. Das macht demütig und öffnet das Herz für mitfühlendes Verstehen. Ohne Angst verlieren wir etwas von unserer ursprünglichen Menschlichkeit. Wir werden zu Robotern, kaltschnäuzig und innerlich verarmt.

Wenn wir gelernt haben, mit Angst umzugehen, dann sind wir bessere Helfende, weil wir authentisch sind. So wird eine vermeintliche Schwäche zu einer großen Stärke.

Leben ohne Angst?

Um sich in der Unsicherheit sicher zu fühlen, haben Menschen im Laufe der Jahrhunderte vielfältige Praktiken der Angstbewältigung entwickelt: Das reicht von magischen Ritualen zur Besänftigung fiktiver Götter oder Naturgewalten bis zur Entwicklung wissenschaftlicher Kompetenzen zur Eindämmung von Gefahren.

Was passiert, wenn ein durchschnittlicher Mensch sich gar nicht ängstigen kann, wird in dem »Märchen von einem, der auszog, das Fürchten zu lernen« deutlich, erzählt von den Gebrüdern Grimm. Es handelt von einem jungen Mann, der seine Eltern zur Verzweiflung bringt, weil er dumm ist und nichts lernen oder begreifen will. Sie machen sich Sorgen um seine Zukunft. Er hört mit der Familie nachts beim Feuerschein allerlei Gruselgeschichten, doch er versteht nicht, was es heißt, sich zu ängstigen oder zu gruseln. Sein Vater fordert ihn auf, etwas zu lernen, damit er einmal selbst für seinen Lebensunterhalt aufkommen könne, doch der Sohn will nur das Gruseln lernen. Der Vater gibt nach, in der Hoffnung, der Junge werde dann eher fähig, seinen Lebensunterhalt zu verdienen. Der Küster (Kirchendiener) bietet sich an, den jungen Mann das Fürchten zu lehren, und nimmt ihn mit in sein Haus. Er schickt ihn mehrmals um Mitternacht auf den Kirchturm, um die Glocken zu läuten. Der Junge ängstigt sich nicht. Er verbringt die Nacht alleine mit den Leichnamen von Gehenkten, wird von den Geistern Verstorbener heimgesucht und von Dämonen provoziert, er kegelt mit Totenköpfen, kämpft todesmutig, doch er bleibt völlig ungerührt und empfindet keinerlei Angst. Selbst die grässlichsten Dämonen sind von seinem Verhalten erschüttert. Als er schließlich, weil er den Spuk im Königsschloss unbeschadet übersteht und damit das Schloss von einem Fluch befreit, die Königstochter als Lohn zur Gemahlin erhält, macht ihn auch das nicht glücklich, denn er leidet immer noch sehr darunter, keine Angst empfinden zu können. Mit einer List gelingt es der Königstochter, ihn eines Nachts zu überrumpeln. Sie übergießt ihren Gatten im Schlaf mit kaltem Wasser und zappelnden kleinen Fischen darin. Der vermeintliche Held fürchtet sich zum ersten Mal, ist überglücklich und führt ab da ein zufriedenes Leben.

Auffällig an dem jungen Mann ist, dass er bis zum Schluss des Märchens höchst unsensibel, abgestumpft, wenig lernfähig, stur und auf sich selbst bezogen ist. Er ist nicht empathiefähig, lebt seine Aggressionen hemmungslos aus und ist grausam gegenüber seinen Feinden. Er behandelt die Verstorbenen wie Lebende und begreift den Tod und damit die Vergänglichkeit überhaupt nicht. Eigentlich ist er ein größeres Monster als sämtliche Geister, die ihn verfolgen und töten wollen. Er hat seine Menschlichkeit nicht entwickelt, vor allem kann er nicht lieben. Erst, als er Angst verspüren kann, kann er auch Glück empfinden.

Das Märchen zeigt, wer Angst spürt, der fühlt, wie kostbar das Leben ist. Ohne Angst ist unsere Lernfähigkeit blockiert. Die Angst hilft uns, die Vergänglichkeit und den Tod zu begreifen, treibt uns an, darüber nachzudenken, und ist für viele von uns eine Initiatorin für einen spirituellen Weg. Mindestens fordert sie uns heraus, uns an sich verändernde Bedingungen anzupassen.

Der Weg ins Unverwundbare führt mitten durch die Angst hindurch, nicht an ihr vorbei. Ein Leben ohne Angst ist letztlich kein erfülltes Leben. Auch wenn es sich anhört wie ein Plädoyer für die Angst. Es ist keins. Es geht mir darum, dass wir die Angst als Partnerin sehen und sie zur Transformation und zum Schutz unserer Persönlichkeit nutzen.

Meditationen und Übungen

Das Schatten-Ich umarmen (CD)

Nimm eine entspannte Körperhaltung mit aufrechtem Rücken ein.

Schließe die Augen und konzentriere dich auf deinen Atem. Spüre den Ein- und den Ausatem.

Jetzt nimm Kontakt mit deiner Kraftquelle auf. Sieh deine Kraftquelle im Raum über dir in vollendeter Schönheit. Sie ist deine Verkörperung von Wahrheit, Weisheit und Liebe in einem alles umfassenden Sinn. Nimm ihre heilende Energie wahr.

Das Licht deiner Kraftquelle fließt über dich, reinigt so deine Aura.

Es strömt in dich hinein über deinen Scheitel, der sich wie eine Lotosblüte öffnet. So kann die heilende Energie sich überall in dir verteilen und Anspannungen und Verdunklungen in Licht verwandeln oder aus dir herauswaschen.

Bleib in der wohltuenden Präsenz deiner Kraftquelle. Ihre Energie fließt in deinen Herzraum, wo sie sich zu einer kleinen Sonne verdichtet, die in alle Richtungen strahlt.

Nimm jetzt deine Kraftquelle in dein Herz hinein, indem sie z. B. über die Lotosblüte am Scheitelpunkt deines Kopfes in die Sonne deines Herzens sinkt. Danach schließt sich die Lotosblüte auf deinem Scheitel.

Spüre deine Herzenssonne, in der deine Kraftquelle jetzt wohnt. Sie strahlt Liebe und Mitgefühl aus. Bleib währenddessen innig mit deiner Kraftquelle verbunden.

Nun sieh vor dir dein Schatten-Ich. Du siehst deine Gestalt, wie sie geplagt ist von negativen Gefühlen und Gedanken, z. B. von Angst, Wut, Traurigkeit, Neid, Begehren, Stolz. Wähle eine Stimmung, die gerade präsent ist.

Betrachte die Körperhaltung dieses leidenden Wesens vor dir, den Gesichtsausdruck. Spüre die Ausstrahlung deines Schatten-Ichs. Es ist in eine dunkle Wolke gehüllt, eine Leidenswolke.

Besinne dich nun auf die Sonne in deiner Brust und auf deine Kraftquelle. Berühre dein geplagtes Schatten-Ich mit diesen Sonnenstrahlen aus deinem Herzen. Lege dein Mitgefühl, deine ganze Liebe in diese Strahlen hinein. Bleib dabei in der Verbindung mit deiner Kraftquelle.

Beobachte, was geschieht, während heilendes Licht zu deinem Schatten-Ich aus deiner Herzenssonne strömt.

Stell dir vor, du breitest deine Arme aus und umarmst das unglückliche Wesen vor dir, drückst es sanft an deinen Körper, besonders an dein Herz.

Dein Schatten-Ich schmilzt jetzt in deine Herzenssonne hinein, löst sich ganz und gar darin auf.

Spüre wieder die Verbindung mit deiner Kraftquelle. Die heilende Energie durchströmt dich. Stell dir jetzt vor, dass mögliche Reste deiner Anspannung oder Negativität mit dem Ausatem aus dir herausströmen und sich draußen auflösen in Leere.

Nimm wahr, wie die heilende Energie dich durchströmt. Vielleicht möchtest du mit einem leisen »Ahhhhh…« oder einem Seufzer ausatmen.

Nun sieh einen weißen Nebel, der sich über deine inneren Bilder legt, ihre Konturen verwischt und sie sanft auflöst.

Dann kehre mit der Aufmerksamkeit zurück zu deinem Atem. Spüre den Ein- und Ausatem sowie die Bewegung des Atems in deinem Körper. Spüre den Kontakt zum Boden.

Dehne, strecke und räkle dich.

Öffne jetzt die Augen und nimm die heilende Kraft deines Geistes mit in die Welt.

Dialog mit der Angst

Legen Sie sich zwei DIN-A4-Blätter bereit und einen Stift. Setzen Sie sich bequem mit aufrechtem Rücken hin, schließen Sie die Augen und beruhigen Sie Ihren Geist. Hierzu eignet sich die stille Meditation auf der CD.

Denken Sie jetzt daran, welche Ängste Sie in Ihrer gegenwärtigen Situation haben. Geben Sie den Ängsten im Geiste Namen: Ich habe Angst vor … Dann öffnen Sie die Augen, nehmen Sie einen der Zettel und notieren Sie darauf die Namen Ihrer Ängste. Wenn Sie fertig sind, lesen Sie, was Sie alles aufgeschrieben haben. Jetzt unterstreichen oder umrahmen Sie eine Angst, mit der Sie im Folgenden arbeiten möchten, dann legen Sie dieses Blatt zur Seite. Legen Sie das zweite Blatt auf einen Tisch oder eine Unterlage, und zeichnen oder malen Sie darauf Ihre Angst, ohne damit aber einen künstlerischen Anspruch zu verbinden. Das kann ein Klecks sein, ein Pfeil, ein Gitter und mehr.

Wird diese Übung in einer Gruppe durchgeführt, dann drehen sich bei dieser Aktion alle, die daran teilnehmen, mit dem Rücken zur Kreismitte (Kreisrunde). So hat jeder Raum für sich. Bis zum Ende der Übung bleiben alle in dieser Position.

Haben Sie die Angst gezeichnet, dann legen Sie das Bild so vor sich, dass Sie es gut betrachten können, z. B. auf den Schoß oder auf eine erhöhte Unterlage. Jetzt nehmen Sie sich Zeit, mit der Angst zu reden. Sie sagen ihr, was Sie von ihr halten, ohne ein Blatt vor den Mund zu nehmen. Sie dürfen auch schimpfen. Sagen Sie alles, was Ihnen auf dem Herzen liegt. Sie können laut reden oder flüstern. In jedem Fall müssen Sie Worte sprechen oder hauchen. Das Ganze in Gedanken zu tun ist nicht wirkungsvoll.

In einer Gruppe leite ich diesen Prozess mit einem Gong ein. Insgesamt reichen ca. fünf Minuten. Die Teilnehmenden können flüstern. Wenn Sie eine Musik-CD auflegen, dann ist lautes Reden einfacher. Das Ende des Prozesses wird wieder mit einem Gong eingeläutet.

Jetzt nehmen Sie das Blatt mit der gezeichneten Angst. Setzen Sie sich auf Ihre Angst, entweder direkt, oder setzen Sie sich auf ein Kissen, unter das Sie das Blatt gelegt haben. Wählen Sie, wie Sie darauf sitzen möchten. Sitzen Sie Ihre Angst platt. Dann spüren Sie, wo und wie Ihre Angst sich in Ihrem Energiefeld bemerkbar macht. Fühlen Sie, wo die Angst im Körper sitzt. Schnürt sie Ihnen die Kehle zu oder sitzt sie Ihnen im Nacken? Jetzt spricht Ihre Angst, sie sagt Ihnen, was ihr auf dem Herzen liegt. Auch die Angst äußert sich ganz ungeniert. Sie formulieren Sätze und sprechen diese laut aus, wenn die Angst aus Ihnen spricht. Wenn Ihre Angst ausgeredet hat, können Sie ihr Fragen stellen. Sie wird antworten. Fragen Sie Ihre Angst, was sie von Ihnen will. Fragen Sie, wie Sie Ihre Angst loswerden können, vielleicht kann sie Ihnen einen Tipp geben. Sollten Sie noch weitere Fragen an die Angst haben, ist jetzt der Zeitpunkt, sie zu stellen. Hören Sie auf die Botschaft Ihrer Angst.

In der Gruppe ist es wichtig, genügend Zeit zwischen den Fragen zu lassen. Ein Gong erfolgt am Ende des Angstdialogs.

Jetzt nehmen Sie wieder das erste Blatt oder Ihr Notizbuch. Notieren Sie die Botschaften Ihrer Angst und Ihre Erfahrungen mit dem Dialogprozess. Formulieren Sie am Ende einen Kernsatz zu Ihrer Angst; er sollte die Essenz ihrer Botschaft enthalten.

In einer Gruppensitzung sollten sich alle Teilnehmenden, wenn sie ihre Aufzeichnungen beendet haben, wieder mit dem Gesicht zur Mitte setzen. Nun können sich alle über die Kernsätze in einer Austauschrunde unterhalten und/oder in einem offenen Gespräch Erfahrungen und Erkenntnisse miteinander teilen.

Am Ende des gesamten Prozesses sollten Sie sich überlegen, was Sie mit Ihrer Angstzeichnung machen. Sie können diese z. B. abheften, einrahmen und aufhängen, verbrennen und die Asche vergraben, ein Papierschiff formen und es auf einem Fluss schwimmen lassen. Sie können die Zeichnung zerreißen, darauf herumtrampeln, sie in den Papierkorb werfen, sie verschlucken oder als Papierflieger von einem Hochhaus segeln lassen. Egal, wofür Sie sich entscheiden, wählen Sie die für Sie stimmige Entsorgung. Sollten Sie sich für eine Vernichtungsform und nicht für die Aufbewahrung entscheiden, dann sprechen Sie während des Auflösungsprozesses einige Sätze in dem Sinne, dass alles, was auf dem Zettel steht, sich in Heilsames verwandeln möge.

Auch die Widmung (siehe S. 106) eignet sich gut als Abschluss.

SCHULDGEFÜHLE –
RAUS AUS DEM TEUFELSKREIS

Schuldgefühle sind heimtückisch, besonders weil sie eine Symbiose mit Ängsten eingehen, die wir ins Unterbewusste verschoben haben. Mit ihrer Hilfe wird die Angst in Schach gehalten und das zu einem hohen Preis. Je größer die Lebensangst, umso heftiger ist die Anhaftung an Schuldprojektionen entweder auf uns selbst oder auf andere.

Unsere zarten, feinfühligen und empfindsamen Seiten, unsere natürliche Fähigkeit, uns einfühlsam uns selbst und anderen zuzuwenden, werden von Schuldgefühlen blockiert. Sie machen uns eng, schränken unsere Kreativität ein, beherrschen unser Denken und stützen die Illusion des Getrenntseins. Wenn sie uns im Griff haben, neigen wir zu Extremen. Sie verführen uns dazu, mal die Täter- und mal die Opferrolle einzunehmen. Schuldgefühle sind die Krieger in der Festung des Egos, weil sie den Kampf lieben. Selbst in der Kapitulation bilden sie eine wirkungsvolle Résistance gegen das Unverwundbare.

Ein Leben, in dem Schuldgefühle die Oberhand gewinnen, ist ein Leben, in dem große Teile unseres menschlichen Potenzials an unnötige Abwehraktionen gebunden sind. Das aber raubt uns die Lebensfreude.

Die gute Nachricht ist: Kein Mensch muss sich Schuldgefühlen unterwerfen, denn sie sind »selbstgestrickt« und nicht Teil unseres Wesens. Es gibt Wege der Heilung. Wenn wir die geheimen Mechanismen von Schuldgefühlen durchschauen, können wir den Hebel an der richtigen Stelle ansetzen und sie ins Leere laufen lassen. Das führt zu einem enormen Gewinn an Kraft. Das Herz kann sich öffnen für die Freude an der Leichtigkeit des Seins. Wir sind wieder mitten im Strom des Lebens.

Schuld und Schuldgefühle

Der Begriff Schuld hat seine Wurzeln im Altgermanischen/Mittelhochdeutschen *(schulde, schult)* und bedeutet so viel wie »rechtliche Verpflichtung zu einer Leistung« (Abgabe, Dienst, Strafe). Schon früh wird der Begriff nicht nur im rechtlichen, sondern auch im religiösen Sinne gebraucht im Sinne von Vergehen, Übeltat und Sünde. Wer Schuld auf sich geladen hat, kann sich vermittels seiner Leistung *entschulden,* d. h. lossagen oder freisprechen von Schuld. Aus einer Geldschuld oder Leistungserbringung in Form von Naturalien hat sich die juristische Schuld entwickelt, die religiöse Schuld und später dann die Schuld als psychologisches Phänomen.

Schuld im psychologischen Sinne

Wir lernen meist schon in der Kindheit, Schuldgefühle zu entwickeln, wenn wir auf sozial unerwünschte Weise handeln, also gegen ausgesprochene oder unausgesprochene Normen, Gebote, Verbote oder sittliche Regeln verstoßen. Unsere Eltern weisen uns auf unser Fehlverhalten hin. Wir verinnerlichen ihre Korrektur unseres Denkens, Fühlens und Verhaltens, basierend auf Erfahrungen wie Liebesentzug, Strafe, Aufklärung, und damit die uns vermittelten ethischen Maßstäbe, auch wenn wir sie noch nicht verstehen. Sigmund Freud zufolge bilden wir so im Über-Ich eine Instanz, die uns (oft unbewusst) reguliert, und lernen auf diese Weise, uns schuldig zu fühlen. Normen und Gebote variieren, je nachdem, welche moralischen Wertmaßstäbe im jeweiligen historischen, sozialen, kulturellen, aber auch familiären Kontext sowie in der Interaktion aller Faktoren in einer konkreten Situation gelten. Wenn wir einen Schaden verursachen, einen Menschen verletzt haben, entwickeln wir oft Schuldgefühle, die mit Scham und Reue verbunden sein können. Wir tun dies aber auch aus nicht klar nachvollziehbaren, in der Persönlichkeit liegenden Ursachen. Dieses komplexe innerpsychische Geschehen hat viel mit Erziehung, verinnerlichten Normen und individuellen Prägungen sowie den jeweiligen sozialen und situativen Zusammenhängen zu tun, in denen diese vermittelt werden. Schuldgefühle können andere Gefühle wie Ärger, Angst oder ein schlechtes Gewissen hervorrufen und umgekehrt, sowie innere Unruhe, quälende Selbstzweifel und psychische Erkrankungen wie Depressionen auslösen. Schuldgefühle stehen in Zusammenhang mit Projektionen, Glaubenssätzen, Selbstverurteilung, Perfektionismus, Verantwortung, schlechtem Gewissen, aber auch mit Vergebung und dem spirituellen Weg. Sie bewirken, wenn sie nicht bewältigt werden, eine Destabilisierung der Persönlichkeit, schränken die Lebensqualität ein, erzeugen Anhaftung und Abneigung, vor allem das Festhalten an inneren Glaubenssätzen, was die Flexibilität im Denken und Handeln verringert. Weil sie an Wertungen gebunden sind, stehen sie zwischen den Menschen und blockieren einfühlsames Verstehen, bewirken egozentrisches Verhalten, z. B. ein oft qualvolles gedankliches Kreisen um ein System von verinnerlichten Werten und Normen. Sie ziehen uns in Gedankenkreisläufe hinein, die meist in der Vergangenheit angesiedelt sind, und schaffen großes Leiden. Schon deshalb ist es wichtig, sie zu betrachten, ihre Wirkungsmechanismen zu erkennen und diese außer Kraft zu setzen, um innerlich frei zu werden.

Schuld im Christentum

Schuldempfinden wird in Ländern mit einer jahrtausendealten christlichen Tradition sehr stark von Vorstellungen rund um das Thema Sünde beeinflusst. Ein sündiger Mensch ist von seinem Wesen her unvollkommen. Indem der Mensch, als er den Apfel vom Baum der Erkenntnis kostete, bewusst gegen

Gottes Gebot verstieß und deshalb das Paradies verlassen musste, hat er sich versündigt und muss daher mit der Strafe Gottes rechnen. Das ist die Vorstellung von der Erbsünde des Alten Testaments, die bis heute auf subtilen psychischen Ebenen bei vielen Menschen nachwirkt und sich in ihrem Verhalten spiegelt. Dieser Sündenfall kann durch ein christliches, gottesfürchtiges Leben nach den Zehn Geboten, die der Mensch von Gott als ethische Regeln des Zusammenlebens erhalten hat, ausgeglichen werden. Reue und Buße, letztendlich Gottes Gnade bei seiner Entscheidung über das Schicksal jedes Einzelnen im Jüngsten Gericht, aber auch der Leidensweg von Jesus Christus ermöglichen es dem gläubigen Christen, Vergebung für die Sünden zu erhalten. Ganz frei von Sünden kann er jedoch nicht werden. Gott ist es, der richtet, Gnade walten lässt oder straft, weil der Mensch ohne ihn verrohen würde und keinen Frieden fände. Generationen von Menschen haben vor diesem Hintergrund die Vorstellung eines strafenden Gottes verinnerlicht und eine Frömmigkeit entwickelt, die auf Angst beruht. Diese Haltung wirkt dem Vertrauen ins Leben sowie der Entfaltung aufrichtiger Liebe zu Gott entgegen und kann am Lebensende zu großen Komplikationen führen. Die Angst vor der Strafe Gottes und der Hölle ist dann größer als das Vertrauen in einen Gott, in dem man in Liebe geborgen ist. Begleitet wird diese Gottesfurcht von einem Geflecht tiefverinnerlichter Schuldgefühle, Selbstvorwürfe und Schuldzuweisungen an andere Menschen und Umstände, die unermesslich großes Leiden schaffen.

Die christliche Ethik wirkt in der westlichen Welt bis heute sowohl auf das juristische als auch auf das psychologische Thema Schuld ein. Moralische Wertmaßstäbe für unsere Gesetze basieren auf einer christlichen Ethik, wie z. B. den Zehn Geboten. Das Verständnis von der Sündhaftigkeit des Menschen hat auch psychologische Konsequenzen. Der strafende Gott, die tiefe Überzeugung von eigener Sündhaftigkeit oder Unvollkommenheit, prägen die persönliche Psychodynamik und

hinterlassen als religiöse Denk- und Verhaltensmuster ihre un-
löschbaren Spuren in der Seele. Durch ihre lange Tradition in
den christlichen Gesellschaften erreichen sie auch Menschen,
die sich vom Christentum längst abgewandt haben. Das Bild
der Sündhaftigkeit des Menschen ist Teil eines energetischen
Feldes der westlichen Welt, das sich besonders in Schuldgefühlen offenbart.

Schuld aus buddhistischer Sicht

Aus buddhistischer Sicht gibt es weder die Erbsünde noch
einen strafenden Gott, noch einen Gott außerhalb des Menschen. Die buddhistische Vorstellung unserer ursprünglichen
Vollkommenheit ist der christlichen Sicht diametral entgegen-
gesetzt, bedeutet sie doch, dass unser wahres Wesen unbefleckt
und rein ist, vollkommen von Beginn an. Unethisches Verhalten oder das Böse liegt nicht in unserer wahren Natur, die wie
der Himmel ohne Wolken ist, sondern in den Wolken, die dar-
überliegen. Das kann manchmal eine dicke, fast undurchdring-
liche Schicht sein. Diese kann mit Hilfe von spirituellen Praktiken, Einsichten sowie vielfältigen mentalen, psychologischen
Methoden und der Entwicklung einer mitfühlenden Persönlichkeit gelockert und aufgelöst werden. Jeder Mensch ist auf-
gerufen, die Verantwortung für unethisches Fehlverhalten und
den Schaden, den er anderen zufügt, voll und ganz zu übernehmen. Da jeder Mensch Buddha-Natur hat, besitzt sie auch
der Mensch, der z. B. gemordet, vergewaltigt oder gestohlen
hat, ihm wohnt die ursprüngliche Vollkommenheit inne, weil
sie sein Wesen ist. Es ist immer möglich, dass er den Weg zu
ihr wiederfindet. Jeden Moment kann er neu beginnen. Der
Mensch trägt Verantwortung für seine Handlungen, es gibt jedoch keine Schuld basierend auf Sünde. Der Gedanke von
Schuld im christlichen Sinne ist dem buddhistischen Denken
fremd.

Das Mosaik besteht aus vielen Steinen – der Gedanke von Karma

»Der Buddhismus glaubt an universelle Kausalität, dass alles Ursachen und Bedingungen unterliegt und ständiger Veränderung unterworfen ist. Einem göttlichen Schöpfer wird damit ebenso wenig Platz eingeräumt wie sich selbst erschaffenden Lebewesen. Alles entsteht vielmehr als Folge von Ursachen und Bedingungen. Ebenso kommt Geist und Bewusstsein nur als Ergebnis seiner vorausgehenden Momente zustande.«[*]

Jedem Ereignis gehen Entwicklungen voraus, die es auslösen, und zwar nicht in einem linearen Prozess, sondern in einer Art Netz mit vielfältigen Verknüpfungen, die aufeinander einwirken. Bei einem Unfall, der aussieht wie ein zufälliges Ereignis, ist das ein Konglomerat aus unterschiedlichen Bedingungen.

Klaus hat einen acht Jahre alten Sohn. Er will ihn von der Schule abholen, doch er hat den Einkauf für die nächsten Tage noch nicht erledigen können und will das vorher noch tun. Klaus ruft seinen Sohn Peter an und bittet ihn, eine halbe Stunde zu warten. Peter will lieber den Bus nehmen, und Klaus stimmt dem zu. Der Bus verunglückt, stürzt an diesem Nachmittag mehrere Meter einen Abhang hinunter in einen Graben. Peter kommt schwer verletzt ins Krankenhaus und erliegt einige Tage später seinen Verletzungen. Der Unfall liegt fünf Jahre zurück. Klaus meint, es sei allein seine Schuld, dass Peter gestorben ist, er hätte ihn abholen müssen, nicht zustimmen dürfen, dass der Junge den Bus nimmt; er hätte dem Einkauf nicht den Vorrang geben dürfen. Eine endlose Kette von Selbstvorwürfen, an denen er jahrelang festhält, zermürbt ihn. Nach dem Tod seines Sohnes ist das Leben für Klaus sinnlos geworden. Aus der Familie oder dem Bekanntenkreis sind alle davon überzeugt, dass Klaus nicht die

---

[*] Sogyal Rinpoche, S. 116

Schuld an diesem tragischen Geschehen trägt, doch er bleibt bei seiner Selbstverurteilung und quält sich durch ein freudloses Leben.

Aus buddhistischer Sicht hat eine Vielzahl von sichtbaren und noch mehr unsichtbaren Faktoren zum Tod Peters geführt. Dazu gehören der Bus und der Busfahrer, der zu einem bestimmten Zeitpunkt die Kontrolle über das Fahrzeug verlor; der Zeitpunkt des Kontrollverlusts in Kombination mit dem steilen Abhang neben der Straße, den der Bus hinunterstürzte, vielleicht ein technischer Schaden am Bus oder eine rutschige, regennasse Straße, der körperliche und geistige Zustand des Busfahrers, ungünstige Wetterverhältnisse, die Entscheidung Peters, diesen Bus zu nehmen, der Sitzplatz, den er gewählt hat, Klaus' Verspätung, seine Zustimmung zu Peters Busfahrt und vieles mehr. Hinzu kommen die Dinge, die im Hintergrund wirken. Klaus hat ohne jede negative Absicht gehandelt, ebenso wie Peter, als er den Bus nahm, oder der Busfahrer. Die Entscheidungen von Klaus sind nur ein winziges Mosaiksteinchen im Gefüge der Ereignisse.

Vielfältige Umstände und Entwicklungen greifen ineinander, von denen nur ein Bruchteil für uns durchschaubar ist. Das Ganze ist wie ein frei flottierendes Mosaik in ständiger Veränderung, Steinchen fügen sich zusammen und konstellieren sich im nächsten Moment neu.

Aus buddhistischer Sicht wirkt das Gesetz von Karma bei allem, was wir tun.

»Karma wird im Westen oft als Schicksal oder Vorherbestimmung interpretiert und damit völlig missverstanden. Am besten sieht man es als das unfehlbare Gesetz von Ursache und Wirkung, das das gesamte Universum regiert. Karma bedeutet wörtlich ›Handlung‹, und es bezeichnet sowohl die Kraft, die in unseren Handlungen verborgen liegt, als auch die Ergebnisse, die unsere Handlungen hervorbringen.«[*]

---

[*] ders., S. 119

159

Alles, was wir tun, selbst die kleinste Handlung, führt zu entsprechenden Ergebnissen. Diese können mit zeitlicher Verzögerung eintreten oder sofort. In diesem Sinne gibt es keine Zufälle. Ereignisse beruhen auf dem komplizierten Ineinandergreifen von verschiedenen Ursache- und Wirkungs-Faktoren. Karma beschränkt sich nicht auf dieses Leben. Es wirkt über dieses Leben hinaus. Es sind vor allem die Absichten und Motive eines Menschen in Bezug auf eine Handlung, von der die karmischen Auswirkungen abhängen. Karma ist nichts Vorherbestimmtes, es ist schöpferisch, denn es beinhaltet: Jeder Mensch hat in der konkreten Situation, in der er handelt, immer Alternativen. Er kann wählen, wie er handeln wird. Karma kann immer »gereinigt« werden, weil es nicht zu unserer Buddha-Natur gehört, sondern zu den darüberliegenden Wolken von Gedanken, Empfindungen, Wahrnehmungen, Formen. Deren Existenz beruht auf abhängigem Entstehen, das von Karma bestimmt ist; die Buddha-Natur selbst ist davon unberührt. Beseitigt man die Ursachen von Karma, hört die Wirkung auf. Am besten ist es jedoch, möglichst wenig negativ zu handeln und stattdessen mit einem guten Herzen und aufrichtiger Motivation sowie nach gründlicher Überprüfung der Bedingungen positiv zu agieren. Destruktives Handeln schafft Leiden und Schmerz, konstruktives führt zu glücklichen Erfahrungen.

Es ist durchaus denkbar, dass Karma aus früheren Leben gereift ist und zum Tod Peters führte. Obwohl kein Ereignis für uns vollständig durchschaubar ist, hat es einen Sinn, denn eine folgerichtige Entwicklung, bei der eine Vielzahl von Handlungsfäden zusammengekommen ist, hat zu dessen Manifestation geführt. Klaus ist verantwortlich für seine Entscheidungen, aber nicht schuld an dem Unfall. Wenn er im buddhistischen Sinn Verantwortung übernimmt, dann dafür, dass alles Geschehen einen Sinn hat und damit auch die Interaktion zwischen Vater und Sohn an diesem Tag. Eine persönliche Verantwortung für den Tod seines Sohnes trägt er aber nicht.

Die Analyse der Ursache-Wirkungs-Faktoren im Fall von Peters Tod zeigt, wie relativ unbedeutend die Entscheidung von Klaus im Geflecht aller anderen Ereignisse ist, die zum Unfall geführt haben. Sie ist ein kleines Mosaiksteinchen, das Klaus enorm überbewertet, d. h., Klaus überschätzt seinen Einfluss auf die Situation erheblich. Wie kann das geschehen? Klaus verknüpft mindestens drei Dinge in seinem Denken zu einem kausalen Zusammenhang: den Tod seines Sohnes bei dem Busunfall mit seiner Verspätung und seiner Zustimmung zu Peters Busfahrt. Aus dieser Verknüpfung ergibt sich für ihn die Übernahme der Schuld, die zunächst zu einem Glaubenssatz, dann zur Grundlage seines Handelns, seines Selbstverständnisses und seines Lebensgefühls wird. Der Glaubenssatz von der eigenen Schuld bestimmt seit dem Tod Peters das Denken und Handeln von Klaus maßgeblich. An diesem Glaubenssatz hält er auch noch fünf Jahre später fest. Er steigt damit aus dem Fluss des Lebens aus. Je länger Klaus sein Schuldbekenntnis zur Handlungsgrundlage macht, umso mehr wird es zu einer starken Gewohnheit. Denkgewohnheiten führen zu Einbahnstraßen im Gehirn. Klaus erlaubt einem Glaubenssatz aus der Vergangenheit, der einer traumatischen Erfahrung entstammt, sein Leben zu bestimmen. Er hat die Zeit eingefroren, und je länger er das tut, umso schwerer wird es für ihn, seine Denk- und Verhaltensmuster aufzulösen. Darüber, warum Klaus diese Verknüpfung vornimmt, können wir nur spekulieren. Sicher hat es etwas mit seiner Persönlichkeitsstruktur, mit gesellschaftlichen Normen und Werten, seinem Verhältnis zum Tod sowie seiner Traumatisierung zu tun, es gibt möglicherweise noch zahlreiche andere Gründe.

Das, was Klaus passiert, geschieht häufig; die Tageszeitungen sind voll mit Geschichten von Menschen, die sich schuldig fühlen, obwohl es dafür wenige oder keine Grundlagen gibt. Auch in Filmen werden wir oft mit diesem Thema konfrontiert. Schuldszenarien sind meist melodramatisch. In ihnen kommt es zu Konflikten, weil ein Mensch seine Handlungen überbewertet, er Dinge miteinander verknüpft, die nicht zusammengehören, weil hohes Anspruchsdenken und mangelnde Selbstwertschätzung aufeinandertreffen, persönliche Glaubenssätze mit denen der Umwelt kollidieren und so Krisen provozieren. Das sind Spannungen, die für viel Dynamik sorgen.

Aus karmischer Sicht ist das Thema Schuld von geringer Bedeutung. Ereignisse, auch schreckliche, haben einen Sinn, weil es viele miteinander verwobene Fäden gibt, die zu ihrer Entstehung führen. Es ist nicht wichtig und auch unmöglich, alle Bedingungen zu kennen. Wenn die Auswirkung, das Ereignis, da ist, geht es darum, es anzunehmen und daraus zu lernen. Das setzt auch die Übernahme von Verantwortung für das persönliche Handeln voraus, jedoch im Sinne eines Lernprozesses, der dann ein Umdenken im positiven Sinne einleiten kann. Ziel ist es, in der Dynamik des Wandels zu bleiben. Es geht immer wieder um ein neues Gleichgewicht und die Balance im Leben. So wird Wachstum möglich.

Es ist deutlich, dass Klaus einen anderen Standpunkt hat. Sähe er einen tieferen Sinn im Unfall und im Tod seines Sohnes, müsste er seine Selbstbeschuldigung aufgeben. Die Schuldzuweisung von Klaus an sich selbst basiert auf seinen eigenen Beurteilungskriterien. Diese bestehen aus Maßstäben, die nur bedingt etwas mit der Situation zu tun haben. Klaus, so verrückt es klingt, kontrolliert mit dem Festhalten an seinem Urteil, schuld am Tod seines Sohnes zu sein, seine Gefühle und hindert sich daran, über Sinnfragen nachzudenken. Der Preis dafür ist hoch. Stellen Sie sich vor, Klaus lässt seine Selbstbeschuldigung los. Das Erste, was passiert, ist, dass er die Orientierung, seine Maßstäbe für sein Handeln verliert, dann muss er neu nachdenken über den Tod seines Sohnes und die Vergänglichkeit im Leben. Er begegnet der grundsätzlichen Unberechenbarkeit und Unsicherheit der Existenz und der Tatsache der Sterblichkeit, auch seiner eigenen. Es ist gut möglich, dass Klaus die Selbstbeschuldigung wählt, um nicht in das Wesen der Vergänglichkeit schauen zu müssen, doch das kostet ihn auch unendlich viel Kraft und wertvolle Lebenszeit. Er kann den Trauerprozess nicht auf heilsame Weise durchleben. Klaus lernt, wenn er an seiner Selbstverurteilung festhält, nicht mehr dazu, erstarrt und steht seinem Glück tragischerweise selbst im Weg.

Die ersten Schritte aus dem Leidenskreislauf heraus sind die Einsicht in das Leiden (die Selbstverurteilung mit allen Folgen) sowie der Wunsch, das Leiden aufzulösen. Dann gibt es auch einen Weg. Das ist die größte Hürde, die Klaus nehmen muss. Eine neue Sicht der Dinge, etwa im Sinne des Ursache-Wirkungs-Denkens, könnte Klaus helfen, die Tür zur Befreiung aus den Fesseln der Selbstverurteilung zu öffnen. Er hat dann die Chance, zu trauern und auf gesunde Weise mit dem Verlust seines Sohnes leben zu lernen.

Schuld und das Thema Verantwortung

Schuldvorwürfe können Projektionen sein, in denen wir anderen Menschen eine Verantwortung zuschieben, die wir selbst nicht erfüllen wollen oder können. Wir fordern von anderen das ein, das wir meinen, selbst erfüllen zu müssen (Anspruch), aber in einer konkreten Situation nicht erfüllen können (Wirklichkeit). Die Ansprüche sind verinnerlichte Glaubenssätze wie: »Ich bin für alles verantwortlich.« »Versagen erlaube ich mir nicht. Ich mache keine Fehler.« »Umweltschutz ist das Wichtigste.« Solche Glaubenssätze stehen in der persönlichen Werteskala mancher Menschen ganz oben. Oft sind es hohe ethische Werte oder Ziele, die in der Gesellschaft als besonders erstrebenswert gelten. Sie schaffen Motivationen für vielfältige gesellschaftliche Aktivitäten und machen Mut zu innovativem Handeln. Doch es gibt auch große Schattenseiten dabei. Problematisch sind Glaubenssätze, wenn sie sich verselbständigen. Sie werden dann zu Dinosauriern, mit denen wir unser Umfeld und uns selbst tyrannisieren. Normale Menschen halten uns dann für zwanghaft, wir halten sie für Versager.

Schuldvorwürfe, egal, ob sie an uns selbst oder an andere gerichtet sind, haben oft die Funktion, uns, wenn wir nicht mehr weiterwissen, in den Krisen des Lebens oder in einer als bedrohlich empfundenen Situation zu entlasten. Das gilt besonders für Projektionen auf Menschen, die wir für unsere Misere verantwortlich machen, etwa Politiker, die sich nicht um die Umwelt kümmern, oder den Freund, der daran schuld ist, dass ich unglücklich bin. So schiebe ich schnell die Verantwortung für meine Angelegenheiten in die Schuhe eines anderen Menschen und entlaste mich damit selbst. Ulli versteht sich als Umweltschützerin, unternimmt jedoch nichts, wirft aber den Politikern vor, was sie selbst nicht leistet. Im Grunde ist es einfach, zu den eigenen Ansprüchen zu stehen. Ulli kann auf ihre Weise selbst Verantwortung für die Umwelt übernehmen, und zwar in den kleinen Dingen. Sie müsste dann lediglich ein zu hochgeschraubtes Anspruchsdenken auf das realistische Maß reduzieren. Und schon wird das Leben entspannter. Ulli wird aktiv, tut etwas Gutes für sich und andere, und ihr geht es besser. Wenn Ulli besser auf ihre Gefühle achtet, darauf, wann sie sich überfordert, und gut für sich sorgt, wird sie sich bald wohler fühlen und muss nicht mehr ihren Freund beschimpfen.

Häufig beschuldigen wir Menschen, deren Schwächen wir kennen und die dann die Projektionen übernehmen, indem sie das »Du bist schuld« innerlich in ein »Ich weiß, ich bin schuld« verwandeln. Wenn sich unser Gegenüber dann wehrt, können daraus Streit und Komplikationen erwachsen. In beiden Fällen schaffen wir negatives Karma, das wieder auf uns zurückfällt. Selbstverantwortung ist ein heilsamer und kreativer Weg aus der Verantwortungsdelegation, bei der wir Schuldprojektionen auf andere richten. Wenn wir unsere Ansprüche an die Wirklichkeit anpassen und bereit sind, mit dem Wandel zu gehen, gibt es Raum für Selbstverantwortung. Schuldprojektionen, die anderen, aber auch uns selbst eine falsche Verantwortung zuschieben, trennen uns von unseren Gefühlen und dem Geschehen im gegenwärtigen Moment. Solche Verantwortungs-verschiebungen können wir verhindern, denn jede und jeder von uns kann für sich entscheiden, nicht in die Schuldfalle zu tappen.

Wenn ein Schuldvorwurf in meinem Geist erscheint und ich das bemerke, kann ich mich bemühen, der Versuchung zu widerstehen, eine andere Person zu beschuldigen, sie zu verletzen. Meine Aufmerksamkeit kann ich stattdessen auf den Atem richten oder eine schöne Blume, den Baum vor dem Fenster. Eine Woge von Wut oder heißer Energie wird aufsteigen, aber sie wird auch wieder abebben und sich beruhigen, wenn ich mich in der Kunst des Nichtreagierens übe oder des Nichts-tuns und alles so sein lasse, wie es ist. Dieses Innehalten, just bevor ich in wilde Anschuldigungen verfalle und Schaden an-richte, vielleicht ein Trümmerfeld hinterlasse, ist sehr wichtig. Jedes erfolgreiche Nichtstun lohnt sich. Es durchlöchert das Schuldmuster, und mit der Zeit kann es sich vielleicht ganz auf-lösen.

Ursache-Wirkungs-Zusammenhänge zu erforschen, wie ich das am Beispiel von Klaus skizziert habe, ist immer hilfreich, wenn Sie sich in Schuldgefühle verwickelt haben. Sie wählen damit eine neue Perspektive und erkennen größere Zusammen-hänge. Dabei werden sowohl persönlich überzogene Be-wertungen eigener Handlungen deutlich als auch die Gefühle, die an Schuldzuweisungen anknüpfen. Damit ist die Basis für die Veränderung blockierender Einstellungen und Verhaltens-muster geschaffen. Die Wolkenmeditation am Ende des Kapi-tels ist so konzipiert, dass Sie bis auf den Grund der Schuld-problematik schauen können.

Schuldvorwürfe und Lösungswege

Versprechen, die Schuldgefühle auslösen

Versprechen, die wir einem Menschen geben, können es in sich haben. Meist folgen wir einer guten Absicht und wollen unserem Gegenüber helfen. Wir versprechen etwas und tun so, als wäre die Zukunft vorhersagbar. Das gilt auch für Verträge. Sie sind auch Versprechen genauso wie Vereinbarungen. In dieser Welt funktioniert vieles nur, weil wir Vereinbarungen (z. B. Terminabsprachen) treffen und uns an vertragliche Konditionen halten (Arbeitsvertrag, Mietvertrag). Solange wir die Bedingungen erfüllen, denen wir zugestimmt haben, ist alles in Ordnung. Können wir sie nicht mehr einhalten, dann sollten wir das kommunizieren. Wir müssen dann Wege finden, den Vertrag zu ändern oder aufzulösen. Vielleicht vergessen wir eine Vereinbarung, etwa eine Verabredung, oder halten uns ungewollt und ohne böse Absicht nicht an ein Versprechen. Das ist dann ein gebrochener Vertrag. Da gibt es etliche Möglichkeiten der Wiedergutmachung, etwa eine Entschuldigung. Mit ihr gleichen wir aus, was wir anderen zugefügt haben. Wenn wir Vereinbarungen brechen, müssen wir die Konsequenzen tragen und die Verantwortung für unser Handeln übernehmen. Alle Vereinbarungen halten so lange, wie deren Ursache-Wirkungs-Faktoren bestehen. Wenn diese zerfallen, lösen sich Vereinbarungen, die vorher sicher erschienen, auf. Das erleben wir oft im Leben. Der Mietvertrag wird gekündigt, der Partner steigt aus der Ehe aus. Umstände können sich ändern, wir ändern uns.

Ein Versprechen ist auch eine Vereinbarung, eine intime, ganz persönliche, bei der Erwartungen, Hoffnungen geweckt werden und innere Verpflichtungen entstehen sowie Abhängigkeiten, die wir dadurch mit anderen oder in uns selbst kreieren. Konfrontiert werden wir dann auch mit unseren inneren

Glaubenssätzen, z. B.: Ein Versprechen bricht man nicht, sondern man muss es unter allen Umständen einlösen. Wir können mit Hilfe der verinnerlichten Normen und Werte negative Gewohnheiten verstärken, etwa unser Helfersyndrom oder den Wahn, alles kontrollieren zu können. Wir können aber auch positive Eigenschaften weiterentwickeln, wenn wir z. B. ein Gelübde ablegen, Samen für Gutes säen oder unser Mitgefühl ausdrücken.

Sarahs Vater Fred ist an Krebs erkrankt. Sie hat ihm versprochen, ihn von Mainz nach Berlin zu holen und zu pflegen, sollte sich seine Krankheit verschlimmern. Zwei Jahre später ist es so weit. Sarah holt ihren Vater in ihre Wohnung und umsorgt ihn liebevoll. Doch nach einigen Monaten ist sie so überfordert, dass sie diese Aufgabe trotz vielfältiger Unterstützung nicht mehr bewältigen kann. Sarahs Vater verbringt die letzten Lebenswochen in einem Berliner Hospiz. Er ist verbittert und enttäuscht, weil Sarah ihr Versprechen nicht gehalten hat, und macht ihr Vorwürfe. Er stirbt im Hospiz. Fred und Sarah hatten kurz vorher noch einen Streit, in dem Fred Sarah die Schuld an der Verschlechterung seiner gesundheitlichen Lage gab. Sarah ist hilflos und völlig verzweifelt, als sie vom Tod ihres Vaters erfährt, fühlt sich als Versagerin und meint, sie sei schuld am Tod ihres Vaters. Sie wertet sich ab, obwohl sie liebevoll und fürsorglich und mit all ihrer Kraft für ihren Vater da war. Sie gab während der Pflege persönliche Kontakte auf, hatte kaum freie Zeit. Sarah wiederholt immer wieder den Satz: »Ein Versprechen bricht man nicht.«

Ein Versprechen geschieht heute, wirkt aber in die Zukunft hinein. Kein Mensch kann jedoch zukünftige Entwicklungen voraussehen, wenn er etwas verspricht. Die Dinge ändern sich, ebenso wie wir uns wandeln. Auch wir sind heute nicht die gleiche Person wie vor einem Jahr.

»Gefühle der Schuld kommen auf, wenn wir an einem starren Selbstbild festhalten, das von der Vergangenheit bis in die Gegenwart reicht. In der Schuld ist kein Raum für Selbst-

entwicklung oder Wachstum – umso mehr aber für Selbst-
verdammung.«[*]
Starre Selbstbilder beruhen auf Ansprüchen und Bewertungen,
Normen, die als Konzepte im Bewusstsein als »für immer gül-
tig« gespeichert sind. Sie dienen als Richtlinien, die Orientierung und Sicherheit geben sollen, werden aber zu Fallstricken,
wenn sie einer Situation nicht mehr angemessen sind. Starre
Selbstbilder wurzeln in der Ignoranz der Vergänglichkeit. »Wir
scheinen über unbegrenzte Fähigkeiten zu verfügen, uns selbst
als Geiseln der Vergangenheit zu halten. Die Vergangenheit ist
festgelegt, also ist sie unversöhnlich. Sie gibt uns keine zweite
Chance, etwas anders zu machen Die Botschaft unserer Vergangenheit lautet, dass der Schaden irreparabel sei. Wir sind die
Gefangenen von Handlungen, die wir nicht mehr ändern können. Aber selbst wenn die Ereignisse sich nicht mehr ändern
können, können wir doch die Sicht verändern, aus der wir Ereignisse betrachten.«[**]
Ein gegebenes Versprechen können wir immer wieder überprüfen, verändern oder widerrufen, wenn sich Umstände in uns
oder außerhalb von uns gewandelt haben. Sarah würde dann
ihrem Vater zeigen, dass ihr Versprechen aus dem Herzen
kommt, und gleichzeitig ihre Überforderung eingestehen, ohne
sich zu verurteilen. Die Situation hat sich verändert, also kann
sie das Versprechen nicht erfüllen. Sarah und Fred würden dann
über die Verschlechterung von Freds gesundheitlicher Lage und
auch über das Sterben, den Tod sprechen können. Wenn beide
sich ehrlich begegnen, sind sie mit der Ausweglosigkeit der Situation konfrontiert, darüber aber im Austausch miteinander.
Sarah drückt ihre Angst um Fred aus, die Angst, ihn zu verlieren, und sie können in Frieden voneinander Abschied nehmen.
Sarahs Versprechen ist der Teil einer Mauer. Es ist der Teil, der
sie an ihre Vergangenheit bindet. Sarah sieht nicht mehr ihre

---

[*] Smith, S. 80
[**] ebenda

wunderbaren Fähigkeiten, spürt auch nicht mehr ihre Liebe, sondern sie wertet alles ab, was sie bisher an Gutem getan hat, mit dem Blick auf ihr Versprechen und die daran geknüpften Wertungen. Fred verschließt mit der Schuldzuweisung an seine Tochter sein Herz, bleibt im Groll stecken. Das Eis konnte vor Freds Tod nicht mehr gebrochen werden. Sarah kann jedoch lernen, sich und Fred zu vergeben, wenn sie die Triebkräfte ihres Handelns verstanden hat. Die Wunde kann heilen, und sie kann wieder ihren Frieden finden.

Ein Versprechen, das ich in der Vergangenheit für einen unberechenbaren zukünftigen Zeitpunkt gegeben habe, kann eine sinnvolle Richtlinie für mein Handeln sein, dennoch projiziert es den gegenwärtigen Moment auf einen zukünftigen. Das kann zu Stauungen im Fluss des Lebens führen, denn ich kann nicht erwarten, dass die Dinge sich genau so fortsetzen, wie ich es mir wünsche. Vor jedem Versprechen sollten Sie deshalb tief in sich hineinhorchen und gründlich über Ihre Motivation nachdenken, auch darüber, ob Sie es wirklich geben wollen und die Verantwortung dafür übernehmen können. Wenn Sie dann etwas versprechen, machen Sie deutlich, dass es von Herzen kommt, ernst gemeint ist, doch dass Sie nicht garantieren können, es unter allen Umständen auch einhalten zu können, denn die Zukunft kann Entwicklungen mit sich bringen, die das unmöglich machen. So handeln Sie realistisch und verhindern, dass Schuldszenarien entstehen.

Versprechen, die wir nicht erfüllen können, sind ein Bumerang. Sie kommen immer wieder zu uns zurück, provozieren Schuldgefühle und sind Lebensfreudefresser.

Die Perfektionismusfalle

Zu glauben, die äußere Welt sei perfekt, ist eine große Illusion, die viel Leiden schafft.

Perfektionisten sind eine besondere Spezies. Die meisten von uns kennen sie gut, denn ein kleiner Perfektionist steckt in vielen von uns. Unsere Technologie ist süchtig nach Perfektionismus; die Gesellschaft erwartet, dass Menschen, Maschinen und Fahrzeuge reibungslos funktionieren. Überall gibt es Regeln: Wenn wir die Straßen benutzen, beim Zugfahren, Fliegen, an der Arbeitsstelle, im Privatleben, im Staatswesen, alle von uns folgen Regeln, ohne dass uns dies immer bewusst ist.

Das vereinfacht vieles, schafft dafür aber auch Probleme. In Indien habe ich einmal 48 Stunden auf einen Zug gewartet. Die Züge fuhren einfach nicht nach Plan. Die Inder verbrachten ihre Zeit geduldig am Bahnhof, scherzten und lachten, schliefen nachts auf dem Betonboden und hatten am Morgen immer noch gute Laune. Unter uns westlichen Touristen gab es Wutausbrüche, lange Gesichter und Nervenzusammenbrüche. Für uns war das weit mehr als eine Geduldsprobe. Wenn in Deutschland ein Zug mehr als 60 Minuten Verspätung hat, haben Reisende Anspruch auf eine Entschädigung, sind aber dennoch oft ungehalten, da ihre enge Terminplanung durchkreuzt wird.

Wir sind eine Gesellschaft für Perfektionisten. Wer in einer perfekten Welt leben will, erzeugt unnötigen Leistungsdruck, lebt ein Leben, in dem er immer unter Druck steht, kann schwer loslassen und tyrannisiert vielleicht seine Mitmenschen mit unerfüllbaren Ansprüchen. Verhaltenszwänge können daraus entstehen sowie ein begrenzter Horizont im Denken, das sich an selbstgebastelten oder übernommenen äußeren oder inneren Normen orientiert.

Im Schlepptau des Perfektionismus hängt die Unzufriedenheit. Es gibt immer einen Stachel, ein Rädchen im Getriebe, das nicht rund läuft. Perfektionisten widersetzen sich dem Wandel, der nicht ihren Erwartungen entspricht. Eingetroffene Erwartungen werden als Erfolg verbucht.

Nun kann eine Welt, die auf Ursachen und Bedingungen beruht, gar nicht perfekt sein. Immer dann, wenn diese in sich zusammenfallen, hört auch ein Phänomen auf zu existieren. Niemand hat es in der Hand, wie Prozesse laufen werden, sie formen sich immer wieder neu, daher gibt es Störungen, Dinge laufen aus dem Ruder. Das Wesen der äußeren Welt ist Unvollkommenheit. Perfektionismus ist also keine angemessene, sinnvolle Haltung. Sie ist Ausdruck von Unwissenheit und führt unmittelbar in den Teufelskreis von Hoffnung und Furcht. Jeder Perfektionist hat hohe Erwartungen. Es ist vorprogrammiert, dass sie irgendwann zusammenbrechen müssen, weil die Dinge nicht planbar sind. Treten Erwartungen nicht ein, folgen Selbstbeschuldigungen oder Schuldvorwürfe. Beides sind extreme Geisteszustände, die keine Mitte haben. Perfektionisten vergleichen sich mit anderen und stehen in einem ständigen Konkurrenzverhältnis.

Oft mündet ein Festhalten an unhaltbaren Ansprüchen und Erwartungen in einen persönlichen Zusammenbruch. Ein überzogenes Verantwortungsdenken kann dazu führen, dass ein Perfektionist die eigenen Grenzen permanent überschreitet, nur um seinen Wertmaßstäben treu zu bleiben. Ein Burnout ist dann vorprogrammiert. Mit zu großem Anspruchsdenken sind wir der größte Feind unserer selbst. Wir sind dann hart uns selbst gegenüber und fügen uns Schaden zu. Unterhalb des Perfektionismus lauert die Versagensangst. Sie beruht auf dem Festhalten am eigenen Anspruchsdenken.

Eine persönliche Ethik und eigene Wertmaßstäbe können uns auch dann Orientierungen geben und Sinn stiften, wenn wir sie dem Fluss des Lebens anpassen; das ist der Vorteil von Konzepten, die nicht perfektionistisch sind. Wir müssen sie also nicht generell verdammen, aber immer wieder überprüfen und dem Wandel anpassen. Das bedingt, dass wir unsere vermeintlichen Fehler annehmen und aus ihnen lernen.

Perfektionismus erzeugt immer Leiden, daher sollten wir ihn besser aufgeben und daran arbeiten, flexibel zu werden, so wie ein Fluss, der sich anpasst und sogar die Aggregatzustände wechselt. In dieser Existenz ist nichts perfekt, auch die ursprüngliche Vollkommenheit, die unser Wesen ist, ist eigentlich nicht perfekt. Sie ist vollkommen. Und sie liegt hinter den

Wolken unserer bedingten Existenz, so wie der Himmel. Unsere unverwundbare Natur passt in kein Konzept, sie erfindet sich von Augenblick zu Augenblick neu. Vielleicht ist das Streben nach Perfektion lediglich ein Missverständnis. Verwechseln wir vielleicht unser persönliches Konzept, das eine begrenzte gedankliche Vorstellung von Vollkommenheit ist, mit der Vollkommenheit, nach der wir streben, die unser Wesen ist und jenseits der Konzepte liegt? Eine solche Verwechslung wäre ein Ausdruck unserer Unwissenheit oder Verblendung. Wir könnten aber auch, statt nach Perfektionismus in der Welt zu streben, mit Freude und Disziplin den Weg in die Natur des Geistes gehen. Sogyal Rinpoche spricht in seinen Belehrungen öfter davon, dass Menschen wenigstens einen Teil ihrer Energie, die sie am Tag für unnötige Dinge oder dafür, etwas perfekt zu machen, verschwenden, in ihren spirituellen Weg investieren sollten. Alle kämen dann mit Siebenmeilenstiefeln voran. Das zeigt noch eine andere Gefahr des Perfektionismus: die der Geschäftigkeit. Die Lebensenergie wird auf das Erfüllen von Ansprüchen in der alltäglichen Welt fokussiert. Da gibt es immer etwas zu tun, denn die Ansprüche werden fast nie erfüllt. Wir verlieren uns im Aktionismus auf der Jagd nach Anerkennung. Das ist wie eine Sucht. Wir haben dann keine Zeit mehr zu meditieren oder innezuhalten.

Alles ist im Grunde ganz einfach, wir brauchen nur anzuerkennen, dass unvollkommene Handlungen Zeichen unserer Menschlichkeit sind, wie Rodney Smith es ausdrückt. Das heißt, wir machen Fehler und können aus ihnen lernen, dann unser Verhalten ändern und weiter im Lernprozess bleiben. Wer perfektionistisch ist, kann damit beginnen, einmal zu den eigenen Fehlern zu stehen oder Toleranz zu üben, wenn ein Mitarbeiter oder eine Kollegin einen Fehler macht. Der Fehler kann korrigiert werden, und daraus können kreative Prozesse entstehen. Das ist ein Schritt zur Lockerung des Anspruchsdenkens und zur Umgehung von Schuldzuweisungen. Sich immer wieder mit allen Licht- und Schattenseiten selbst umarmen, sich Mitgefühl und Liebe schenken, mindestens einmal am Tag, das hilft, sich selbst anzunehmen, und ist ein anderes Gegenmittel gegen den Perfektionismus. So bringen wir das Eis um unser Herz zum Schmelzen. Vergeben Sie sich Ihre Fehler, lernen Sie daraus, akzeptieren Sie, dass sie zum Leben gehören. Fördern Sie Ihre geistige Biegsamkeit, z. B. mit Hilfe der Meditation »Im Fluss sein«, die Sie auch auf der CD finden. Kontemplieren Sie über Vergänglichkeit und lächeln Sie öfter einmal über Ihre Ansprüche, vor allem, wenn sie mit der Realität kollidieren. Nehmen Sie sich Zeit für eine Mitgefühlsmeditation. Seien Sie humor- und liebevoll mit sich und anderen Menschen, die vom Leiden des Perfektionismus geplagt werden.

Die Selbstverurteilungsfalle

Im Urschlamm der Schuldgefühle steckt die Selbstabwertung. Wir nehmen uns nicht liebevoll an, so wie wir sind, sehen immer unsere Schwächen, nicht unsere Stärken. Wir halten uns für unvollkommen. Diese Unvollkommenheit empfinden wir als einen grundsätzlichen Makel oder als unser eigentliches Wesen. In einem christlich geprägten Umfeld, in dem wir uns in dieser Gesellschaft bewegen, schwingt immer mit, dass wir von Geburt an mit Sünde belastet sind, die nur Gott uns vergeben kann. Das führt leicht zu einer schon frühen Verinnerlichung einer abwertenden Haltung gegenüber uns selbst bzw. unserem Wesen. Selbstannahme und persönliche Wertschätzung werden dann auf vielfältige Weise blockiert. Zum Ausdruck bringen wir mangelnde Selbstwertschätzung in Glaubenssätzen oder Selbstverurteilungen, wie sie oben in den Fallbeispielen deutlich wurden. In Kombination mit ungünstigen Erziehungseinflüssen, persönlichen Erlebnissen und Sozialisationserfahrungen kann sich in einigen Menschen das Verständnis »Ich bin nichts wert« einnisten, das einen idealen Nährboden für Schuldgefühle jeglicher Art bildet. Wir können dann kein natürliches Selbstbewusstsein entwickeln. Wertmaßstäbe für unser Handeln holen wir uns von Vorbildern, Autoritäten, vorherrschenden sozialen und ethischen Normen und orientieren uns vor allem daran im Prozess unserer Sozialisation und dann im Verlauf des Lebens. So entsteht ein Gerüst für unser Leben, das sich brauchbar anfühlt und Maßstäbe fürs Handeln setzt. Wir büßen dabei eine Menge Flexibilität ein und gewinnen vermeintliche Sicherheiten.

Problematisch wird das Ganze, wenn wir kein Vertrauen in unser ursprüngliches Wesen entwickelt haben. Wir kompensieren dann z. B. mit Perfektionismus unseren Vertrauensmangel. So nähren wir unsere mangelnde Selbstwertschätzung und machen uns abhängig vom Urteil und von der Anerkennung anderer Menschen, seien es unsere Eltern, Verwandten, Freunde, Kollegen oder Vorgesetzten. Wir fahren Achterbahn, wenn dem Lob auch mal Tadel folgt, und bemühen uns, möglichst nicht anzuecken. Kritik können wir nur schwer aushalten. Schuldgefühle enthalten besonders im »Ich bin schuld« mangelnde Selbstakzeptanz, die wir dann auch in Form von Projektionen an andere im »Du bist schuld« weitergeben. Wenn die andere Person sich dann schlecht fühlt, trägt sie zumindest kurzfristig einen Teil unserer Last, und wir fühlen uns entlastet. Das hält aber nicht lange an. Ein neuer Sündenbock muss her. Es wird deutlich, so lässt sich das Problem nicht lösen. Wir schwanken wie ein Fähnchen im Wind, weil uns eine Grundstabilität fehlt. Die gewinnen wir zurück, wenn wir lernen, uns wieder selbst zu lieben.

Wählen Sie eine Kombination von geschickten Methoden, um sich innerlich zu stärken, da Schuldmuster tief eingegraben in unseren Geistesstrom sind. Geduld ist wichtig, therapeutische Unterstützung kann auch manchmal sinnvoll sein, wenn die Selbstablehnung zu groß ist. Das größte Thema ist die Entfaltung von Mitgefühl für sich selbst und für andere. Greifen Sie auf Meditationen und Übungen in diesem Buch zurück wie die Meditation »Das Schatten-Ich umarmen«.

Im Schlepptau das schlechte Gewissen

Schuldgefühle lösen ein schlechtes Gewissen aus. Beide sind miteinander verwoben in einer Art Symbiose und schwer zu fassen. Nehmen Sie sich einen Augenblick Zeit, um in eine konkrete Situation hineinzuschauen, in der Sie ein schlechtes Gewissen hatten. Lesen Sie die folgenden Fragen und die Anleitung durch, und legen Sie dann das Buch zur Seite, um den Blick darauf zu richten.

Bringen Sie Ihren Geist zur Ruhe.
Erinnern Sie sich an eine Situation, in der Sie ein schlechtes Gewissen hatten.
Welchen Grund gab es für Ihr schlechtes Gewissen?
Wie verhalten Sie sich anderen Menschen gegenüber, wenn Sie ein schlechtes Gewissen haben?
Wie fühlen Sie sich körperlich, wenn Sie ein schlechtes Gewissen haben? Achten Sie auf den Atem, die Körperspannung. Wo spüren Sie das schlechte Gewissen, im Magen, im Kopf, im Brustkorb? Gehen Sie dann bewusst mit Ihrem schlechten Gewissen durch den Raum und übertreiben Sie die Körperhaltung, erst ein wenig, dann mehr. Wie fühlen Sie sich? Lösen Sie die Körperhaltung auf. Schütteln Sie die Anspannung aus den Gliedern, dehnen und strecken Sie sich.
Lassen Sie die Erfahrung nachklingen. Fertigen Sie eventuell Notizen an.

Das schlechte Gewissen ist ein besonderer Komplex in unserem Bewusstsein, der meist unbewussten Steuerungen unterliegt. Es ist eine Nahtstelle für den Austausch zwischen dem Ich und der Welt in Form einer strengen Kontrollinstanz, in der die Normen der Eltern, der gesellschaftlichen Autoritäten als eigene Wertmaßstäbe verinnerlicht sind. Unterschiedliche, im gesamten Leben erworbene Erfahrungen und Eindrücke werden darin miteinander verknüpft. Es ist keine neutrale Instanz. Wer ein schlechtes Gewissen hat, verurteilt sich für begangene Fehler, schämt sich dafür und hat die Tendenz, nicht darüber zu reden bzw. unheilsame Handlungen zu verheimlichen. Er ist erpressbar, anfällig für eine Opferrolle. Das schlechte Gewissen sorgt für Anspannung in Körper, Geist und Seele und schränkt die Lebensqualität ein. Seine Kontrollfunktion nimmt dem Leben die Leichtigkeit, und wir verlieren unsere Unbefangenheit.

Das schlechte Gewissen ist ein Feld, das einer dunklen Wolke gleicht, die sich entzieht, wenn man nach ihr greifen will. Klarheit ist nicht die Sache des schlechten Gewissens. Das schlechte Gewissen engt die Sicht auf die Welt ein, führt zu Fehlverhalten, es verliert sich in Projektionen und kann körperliche Probleme bereiten. Es badet in der Selbstverurteilung und erzeugt Gewissensbisse.

Das schlechte Gewissen kann aber auch eine unmoralische Handlung, die wir begangen haben, anzeigen und dazu auffordern, etwas zu korrigieren und wiedergutzumachen. In diesem Sinne ist es eine moralische Instanz, die geschaffen wurde, um uns gesellschaftsfähig zu machen.

Es ist wichtig, die Aspekte zu benennen, die ein schlechtes Gewissen verursachen, und zu analysieren, wie sie sich gegenseitig beeinflussen. Nur eine offene Auseinandersetzung mit Gedanken und daran geknüpften Gefühlen holt Inhalte des schlechten Gewissens aus dem Raum des Diffusen. Es erhält Konturen, eine Gestalt.

Zur Betrachtung des schlechten Gewissens eignet sich die Wolkenmeditation am Ende des Kapitels. Sie kann Ihnen Einsichten vermitteln, die bei der Auflösung von unheilsamen Verstrickungen helfen können. Eine Möglichkeit, den Impulsen des schlechten Gewissens nicht nachzugeben, besteht darin, dem schlechten Gewissen die Aufmerksamkeit zu entziehen, wenn es sich als negative Geisteshaltung manifestiert, z. B., indem Sie Ihr Bewusstsein darauf ausrichten, was im gegenwärtigen Moment geschieht.

Ein schlechtes Gewissen kann nicht entstehen, wenn wir natürlich und im Einklang mit uns leben und handeln, uns immer wieder ausbalancieren, unser Gleichgewicht halten und nicht in Extreme gehen. Respekt und Wertschätzung uns selbst gegenüber und damit auch gegenüber anderen Menschen sind hierfür die Grundlage.

Die Kraft der Vergebung

Wenn wir verletzt wurden oder andere verletzt haben, sind wir oft in einem Geisteszustand, der düster ist und negativ. Vergebung ist eine große Kraft, die uns helfen kann, wieder ins Gleichgewicht zu kommen. Sie beruht auf Einsicht. Wir erkennen eine unheilsame Handlung und ihre Folgen, bereuen, was wir getan haben, beschließen, das nicht wieder zu tun, blicken liebevoll auf unsere Fehler und Schwächen, die ein Teil von uns sind. Dann können wir uns vornehmen, in Zukunft achtsam zu sein und nicht mehr den gleichen Fehler zu begehen. So können wir uns selbst vergeben.

Selbstvergebung beruht auf Selbstrespekt und der Fähigkeit, uns selbst kritisch betrachten zu können, d. h., in Distanz zu gehen, uns aus der Identifikation mit Gedanken und Handlungen zu lösen und zu verstehen, was wir falsch gemacht haben. Selbstvergebung hilft im Umgang mit Schuldgefühlen. Dies geht am besten, wenn wir die Schuldgefühle vorher untersucht haben, so wie oben.

Einem anderen Menschen zu vergeben, schützt vor Schuldprojektionen. Wir spüren dabei die Verletzung, die der andere ausgelöst hat, sehen, was sie in uns bewirkt, auch an heilsamen Erkenntnissen, sehen den anderen als einen Menschen, der genau wie ich die Buddha-Natur hat und der mir in der Regel nicht absichtlich schaden will. Wir verstehen auch, dass der andere sich letztlich selbst schadet, wenn er verletzt. So entwickeln wir Verständnis für ihn, vielleicht sogar Mitgefühl.

Jeder Mensch, der einem anderen vergeben kann, heilt damit immer auch eigene innere Wunden. Hass und Groll lösen sich auf, und die Energie, die in den negativen Gefühlen gebunden war, steht uns wieder als positive Kraft zur Verfügung. Wir lösen, wenn wir vergeben, unsere eigenen negativen Projektionen auf und können wieder neu und unbefangen die Beziehung zu dem Menschen aufnehmen, der uns verletzt hat.

Meditationen und Übungen

Wolkenmeditation (CD)

Nimm eine entspannte Körperhaltung mit aufrechtem Rücken ein.

Schließe die Augen und konzentriere dich auf deinen Atem. Spüre den Ein- und den Ausatem.

Stell dir vor, du befindest dich am Fuße eines Berges mit einem großen Hochplateau. Auf diesen Berg führt ein Weg, der sich nach oben schlängelt. Du entscheidest dich, diesen Weg zu betreten, und gehst dann gemächlich den Berg hinauf. Es ist ein schöner, warmer Tag. Die Sonne scheint. Du lässt den Blick in die Landschaft schweifen, nimmst die Vegetation wahr, die es dort gibt, Bäume, Büsche, andere Pflanzen.

Je höher du kommst, umso karger wird die Landschaft, umso klarer ist die Luft. Es wird kühler. Du spürst den Wind auf deiner Haut. Du steigst den Berg höher und höher hinauf. Schließlich kommst du auf einem großen Hochplateau an. Du gehst auf ihm entlang und schaust dich um. Du bist allein, betrachtest die Berge, die Landschaft, die Natur. Lass den Blick schweifen. Betrachte dieses grandiose und friedliche Panorama. Nimm all die Schönheit, die du siehst, in dir auf. Atme sie ein, lass dich von ihr durchströmen.

Du entscheidest dich, an einem Ort, der dir gefällt, Platz zu nehmen.

Von dort aus schaust du in die Weite des Sommerhimmels. Er ist strahlend blau bis auf eine Wolke, die weit weg ist. Es ist eine kompakte, graue Wolke. Die Wolke wird vom Wind zu dir hingetrieben. Sie kommt immer näher, und schließlich ist sie dicht vor dir. Sie verdeckt die Sonne und Teile des Himmels.

Die Wolke verkörpert einen Geisteszustand, der dich gerade plagt: z. B. Schuldgefühle, ein schlechtes Gewissen, Ärger, Begehren, Eifersucht, Neid oder etwas anderes. Auf der Wolke steht mit großen Buchstaben das dich plagende Thema. Schau, was auf deiner Wolke steht.

Die Wolke ist genau vor dir, und du hast jetzt die Möglichkeit, in sie hineinzuschauen. Du blickst direkt auf die Buchstaben. Es öffnet sich eine imaginäre Wolkentür, und du siehst Personen, Abläufe, siehst dich selbst, Entwicklungen, das Thema. Schau, was sich dir da offenbart. Sieh genau und gründlich hin. Geh immer noch ein bisschen tiefer in das Thema.

Wenn du merkst, dass du nicht mehr neutral beobachten kannst, lass die Betrachtung los. Nimm wahr, wie du auf dem Hochplateau sitzt, richte den Blick auf die Landschaft. Atme tief ein und spüre den Raum um dich herum. Tanke Energie auf und gib dich ganz in diese Offenheit und Weite hinein. Vergiss die Wolke.

Geh von diesem weiten Raum aus wieder in die Betrachtung der Gedanken, Empfindungen und Wahrnehmungen, die in der Wolke sind. Blicke tiefer als zuvor in diese Zusammenhänge. Erforsche weiter dein Thema.

Wenn du merkst, dass du nicht mehr neutral beobachten kannst, weil du dich in das Thema zu sehr verwickelt hast, lass die Betrachtung los. Nimm wahr, wie du auf dem Hochplateau sitzt, richte den Blick auf die Landschaft. Atme tief ein und spüre den weiten Raum um dich herum. Tanke positive Energie auf und genieße die Erfahrung von Weite und Offenheit.

Schau noch ein drittes Mal in die Wolke hinein. Was siehst du? Erkunde dein Thema, indem du diesmal bis auf den Grund des Problems dringst. Betrachte Gedanken, Bilder, Erinnerungen, Abläufe, Zusammenhänge und ihre Auswirkungen auf dein Leben.

Wenn du merkst, dass du dich in Details verstrickst und mit dem Thema identifizierst, statt es zu betrachten, dann lass die Beobachtung der Wolke los. Richte den Blick wieder auf die unendlich weite Landschaft, den blauen Himmel um die Wolke herum, atme tief die frische Bergluft ein und lass dich von der Weite, die dich umgibt, ganz durchdringen.

Jetzt blicke wieder auf die Wolke vor dir. Sie wird gerade von einem kräftigen Wind weggeblasen. Die Wolke verflüchtigt sich, entschwindet in Richtung Horizont und löst sich schließlich ganz auf.

Nimm dich auf dem Hochplateau wahr, spüre den Boden unter dir, den Platz, den du eingenommen hast, die wärmenden Sonnenstrahlen. Genieße die Schönheit an diesem Ort.

Lass Gedanken, Gefühle und Wahrnehmungen los und verweile in dir ruhend, ohne etwas zu tun.

Jetzt richtest du dich auf und gehst zurück. Du nimmst den Weg, auf dem du gekommen bist, wanderst den Berg hinunter, betrachtest die Natur. Irgendwann kommst du am Fuße des Tafelberges an. Du hast den Ausgangspunkt deiner Reise erreicht.

Nun sieh einen weißen Nebel, der sich über deine inneren Bilder legt, ihre Konturen verwischt und sie sanft auflöst.

Du bist wieder auf deinem Platz, in deiner gewohnten Umgebung. Spüre den Kontakt zum Boden.

Nimm deinen Atem wahr. Folge der Bewegung des Ein- und Ausatmens.

Du bist ganz in deinem Körper, in diesem Raum. Öffne die Augen.

Komm wieder im Hier und Jetzt an.

Nimm das Positive, das du erfahren hast, mit in alles, was du tust.

Du kannst die Meditation mit der Widmung (siehe S. 106) abschließen oder eigene Worte formulieren.

Ich vergebe mir

Mit Hilfe der folgenden kleinen Vergebungsübung, verbunden mit einem Ritual, können Sie innere Wunden heilen. Nehmen Sie sich eine halbe Stunde Zeit, in einem ruhigen Raum, in dem Sie ungestört sein können. Es geht um das Thema »Ich bin schuld«. Stellen Sie sich die Person vor Ihrem geistigen Auge vor, die Sie verletzt haben. Finden Sie ein Symbol für diesen Menschen, z. B. einen Stein oder eine Blume, oder legen Sie ein Foto von ihm auf den Tisch oder den Boden unmittelbar vor sich. Legen Sie eine Kerze oder ein Teelicht und Streichhölzer sowie Taschentücher griffbereit neben sich.

Beruhigen Sie zunächst Ihren Geist, indem Sie sich auf den Atem konzentrieren.

Sehen Sie die Person so, wie Sie sie in guter Erinnerung haben, vor Ihrem geistigen Auge. Sprechen Sie möglichst laut, mindestens flüsternd, aus, was Ihnen auf dem Herzen liegt.

Dann sagen Sie: Ich vergebe mir ... Zählen Sie alle Punkte auf, die Ihnen einfallen. Formulieren Sie dann: Ich werde die alten Fehler nicht mehr wiederholen und mich heilsamen Aktivitäten widmen.

Jetzt bitten Sie den Menschen vor Ihrem geistigen Auge um Vergebung. Sagen Sie: »Bitte vergib mir ...«

Sollte es etwas geben, was Sie diesem Menschen vergeben wollen, dann sprechen Sie das im Anschluss aus. Sagen Sie »Ich vergebe dir ...«, und führen Sie dann alles auf, was Ihnen dazu einfällt.

Am Schluss dieser Übung zünden Sie für den Menschen, mit dem Sie im inneren Dialog waren, eine Kerze oder ein Teelicht an.

Mit dem Licht in der Hand formulieren Sie einen Wunsch oder einen versöhnenden, heilenden Satz, der an den anderen Menschen gerichtet ist.

Dann stellen Sie die Kerze vor das Foto oder das Symbol, das für diesen Menschen steht. Verweilen Sie noch einige Minuten in Stille, indem Sie z. B. wieder zu Ihrem Atem zurückkehren und ihn beobachten. Dann sprechen Sie die Widmung, oder schließen Sie die Übung mit eigenen Worten ab.

Sie können diese Übung auch mit der Kraftquellenmeditation verbinden. In diesem Fall rufen Sie die Kraftquelle am Anfang an und bitten diese um ihre heilende Präsenz. Lassen Sie Licht in sich hineinfließen, reinigen Sie sich so von aller Anspannung und Verdunklung, öffnen Sie Ihr Herz. Stellen Sie sich vor, dass mit dem guten Wunsch an Ihr Gegenüber auch das heilende Licht Ihrer Kraftquelle zu ihm strömt. Lösen Sie vor der Atembetrachtung am Ende der Meditation die inneren Bilder in einem weißen Nebel auf.

Sie können diese Übung entsprechend umgestalten und den Text verändern, wenn Sie Ihrerseits einem Menschen vergeben wollen, der Sie verletzt hat.

Ich bin schuld – du bist schuld

Diese Übung können Sie sowohl alleine als auch in einer Gruppe unter Anleitung machen. Der Austausch in der Gruppe gibt viele Anregungen zum Nachdenken, da unterschiedliche Perspektiven und Problemlösungen vorgestellt werden.

Nehmen Sie sich etwa zwei Stunden Zeit, wenn Sie die Übung allein machen. Sorgen Sie dafür, dass Sie ungestört sind. Schalten Sie das Handy aus. Unterbrechungen stören den Lernprozess.

Die Übung hat drei Teile, von denen die ersten beiden ineinander übergehen. Legen Sie sich mindestens zwei DIN-A4-große Papierblätter, einen Stift sowie Ihr Notizbuch bereit. Legen Sie die Schreibutensilien neben Ihren Stuhl oder auf einen Tisch vor Ihnen.

Nehmen Sie sich ein wenig Zeit, um innerlich zur Ruhe zu kommen. Sie können dazu die stille Meditation auf der CD verwenden oder die Aufmerksamkeit auf ein Objekt wie z. B. den Atem richten.

1. Ich bin schuld

Versuchen Sie, sich an eine Situation in Ihrem Leben zu erinnern, in der Sie sich Schuldvorwürfe gemacht haben bzw. machen, wenn die Situation noch aktuell für Sie ist. Es geht um die Erforschung des Gefühls: »Ich bin schuld.« Wählen Sie möglichst eine in Ihnen noch nachwirkende Problematik.

Erinnern Sie sich an äußere Umstände, beteiligte Personen, das Thema, Erlebnisse, Prozesse, die Problementwicklung. Nehmen Sie die Atmosphäre um das Thema herum wahr. Achten Sie auf Ihre Gefühle und auf körperliche Reaktionen.

Dann lösen Sie sich aus der Erinnerung, kommen Sie wieder in diesem Raum an.

Jetzt nehmen Sie Papier und Stift. Zeichnen Sie in die Mitte des Blattes einen nicht zu großen Kreis. In diesen Kreis schreiben Sie den unvollständigen Satz »Ich bin schuld, weil …« sowie das Schuld-Thema, dem Sie jetzt einen kurzen Namen geben. Beides muss in den Kreis passen. Nun zeichnen Sie Pfeile, die vom Rand des Papiers zur Mitte führen. Die Pfeilspitzen zeigen auf den Kreis.

Tragen Sie jetzt in Stichpunkten einzelne Schuldvorwürfe auf den Pfeillinien ein. Je ein Vorwurf erhält eine Linie. Denken

Sie den Satz: »Ich bin schuld.« Und schreiben Sie auf die Pfeile den Nebensatz, z. B.: »… weil ich mein Versprechen nicht gehalten habe.« Schreiben Sie alle »weil-Sätze«, die Ihnen einfallen, auf und nehmen Sie sich ausreichend Zeit dafür. Wenn Sie fertig sind, machen Sie eine Pause. Schütteln Sie den Stress aus sich heraus, lockern Sie Verspannungen.

2. Du bist schuld

Versuchen Sie, sich an eine Situation in Ihrem Leben zu erinnern, die entweder aktuell ist oder die noch nachklingt, in der Sie anderen Schuldvorwürfe gemacht haben bzw. machen. Es geht um die Erforschung des Gefühls: »Du bist schuld …« Wählen Sie eine möglichst noch in Ihnen nachwirkende Problematik. Sie können auch die gleiche Situation wie oben betrachten, wenn es darin auch Schuldvorwürfe an andere Menschen gibt. Das ist dann besonders effektiv.

Erinnern Sie sich an äußere Umstände, beteiligte Personen, das Thema, Erlebnisse, Prozesse, die Problementwicklung. Nehmen Sie die Atmosphäre um das Thema herum wahr. Achten Sie auf Ihre Gefühle und auf körperliche Reaktionen.

Dann lösen Sie sich aus der Erinnerung, kommen Sie wieder in diesem Raum an.

Jetzt nehmen Sie Papier und Stift. Zeichnen Sie in die Mitte des Blattes einen nicht zu großen Kreis. In diesen Kreis schreiben Sie den unvollständigen Satz »Du bist schuld, weil …« sowie das Schuld-Thema, dem Sie jetzt einen kurzen Namen geben. Beides muss in den Kreis passen. Nun zeichnen Sie Pfeile, die von der Mitte des Papiers zum Rand führen. Die Pfeilspitzen zeigen zum Papierrand.

Tragen Sie jetzt in Stichpunkten einzelne Schuldvorwürfe auf den Pfeillinien ein. Je ein Vorwurf erhält eine Linie. Denken Sie den Satz: »Du bist schuld.« Und schreiben Sie auf die Pfeile den Nebensatz, z. B.: »… weil du leichtsinnig bist.« Schreiben Sie alle »Weil-Sätze«, die Ihnen einfallen, auf und nehmen Sie sich genügend Zeit dafür. Wenn Sie fertig sind, machen Sie eine Pause. Schütteln Sie den Stress aus sich heraus, lockern Sie Verspannungen. Trinken Sie eine Tasse Tee.

3. Auswertung

Setzen Sie sich so hin, dass beide Blätter nebeneinander vor Ihnen liegen und Sie diese überblicken können. Lesen Sie das Geschriebene, und vergleichen Sie die Aussagen. Denken Sie darüber nach, und notieren Sie Einsichten und/oder Problemlösungen in Ihr Notizbuch. Lassen Sie die Blätter und die Notizen eine Weile ruhen. Schauen Sie erst wieder einige Stunden oder Tage später darauf. Jetzt analysieren Sie Ihre jeweiligen Vorwürfe; finden Sie heraus, ob es Gemeinsamkeiten und/oder Unterschiede auf den Blättern gibt und wieso das so ist. Zeichnen sich Lösungen ab, z. B. Wege der Vergebung? Sie haben jetzt mehr Distanz und sehen eventuell andere Dinge.

Wenn Sie ein Problem weiterverfolgen wollen, führen Sie einige Zeit später, ein Tag sollte auf jeden Fall dazwischenliegen, die Wolkenmeditation (siehe S.178f.) durch.

Hinweise für die Gruppenübung

Wenn Sie die Übung in einer Gruppe anleiten, dann folgt auf die Reflexion der Teilnehmenden über die beiden Schuldblätter ein Austausch in Kleingruppen mit jeweils zwei, besser drei Personen. Das Thema kann sein: Erfahrungsaustausch und die Entwicklung von Problemlösungsstrategien für die Bewältigung von Schuldgefühlen. Danach sollte unbedingt noch ein offenes Gespräch in der Großgruppe erfolgen, das mit Notizen am Flipchart begleitet werden kann. Für den Gruppenprozess sollten Sie ca. drei Zeitstunden einplanen. Pausen sind dabei wichtig, auch Lockerungsübungen zwischendurch, da das Thema anstrengend ist.

LEBENSBEDROHLICHE ERKRANKUNG –
DIE GROSSE HERAUSFORDERUNG

Die Diagnose einer lebensbedrohlichen Erkrankung

Die Diagnose einer lebensbedrohlichen Erkrankung wird im Allgemeinen wie ein Blitzschlag aus heiterem Himmel erlebt. Manchmal gibt es körperliche Symptome, den Verdacht, es könne diesmal etwas Ernstes sein. Wir schieben den Arztbesuch auf die lange Bank, doch der Husten wird schlimmer, die Medikamente helfen nicht, die Lunge sticht, und der Atem fließt nicht mehr. Florian hatte diese Symptome. Die normale Untersuchung ergab kein genaues Bild, und so wurde er zum Spezialisten geschickt. Auf dem Röntgenbild zeigte sich ein Schatten auf der Lunge. Nun war klar, da wuchs ein Tumor, doch Genaueres mussten weitere Untersuchungen ergeben. Gefunden wurden dabei eine Lebermetastase sowie stecknadelkopfgroße Hirnmetastasen. Tumorgewebe wurde entnommen, um den Krebs einzuordnen. Es war eine aggressive Form. Die erste Chemotherapie wurde angesetzt. Es folgten sieben weitere und etliche Bestrahlungen. Nach zwei Jahren erlag Florian in einem Hospiz seiner Krankheit. Das ist eine grobe Skizze des Krankheitsverlaufs. Doch was sich in Florians Seele abspielte, die Prozesse, durch die er gegangen ist, das geht daraus nicht hervor.
Es gibt viele Berichte von Menschen über ihre Auseinandersetzung mit ihrer lebensbedrohlichen Krankheit; Tagebücher wie das von Christoph Schlingensief, von Tiziano Terzani, von Susanne Schaup, Berichte von Frauen, die an Krebs erkrankten, in denen wir etwas über ihre Gedanken, Gefühle und Erfahrungen und das, was ihnen geholfen hat, lesen können.

Bei meiner Arbeit habe ich vielen schwerkranken oder sterbenden Menschen beistehen und sie begleiten dürfen auf ihrem Weg, und ich möchte im Folgenden auch einiges von ihren Sorgen und Nöten berichten und über das, was ihnen geholfen hat.

Existenzielle Erfahrungen wie das Durchleben einer schweren Krankheit, die vielleicht zum Tod führt, legen unsere Verletzlichkeit bloß, es verändert sich unsere Wahrnehmung der Wirklichkeit, Sinnfragen drängen sich auf, Masken fallen. Manche Menschen gewinnen im Verlaufe dieses Prozesses großen inneren Reichtum. Sie reifen zu Vorbildern, von denen man mehr über das Leben lernen kann als aus Weisheitsbüchern, und das gerade in einer Zeit, in der sie dieses Leben loslassen. Mitten im Schmerz, den diese Menschen erleben, blitzt manchmal ein Licht auf, das ihre Seele erhellt; dann schöpfen sie aus den Quellen ihrer inneren Weisheit und schenken uns mehr, als wir ihnen je wiedergeben können.

Diagnose und Schock

Florian hatte eine düstere Ahnung, als er zum Facharzt ging, eine Ahnung, die ihn schon Tage zuvor in blutrünstigen Träumen heimsuchte, sowie eine unerklärliche innere Unruhe und Angstattacken, die ihm den Schweiß aus den Poren trieben. Er meinte später, dass das Botschaften der Seele gewesen seien, die ihm sagen wollten, dass sein Leben sich ändern werde und er mit dem Tod rechnen müsse. Florian war 56, als er starb.

Sophie war dagegen ganz unbeschwert, als sie entdeckte, dass ein kleiner Knoten in ihrer Brust war, der sich fest und rund anfühlte. Sie war erst 25 und ging zur Untersuchung, um sich einen Rat zu holen. Sie dachte nicht an Krebs, doch auch dieser kleine Knoten war ein bösartiger Tumor. Einige Lymphknoten waren schon befallen, und die Ärzte rieten ihr zu einer Brustamputation oder mindestens einer weitreichenden Gewebe-

entfernung mit neuem Brustaufbau. Auch befallene Lymphknoten müssten entfernt werden. Die Diagnose war ein unglaub-
licher Schock für Sophie. Es war, als ob die Welt stillstünde und
niemals mehr etwas so sein würde wie zuvor. Sophie fühlte sich
wie gelähmt. Sie konnte gar nicht reagieren, als sie die Diagnose erfuhr.

Florian dagegen wurde gesprächig, stellte alle Fragen der Welt,
wollte sofort ein Therapieangebot und lieber heute als morgen
unters Messer oder ins Krankenhaus zur Chemotherapie. Er
wirkte irgendwie kühl und unbeteiligt, sprach von der Krankheit, als wäre er nicht wirklich davon betroffen. Irgendwie
stand er neben sich.

Margerita verschlug es die Sprache, als sie ihre Diagnose erfuhr.
Ihr wurde schwarz vor Augen, und sie musste sich auf eine
Liege legen. Danach saß sie wie paralysiert im Wartezimmer
ihrer Ärztin, antwortete nicht auf Fragen. Die Ärztin informierte ihre Familie, und ihr Mann kam nach der Arbeit, um sie
abzuholen.

Miro musste so lachen, dass ihm die Tränen kamen. Der Arzt
war völlig irritiert. Dann schüttelte Miro nur den Kopf und
sagte immer wieder: »Ich doch nicht, nein, nicht ich. Das ist
nicht möglich. Das ist ein Witz.«

Nina war sehr gefasst, als ihr ein Arzt, dem sie freundschaftlich
verbunden war, die Diagnose mitteilte. Sie dachte daran, dass
ihre Reisepläne und Zukunftsträume mit einem Mal zerplatzt
waren wie eine Seifenblase. Ihr Arzt hatte Tränen in den Augen
und war sehr berührt. Nina selbst fühlte sich wie hinter einer
dunklen Nebelwand. An das Gespräch erinnert sie sich nicht
mehr. Es ist wie eine Amnesie, sagt sie.

Durch die Diagnose einer lebensbedrohlichen Krankheit bricht
das Unberechenbare in Form von Unheil in unser Leben ein,
und darauf reagieren die meisten mit einem Schock. Es handelt
sich hier nicht um einen medizinischen Schock, sondern um
einen, der als akute Belastungsreaktion definiert wird. Studien

haben gezeigt, dass durch einen Schock, der in einer akuten Belastung entsteht, Wahrnehmungsstörungen, Desorientierung, Bewusstseinseinengungen bis hin zu Depersonalisierung bzw. eine zeitweise Dissoziation der Persönlichkeit hervorgerufen werden können. Und das geschieht häufig, wenn ein Mensch die Diagnose einer lebensbedrohlichen Erkrankung zum ersten Mal erfährt.

Wir wissen heute, dass ein Mensch mit einer akuten Belastungsstörung als Erstes aus dem Gefahrenbereich gebracht werden muss, was in diesem Fall nicht einfach ist, da der Erkrankte die Erkrankung mit sich herumträgt und er sich daher nicht vom »Tatort« entfernen kann. Die Weichen für eine sinnvolle Krisenbewältigung müssen von Helfenden gestellt werden. Es geht darum, liebevoll präsent zu sein, Schutz und Geborgenheit zu vermitteln. Wer sich alleingelassen fühlt und keinen Schutzraum erhält, bei dem kann der Schock akute Stressreaktionen auslösen, z. B. Herzrasen, Schwindel, Schweißausbrüche, und im schlimmsten Fall kann daraus ein posttraumatisches Belastungssyndrom erwachsen. Zu den Basiskenntnissen der Krisenintervention in Notfällen gehört das Wissen um diese Zusammenhänge. Jeder Notfallseelsorger knüpft bei seiner Arbeit hier an. Der Schock, so wie er oben beschrieben wurde, ist eine Schutzreaktion, die es uns ermöglicht, die Wucht der Gefühle, die z. B. die Diagnose in uns auslöst, gar nicht zu spüren oder zumindest in abgemilderter Form. Wir hören zwar die Worte der Ärztin, doch ihre Bedeutung für unser Leben, unsere Zukunft realisieren wir noch nicht.

Jeder Mensch reagiert im Schock anders. Meist sind es gewohnheitsmäßige, antrainierte Muster oder Verhaltensweisen, in die wir fallen, wir sind gelähmt oder überaktiv, fallen in Suchtmuster oder in ver-rücktes Verhalten. Reaktionen können völlig ungewöhnlich oder scheinbar ganz normal sein. Manche Menschen tun so, als ob nichts gewesen wäre, gehen wieder ins Büro und erledigen ihre Arbeit. Weil die Diagnose-Botschaft noch nicht auf der Gefühlsebene angekommen ist, reagieren wir so. Im Schock begreifen wir im wahrsten Sinne des Wortes nicht, worum es geht. Wir sind wie taub. Erst wenn der Schock abklingt, einige Stunden oder Tage später, beginnen wir, unsere Gefühle, den Schmerz wirklich zu spüren. Das geschieht in einem Prozess, in dem wir uns mit der Krankheit auseinandersetzen. Tempo, Themen und innere Abläufe sind bei jedem Menschen anders. Manche vermeiden oder verdrängen die Tragweite der Krankheit und machen weiter wie bisher, weil ihre Angst, daran zu sterben, so groß ist. So erging es Nina, die sofort operiert werden wollte. Sie wollte den Tumor herausschneiden lassen und dann ihre Ruhe haben, um sich die Grübelei zu ersparen.

Aus den Berichten von Betroffenen folgt für mich, dass es nicht sinnvoll ist, Gespräche über die Krankheit unmittelbar nach der Diagnosemitteilung zu führen oder gar weitreichende Entscheidungen über die nächsten Behandlungsschritte zu fällen. In der Tat sind wir im Schock nicht in der Lage, Verantwortung für unser Tun zu übernehmen. Das sieht man daran, dass Erinnerungen an die Inhalte von Gesprächen über Therapieformen bei vielen Menschen fast gänzlich gelöscht sind. Sie gelangen nicht vom Kurzzeit- ins Langzeitgedächtnis, weil der Organismus, vor allem das Gehirn, mit anderen Dingen beschäftigt ist.

In einer Schocksituation blenden wir Informationen aus, die uns zusätzlich ängstigen könnten. Die meisten Menschen, mit denen ich über ihre Diagnoseerfahrung gesprochen habe, erinnern sich aber sehr gut an das Atmosphärische, daran, wie etwas gesagt wurde, ob die die Schreckensbotschaft übermittelnde Person einfühlsam oder fürsorglich war und sich Zeit genommen hat. Erinnert wird auch, ob die Umgebung, das Behandlungszimmer eher anheimelnd, unterkühlt oder gruselig waren. Das entspricht den Ergebnissen von Studien über akute Belastungsreaktionen, die betonen, wie wichtig das Gefühl des Geborgenseins für Betroffene ist.

Leider haben sich nur wenige Menschen, die ich kenne, bei der

Übermittlung der Diagnose menschlich, d. h. liebevoll und respektvoll, behandelt gefühlt. Das ist besonders tragisch, weil Erkrankte meist an den »Ort des Grauens«, die ärztliche Praxis, für die Besprechung und Durchführung der Therapie zurückkehren müssen. Gewaltopfer, die einen Schock erlebt haben, mutet man, wenn möglich, nicht mehr zu, zum Tatort zurückzukehren.

Florian hatte einen Arzt, der sich für die Mitteilung der Diagnose Zeit genommen hat, mehr, als die Kasse zahlt. Sein Arzt war eher erstaunt über Florians fast wissenschaftliches Interesse an seiner Krankheit und begann auf dessen Nachfragen, schon am Diagnosetag unterschiedliche Therapiemöglichkeiten vorzustellen. Florian wollte Antworten, hat sich aber nur wenige Gesprächsinhalte merken können, wie er im Nachhinein feststellte.

Sophie entdeckte, als sie im Behandlungszimmer auf den Arzt wartete, das Röntgenbild und das Blatt, auf dem die Diagnose stand. Sie studierte zu dieser Zeit Medizin und wusste, was diese Diagnose bedeutete. Als der Arzt das Zimmer betrat, saß sie über den Diagnosezettel gebeugt und war fassungslos. Ihr Arzt war ärgerlich und wies sie zurecht, dass es ihr nicht zustehe, ohne seine Genehmigung in die Unterlagen zu blicken. Er dachte nicht einen Augenblick daran, wie unachtsam es von ihm gewesen war, Sophies Unterlagen offen auf dem Schreibtisch liegen zu lassen, während er nicht im Zimmer war. In seinem Unmut wies er ihr auch noch die Schuld zu, etwas Verbotenes getan zu haben, und das in einer Situation, in der Sophie in einem Schockzustand war. Gereizt und unterkühlt erklärte er ihr dann im Fachjargon das Krankheitsbild von Kollege zu zukünftiger Kollegin. Er zeigte wenig Empathie und machte deutlich, dass er noch eine Menge zu tun habe, so dass Sophie aufstand und sich von ihm zur Tür bringen ließ. Er bat nicht einmal die Helferinnen, sich um Sophie zu kümmern, die wie eine Schlafwandlerin aus der Praxis stolperte und draußen die Orientierung verlor. Sie setzte sich ins nächste Café, rauchte eine Zigarette und versuchte, so wieder für sich eine Art Normalität herzustellen.

Margeritas Ärztin war sehr einfühlsam. Sie zeigte ihre Betroffenheit über die Diagnose, ging um den Schreibtisch herum und nahm Margerita in den Arm. Sie fragte, ob sie Hilfe brauche, führte sie zu einer Liege, auf der sie ruhen konnte, und machte deutlich, dass sie so lange bleiben könne, wie sie wolle. Sie kam öfter, um nach Margerita zu schauen. Margerita bedauert, nicht auf diese liebevolle Zuwendung habe reagieren zu können, und das tut ihr im Nachhinein leid. Sie erinnert sich noch genau an alles, was ihr guttat an diesem Tag, sogar an die leise Musik im Therapieraum, an die homöopathische Unterstützung gegen den Schock, und auch daran, wie schön es war, als ihr Mann sie in die Arme nahm. Er wusste schon, worum es ging, als er die Praxis betrat, denn die Ärztin hatte ihn, mit Margeritas Erlaubnis, sehr einfühlsam informiert. Es tat Margeritas Mann gut, dass sie diese Aufgabe nicht der Sprechstundenhilfe überlassen hatte und dass er miteinbezogen wurde in die neue Situation.

Miros Arzt zweifelte wohl, nachdem er ihm die Diagnose mitgeteilt hatte, an Miros Geisteszustand und bestand darauf, ihm ein Taxi zu bestellen, das ihn nach Hause bringen sollte. Er informierte vorher dessen Frau, allerdings ohne ihr etwas von der Diagnose zu sagen. Miro erinnerte sich an die Irritation des Arztes und an dessen Fürsorglichkeit, auch daran, dass er sich im Behandlungszimmer, das er als steril empfand, sehr unwohl fühlte.

Nina, die einige Tage nach der Diagnose schon operiert wurde, hatte ein freundschaftliches Verhältnis zu ihrem Arzt, der sichtlich erschüttert von der Diagnose war und mit den Tränen kämpfen musste, als er sie ihr mitteilte. Daran erinnerte sich Nina genau, und seine Betroffenheit und Wertschätzung taten ihr gut. Sie nahm es ihm nicht übel, dass er schnell handeln wollte; im Gegenteil, sie wertete sein Verhalten als Besorgnis um ihre Gesundheit und empfand die Dringlichkeit des Handlungsbedarfs als Entlastung. Sie neigte dazu, Dinge eher zu verdrängen, und meinte, je schneller gehandelt würde, umso besser, dann müsse sie nicht zu viel nachdenken. Ihr Motto war: Da musst du eben durch. Nina lag am Tag nach ihrer Diagnose schon im Krankenhaus und hatte drei Tage später eine Brustamputation, mit der sie eigentlich nicht gerechnet hatte. Vor der Operation war das nur eine der Optionen, die sie unterschrieben hatte. Danach war die Situation ganz anders. Sie hatte den Diagnoseschock noch nicht verarbeitet, und schon kam der zweite Schock, die Brustamputation, dazu. Nach der Operation griff sie auf ihre gewohnten Verdrängungsmechanismen zurück. Sie wollte weder die Schwere der Krankheit noch ihre Gefühle wahrhaben und lebte ihr Leben, so gut es ging, weiter, indem sie alles ausblendete, was für sie bedrohlich werden konnte, und das waren Gespräche, die die Themen Abschied, Sterben und Tod berührten. Sie errichtete für alle Besucher eine deutliche Tabuzone, die keiner überschreiten durfte.

Wir bemühen uns heute um eine optimale medizinische Behandlung nach den neuesten Erkenntnissen und vergessen dabei öfter, dass vor uns ein Mensch steht, der auch emotionale Bedürfnisse hat. Menschen sind keine Maschinen, die man repariert, und dann ist alles wieder in Ordnung oder verschrottet, und dann geht nichts mehr. Leider weicht die Menschlichkeit in unserem Gesundheitswesen oft einem nur noch rein funktionalen Denken, fällt wegen Zeitmangels oder Stress unter den Tisch oder wird, weil auch Ängste der Helfenden vor einem ähnlichen Schicksal aktiviert werden, schlichtweg ignoriert. Wie wichtig es ist, sich in der Not geborgen, wertgeschätzt und respektiert zu fühlen, das zeigen die Erinnerungen von Menschen mit lebensbedrohlichen Krankheiten ebenso wie wissenschaftliche Studien über akute Belastungsreaktionen. Für die Betroffenen zählt der zwischenmenschliche Kontakt. Der ist aber oft schon bei der Übermittlung der Diagnose beklagenswert, weil es ungünstige Umstände gibt oder eine Wurstigkeit, die gerade für Betroffene in solchen kritischen Situationen schwer zu ertragen ist.

Natürlich ist es wichtig, die Diagnose sachlich mitzuteilen, das Wesentliche zu erklären und auf Therapiemöglichkeiten hinzuweisen. Wie weit oder tief die Person gehen kann, die die Diagnose übermittelt, welche Formulierungen sie wählt, das ergibt sich aus der Einfühlung in die Situation. In jedem Fall sollte so wenig wie möglich eine Fachsprache verwendet werden, bzw. Fachbegriffe müssen übersetzt werden.

Wir sollten uns unbedingt klarmachen, die Diagnose einer lebensbedrohlichen Erkrankung ist nicht automatisch ein Todesurteil. Es gibt immer Therapiemöglichkeiten. Das ist für die Patientin ebenso tröstlich wie für die Ärztin und alle Beteiligten. Die Krankheit ist jedoch eine Konfrontation mit der Sterblichkeit, und das sollte man nicht leugnen. Es hilft, sie im Rahmen des Lebenskreislaufs zu sehen, den alle Menschen durchlaufen. Krankheit und Tod gehören zur menschlichen Existenz, aber wir sind nicht unsere Krankheit. Unser tiefstes Wesen ist davon unberührt.

In der Begegnung mit der die Diagnose übermittelnden Person zählt die Beziehungsebene. Die meisten Betroffenen merken sich den Namen der Krankheit, dass es Therapiemöglichkeiten gibt und nicht viel mehr. Was zählt, ist, ob die Diagnose von einem einfühlsamen Gesprächspartner in einem geschützten Raum mitgeteilt wird, und zwar mit Kompetenz, Respekt und Empathie. Es geht um Vertrauen und Geborgensein in der Not. Die Übermittlerin der Botschaft sollte sich daher vorbereiten, sich vor dem Gespräch einige Minuten des Innehaltens gönnen und dann entscheiden, in welchem Rahmen und wie sie der Patientin begegnen möchte. Es ist oft schon hilfreich, mit der Aufmerksamkeit durch den Körper zu gehen, also einen kurzen Bodyscan durchzuführen, und zu fühlen, wo Spannungen sitzen, oder einfach die eigene Befindlichkeit, Ängste, Gedanken, Gefühle, die gerade da sind, wahrzunehmen. Vielleicht lässt sich die eine oder andere Spannung noch lösen. Damit sich die Patientin geschützt fühlen kann, sollte die Ärztin sie so annehmen können, wie sie ist, auch in ihren ungewöhnlichen Verhaltensweisen.

Wer sich schwer in andere Menschen einfühlen kann, für den könnte die Mitgefühlsmeditation am Ende dieses Kapitels hilfreich sein. Diese Meditation lässt sich gut in einer Arbeitspause an einem ungestörten Ort durchführen. Wenn Sie einige Erfahrung mit dieser Meditation haben, dann werden Sie sich relativ schnell und leicht in die Lage eines anderen Menschen hineinversetzen können, der gerade Ihre Hilfe benötigt. Es reichen manchmal einige Sekunden oder eine Minute, und schon ändert sich Ihr Verständnis der Person vor Ihnen, was sich unmittelbar und positiv auf die Kommunikation auswirken wird.

Denken Sie an die Spiegelneuronen. Wenn Sie Zuversicht ausstrahlen und verständnisvoll sind, wird das den kranken Menschen entlasten und auf ihn positiv wirken. Umgekehrt kann sich auch die Verzweiflung des Gegenübers auf Sie auswirken. Gerade deshalb ist es so wichtig, eine innere Ausgewogenheit zu finden und sich dafür ein wenig Raum und Zeit zu geben. Nach der Begegnung mit dem Patienten ist eine kleine Pause wichtig, in der Sie sich entspannen und neu orientieren können. Sinnvoll ist es auch, ein wenig mehr Zeit für das Diagnosegespräch einzuplanen und das bei der Terminplanung zu berücksichtigen.

Ich denke, es tut gut, die Diagnose von der Ärztin des Vertrauens zu erfahren, das kann die Fachärztin sein; wahrscheinlich wird es sich um die Hausärztin handeln. Einfach nach einem MRT die Aufnahme erklären, ohne den Patienten zu kennen, sollte, wenn möglich, vermieden werden. Manchmal geht es nicht anders, besonders wenn die Patientin keinen vertrauten Arzt hat oder selbst auf einer Erläuterung der Untersuchungsergebnisse besteht, doch auch dann gilt, dafür die angemessenen Rahmenbedingungen zu schaffen.

Ein Mensch, der gerade die Diagnose einer lebensbedrohlichen Erkrankung erfahren hat, sollte danach betreut werden, einen Ansprechpartner haben oder eine Rückzugsmöglichkeit. Fragen Sie ihn, was Sie für ihn tun können. Eine Tasse Tee tut immer gut. Es ist auch sinnvoll, sich darum zu kümmern, wie der oder die Kranke nach Hause kommt. Von der Praxis aus könnte ein Taxi bestellt oder könnten Angehörige angerufen werden.

Erst einige Tage später sollten Behandlungsalternativen aufgezeigt und die Therapie besprochen werden. Einen Termin kann man gemeinsam vereinbaren und für den kranken Menschen notieren. Achten Sie darauf, dass er den Zettel an einem Ort verwahrt, an dem er ihn wiederfindet. Es ist auch sinnvoll, einen Tag oder einige Stunden vor dem nächsten Termin noch einmal anzurufen und sich rückzuversichern, ob der Patient den Termin nicht vergessen hat. Adressen sowie Telefonnummern von Selbsthilfegruppen sowie psychologischer Betreuung oder Beratung könnten, wenn der Kranke es will, zur Verfügung gestellt werden. Es ist wichtig, die Bedürfnisse des kranken Menschen zu erfragen und an ihnen entlang die Beratung zu orientieren.

Eine wichtige Voraussetzung für einen verständnisvollen Umgang mit Patienten ist, dass alle, die in diesem Bereich arbeiten, sich ab und zu mit ihrer eigenen Vergänglichkeit auseinandersetzen, d. h. dem Thema nicht ausweichen. Die ersten Kapitel dieses Buches können hier Anregungen geben.

Unser Gesundheitssystem vernachlässigt gerade die emotionale Betreuung von Patienten und die Beratungsgespräche, obwohl bekannt ist, dass die Heilungsergebnisse einer Therapie mit einem Arzt des Vertrauens, der sich wirklich kümmert, in der Regel besser sind. Dennoch wird die Zeit, die Ärzte ihren Patienten widmen, schlecht bezahlt. Hier muss sich etwas ändern.

Mitgefühl für den Patienten zu entwickeln und ihn respektvoll zu behandeln, das ist eine Frage der Menschlichkeit. Um für eine gute Atmosphäre bei der Diagnoseübermittlung zu sorgen, braucht man nicht viel. Das geht selbst in den schmucklosesten Räumen: eine freundliche, herzliche Begrüßung, eine Blume auf dem Schreibtisch, eine Tasse Tee für die Patientin, ein inspirierendes Foto an der Wand, ein bequemer Sessel sowie höfliche Umgangsformen und das Augenmerk auf dem Patientenwohl, das sind Dinge, die leicht zu verwirklichen sind, wenn man das will.

Ein Freund, eine Freundin an der Seite

Wenn Sie eine solche Diagnose erhalten haben, dann tun Sie etwas, was Ihnen guttut: Freunde anrufen, sich zurückziehen, nach Hause gehen und Ihrem Partner, Ihrer Partnerin, der Familie alles erzählen, im Wald herumspazieren, erst einmal joggen, was es auch sein mag. Nutzen Sie Ihre Kraftquellen. Sie benötigen jetzt einen Schutzraum. Einige Menschen, die ich kannte, ließen sich sofort krankschreiben, um Zeit für einen Rückzug und zum Überlegen zu haben, andere wollten unbedingt zur Arbeit gehen, weil sie das Gefühl hatten, da komme ich nicht ins Grübeln, unter Kollegen und Kolleginnen bin ich gut aufgehoben. Wie Sie auch handeln, hören Sie auf Ihre innere Stimme. Wenn Sie können, verbinden Sie sich ganz tief in Ihrem Herzen mit Ihrer spirituellen Kraftquelle, nehmen Sie diese mit, wohin Sie auch gehen. Bitten Sie Ihre Kraftquelle darum, Ihnen als Ratgeberin zu dienen.

In den Tagen nach der Diagnose stehen Sie vor großen Herausforderungen. Ihr Leben wird sich grundlegend ändern. Die Krankheit fordert Raum und Zeit. Machen Sie einen Termin mit Ihrem Arzt aus für die Klärung Ihres therapeutischen Weges und bereiten Sie sich auf den Arztbesuch vor.
Hilfreich ist es, eine Begleitung mitzunehmen, denn in solchen Gesprächen selektiert unsere Wahrnehmung oft Inhalte aus,

die wir nicht hören wollen. Es ist die Angst, die sich zwischen die Worte und das Verstehen schiebt. Aufregung kommt hinzu, und schon haben Sie wichtige Informationen überhört oder schnell vergessen. Ein Begleiter ist neutraler als Sie und kann ein Protokoll anfertigen, wenn Sie das wünschen. Sie werden, wenn Sie es lesen, darüber staunen, was Sie alles überhört haben. Sie können Ihrem Begleiter auch erlauben, Fragen zu stellen. Vielleicht fällt ihm mehr ein als Ihnen, und Klärungsprozesse kommen besser voran. Bitten Sie Ihren Begleiter, sich an dem Tag ein wenig mehr Zeit zu nehmen, damit Sie nach dem Arztgespräch gemeinsam zusammensitzen oder einen Spaziergang machen können. Der Austausch über das Arztgespräch ist wertvoll.

Wählen Sie eine Begleiterin, der Sie vertrauen, an die Sie sich anlehnen können, die Sie trösten kann und Ihnen beisteht. Ich habe die Erfahrung gemacht, dass für einige der Lebenspartner eher weniger in Frage kommt, für andere muss er es sein. Ein Mensch, dem Sie vertrauen, der aber auch ein wenig Abstand halten kann, ist meist ein guter Begleiter. Miro wählte einen ehemaligen Kollegen. Seine Freundin konnte, weil sie selbst so fassungslos war und große Angst hatte, nicht mitkommen, ebenso erging es seinem Bruder.

Vielleicht kann Ihre Therapeutin mitkommen oder eine Nachbarin. Scheuen Sie sich nicht, jemanden anzusprechen. Wenn Sie über Ihren Schatten gesprungen sind und einen vertrauten Menschen um Hilfe gebeten haben, gibt Ihnen das Kraft. Sollte Ihnen aus dem Bekanntenkreis niemand einfallen, der oder die mitkommen könnte, dann wenden Sie sich an eine Selbsthilfegruppe oder eine Beratungsstelle vor Ort, oder fragen Sie in der Arztpraxis, ob es dort jemanden gibt, der Notizen für Sie macht. Auch über das Internet können Sie Kontakte zu Selbsthilfegruppen und Beratungsstellen finden und aufnehmen und auf diesem Weg Unterstützung finden (siehe S. 311 ff.).

Den Weg mit der Krankheit gehen

Therapie-Entscheidungen fällen

Falls es Ihnen möglich ist, schreiben Sie vor dem Arztbesuch Fragen auf, formulieren Sie alles, was Sie wissen wollen über zukünftige Therapien. Gut ist das Brainstorming-Verfahren. Notieren Sie wahllos alles, was Ihnen einfällt, auf einen Zettel. Dann unterstreichen Sie die Worte oder Sätze mit unterschiedlichen Farbstiften; die, die für Sie zusammengehören, haben dann dieselbe Farbe. Bündeln Sie die Aspekte und formulieren Sie jetzt Ihre Fragen auf einem Blatt, das Sie mit zum Arztbesuch nehmen. Es ist immer gut, in der Familie oder mit Freundinnen und Freunden an den Fragen zu arbeiten, weil ein solches Beisammensein guttut. Außerdem entdecken Sie neue Blickwinkel und Anregungen.

Sie können, wenn Sie unsicher sind oder mit den Therapievorschlägen hadern, auch noch einen weiteren Arzt, vielleicht einen Spezialisten, zu Rate ziehen. Erkundigen Sie sich bei Selbsthilfegruppen oder Beratungsstellen vor Ort, um herauszufinden, wo und von wem Sie eine zweite Untersuchung in Anspruch nehmen können. Bahnen Sie sich Ihren Weg durch den Dschungel der Therapieangebote.

Berater aus Netzwerken können hier weiterhelfen (siehe S. 311 ff.). Auch Bücher, vor allem Ratgeber und Erfahrungsberichte von Menschen, die mit einer lebensbedrohlichen Erkrankung leben, können wichtige Anregungen enthalten.

Es gibt derzeit ein Überangebot an Ratgebern. Sie werden nicht alle Therapieangebote sichten können, d. h., Sie müssen eine Auswahl treffen und dann der Stimme Ihrer inneren Weisheit folgen.

Suchen Sie sich einen Gesprächspartner, mit dem Sie sich gut austauschen können, z. B. über die Vorschläge Ihrer Ärztin für die Therapie, die zweite Diagnose, die Auswertung der

Beratungsgespräche, den Austausch mit Betroffenen. Fertigen Sie Notizen von den Gesprächen an, oder bitten Sie – wie beim Arztbesuch – einen Sie begleitenden Menschen, das für Sie zu tun. Sie können die vertraute Person auch bitten, Ihnen gewünschte Literatur zu besorgen. Das Lesen kann dann arbeitsteilig geschehen. In gemeinsamen Gesprächen tauschen Sie sich über die gewonnenen Erkenntnisse aus. Setzen Sie sich ein zeitliches Limit für Ihre Entscheidungen, z. B. bis zu Ihrem nächsten Termin bei dem Arzt, der Sie behandeln soll. Das hilft, sich nicht zu sehr zu verzetteln.

Alternative Therapien sind auf vielfältige Weise kombinierbar mit Chemotherapien, Operationen oder Bestrahlungen bzw. konventionellen Methoden. Wenn Sie herausgefunden haben, wie Ihr therapeutischer Weg sein könnte, dann fällen Sie Entscheidungen über den Behandlungsablauf in Absprache mit Ihrem Arzt und zusätzlich gewählten Therapeuten. Gut ist es, wenn diese bereit sind, miteinander zu kommunizieren. Es wird keine perfekte Therapie geben, aber es gibt Ihren ganz persönlichen, einmaligen und besonderen Weg durch die Krankheit, und den sollten Sie herausfinden und dann zu ihm stehen. Dazu brauchen Sie Mut. Mut, der Ihnen Kraft geben wird, wenn Sie die Therapie durchlaufen. Dieser Prozess ist nicht einfach. Ängste und ein Wechselbad der Gefühle werden Sie immer wieder ergreifen. Es ist jetzt hilfreich, Menschen zu haben, die für Sie da sind. Scheuen Sie sich nicht, um Hilfe zu bitten. Selbsthilfegruppen sind in diesem Kontext wunderbare Stützen.

Wählen Sie Ihre spirituelle Kraftquelle als innere Ratgeberin, wenn Sie um Entscheidungen ringen. Wenn Sie alle Therapieentscheidungen gefällt haben, dann überprüfen Sie noch einmal mit Hilfe Ihrer spirituellen Kraftquelle den geplanten Weg, und bitten Sie um Schutz und Hilfe bei allem, was kommen wird.

Die Verantwortung für die Therapie übernehmen

Nehmen Sie sich für diesen wichtigen Prozess genügend Zeit. Folgen Sie nicht einfach dem Rat anderer, gehen Sie den Weg, der für Sie stimmt. Sie sollten voll und ganz die Verantwortung für Ihre Therapie übernehmen können und dahinterstehen. Es ist Ihr Weg zur Heilung, der Ihre ganze Persönlichkeit: Körper, Seele und Geist, umfasst und Ihr Leben in der kommenden Zeit maßgeblich beeinflussen wird. Egal, für welche Therapie Sie sich entscheiden, sehen Sie die Medizin als Mittel, das Sie heilen wird, und unterstützen Sie den Heilungsprozess, indem Sie innerlich ja sagen und dazu stehen; das gilt auch für mögliche Operationen, Bestrahlungen und alle alternativen Therapien sowie die tägliche Dosis an Medikamenten. Jedes Hadern mit der Therapie, jeder Boykott oder auch eine Abwehrhaltung im Sinne von: »Die verordnen mir eine Chemo und dann noch Bestrahlungen. Ich muss mich fügen«, wirkt kontraproduktiv auf die Heilung. Wenn Sie innerlich dagegenarbeiten, verkomplizieren Sie die Situation noch, denn diese Haltung kann sich als Anspannung und Verkrampfung ausdrücken, provoziert negatives Denken und macht Ihnen während der Therapie das Leben schwer.

Es wird immer Menschen geben, die der Auffassung sind, sie hätten die falsche Wahl getroffen. Wenn Sie Klarheit haben über Ihren Weg, dann bleiben Sie dabei und machen Sie das deutlich. Zweifel, die in Ihnen gesät werden, sind große Energieräuber. Nachdenken über Veränderungen der Therapierichtung können Sie immer dann, wenn Ihr Herz spürt, dass etwas falschläuft. Das ist jedoch ein innerer Prozess, den Sie im Dialog mit Ihrer Kraftquelle führen. Erst dann verhandeln Sie neu mit Ihrer Ärztin.

Nora sagte voller Wut zu mir, als ich Ihr vorschlug, die Chemo, der sie zugestimmt hatte, als Ihren therapeutischen Weg zu akzeptieren: »Ich schütte Gift in mich hinein, weil ich keine Wahl habe. Diese Krankheit ist teuflisch. Sie hat mich im Griff. Ich hasse dieses Gift und die Ärzte, die mich zwingen, es zu nehmen, und das Elend, die Schwäche, den Haarausfall. Es ist einfach widerlich. Wie soll ich dazu ein gutes Verhältnis haben. Auch gesunde Zellen werden zerstört. Ich schade meinen Organen. Ich bin doch keine Masochistin.«

Ich verstehe Nora gut. Nora sieht die Krankheit als etwas, das nicht zu ihr gehört, etwas, das sie angefallen hat wie ein Monster und sie zerstören will. Die Krankheit ist für sie ein Überfall. Dementsprechend sieht sie die Chemotherapie als Gewaltakt, als eine Kriegserklärung an den Krebs, der wie ein Parasit in ihrem Körper alles ruiniert. Diese Haltung zur Krankheit wird begleitet von Widerwillen, Ekel, Wut, Verzweiflung, vielfältigen Widerständen. Nora begegnet der Therapie feindlich und überträgt diese Haltung auf alle, die darin involviert sind; teilt die Welt in gute Therapeuten: die Psychologin und Heilpraktikerin, und schlechte: den Onkologen und die Krankenschwestern, die ihr die Chemo verabreichen. So steht Nora sich selbst im Weg, wenn es um ihre Genesung geht. Sie schafft für sich zusätzliches Leiden.

Krankheiten basieren, wie alles im Leben, auf einem vielfältigen, oft unüberschaubaren Geflecht von Ursachen und Wirkungen. Einige davon kann man erkennen und beseitigen, z. B. ernährungsbedingte Faktoren, mangelnde Bewegung, die Lebensführung oder das Zusammenspiel von innerkörperlichen Prozessen mit Stressfaktoren, Lebenskrisen. Andere bleiben unbegreiflich. Ihre Hauptursache ist unsere Vergänglichkeit. In dem Moment, in dem eine schwere oder sogar lebensbedrohliche Krankheit in unser Leben tritt, haben wir keine andere Wahl, als das zunächst zu akzeptieren und durch den Erfahrungsprozess mit der Krankheit zu gehen. Dieser enthält auch vielfältige Wachstumsmöglichkeiten, Erkenntnisse und Reifungsprozesse, die wir zunächst meist nicht sehen können. Krankheiten fallen uns nicht an, sondern gehören zu uns. Nora rang sich zu dieser Auffassung durch. Irgendwann ist sie erschöpft von der Rebellion und spürt, wie wichtig es ist, die vorhandene Energie für die Therapie aufzusparen. Sie durchlebte eine schwere Zeit, bis sie die Verantwortung für ihre Therapie wirklich übernahm. Damit änderte sich ihre Haltung zu ihrer Erkrankung. Sie liebte sie nicht, machte sie jedoch auch nicht mehr zur Feindin. Dazwischen gab es einen mittleren Weg. Sie sagte ja zum Leben und entschied sich für Maßnahmen gegen den Krebs. Nora wollte wieder das gesundheitliche Gleichgewicht erlangen, das die Erkrankung durcheinandergebracht hatte.

Sie führte ein inneres Gespräch mit ihrem Tumor, ähnlich dem Dialog mit der Angst, und seine Zellen antworteten ihr. Deren Botschaft war: Wir wollen gar nicht herumwuchern; normales Wachstum ist uns viel lieber, das ist weniger Stress. Noras Zellen waren mit dem Tumor nicht identifiziert. Das half ihr sehr, alle Lebensenergie auf die Chemotherapie, Bestrahlungen und die psychologische Begleittherapie zu fokussieren.

Nora traf eine Vereinbarung mit sich und ihrem Arzt. Sie kann jederzeit die Therapie abbrechen oder andere Wege gehen bzw. die Behandlung neu diskutieren, wenn sie spürt, dass andere Dinge anstehen. Ihr Arzt ist zu einem fachkompetenten Berater und Gesprächspartner geworden, dem sie vertraut.

Von der Krankheit lernen

Krankheit ist Ausdruck unserer Vergänglichkeit, und sie gehört wie das Alter oder der Tod zum Leben. Jeder Mensch wird einmal krank. Meistens haben wir Glück, und wir können wieder gesund werden. Davon gehen wir in der Regel aus. Krankheit zeigt uns die Zerbrechlichkeit des Lebens und konfrontiert uns mit unserer Sterblichkeit. Ein tibetischer Arzt sagte mir einmal: »Du bist nicht deine Krankheit. Sie ist eine dunkle Wolke vor dem Himmel deiner ursprünglichen Vollkommenheit. Geh der Krankheit nicht auf den Leim. Sieh sie, respektiere sie und wähle einen Weg der Heilung. Wenn das nicht mehr möglich ist, bete zu Buddha und kümmere dich um deinen Geist. Er lebt weiter, und darum geht es jetzt.«

Irgendwann erkranken jeder und jede von uns lebensbedrohlich. Genau genommen ist die größte lebensbedrohliche Krankheit das Leben selbst. Denn vom Moment unserer Geburt an leben wir und sterben wir, und das geschieht in uns jeden Tag, in jeder Sekunde. Denken Sie nur an die Zellerneuerung. »Stirb und werde« ist eigentlich eine alltägliche Erfahrung. Wie kommen wir nur darauf, gerade diese unumstößliche Tatsache zu ignorieren? Offensichtlich fehlt in unserer westlichen Zivilisation eine Kultur im Umgang mit der Endlichkeit und Vergänglichkeit des Seins. Durch sie könnte deutlich werden, dass Vergänglichkeit auch etwas sehr Freudvolles sein kann. Zum Beispiel können Menschen 1961 eine Mauer bauen, die Deutschland teilt, und sie 1989 wieder zu Fall bringen. Wenn es keinen Wandel gäbe, wäre die einmal gebaute Mauer nicht mehr einzureißen. Alles, was einmal in die Welt käme, hielte ewig, auch unser Körper. Keiner will das, oder? Eigentlich lieben wir den Wandel. Es gibt jedoch mindestens eine Ausnahme. Auf die stoßen wir, wenn wir unsere Sterblichkeit erfahren. Die Vergänglichkeit, unsere Sterblichkeit und damit die lebensbedrohliche Krankheit, die wir haben, die wollen wir nicht. Doch wir müssen sie akzeptieren, weil wir keine andere Wahl haben. Sie gehören zu dieser Existenz. Jeder Widerstand dagegen ist zwecklos, aber doch so menschlich und verständlich.

Mit diesem Thema ist Nora seit der Diagnose hautnah konfrontiert. Kann ihre Krankheit geheilt werden, dann hat sie wertvolle Lebenszeit gewonnen. Wenn sie daran sterben wird, dann ist die Lebenszeit ab jetzt deutlich begrenzt. Der Ausgang der Therapie ist häufig ungewiss. Das heißt, es gibt keine Garantien dafür, dass Nora wieder gesund wird, wenn sie eine Therapie beginnt. Nora erfährt jetzt die grundlegende Unsicherheit dieser Existenz. Dagegen rebelliert sie, denn sie will den Krebs und damit den Tod besiegen. Doch den Tod kann keiner von uns besiegen. Wenn der Krebs zum Stillstand kommt und Nora wieder gesund wird, was im Übrigen geschehen ist, dann hat Nora mit dem Krebs nicht den Tod besiegt, sondern sie hat Lebenszeit geschenkt bekommen. Die Heilung ist ein Aufschub. Denn auch Nora wird irgendwann einmal sterben wie alle Menschen. Ihre Krankheit ist Ausdruck der Sterblichkeit, die jede und jeder von uns mit jedem anderen Menschen teilen.

Sich für den Weg der Heilung zu entscheiden und dabei aber auch über den Fluss zum anderen Ufer in die Sterblichkeit zu schauen, erleichtert den Umgang mit Krankheit, obwohl wir meist denken, das Gegenteil sei der Fall. In dem Augenblick, in dem ich das andere Ufer mit im Blickfeld habe, nehme ich wahr, wo ich im Leben gerade stehe. Ich sehe den Schatten der Krankheit über mir, aber auch die Kraft und Vitalität der Lebensseite, ich erlebe den Frühling, der wiederkommt, die Kinder, die spielen, meinen Hund, der gestreichelt werden will. Das Leben hat jeden Tag für mich Geschenke. Wer es schafft, die eigene Endlichkeit anzunehmen, das »Stirb und werde«, hat mehr Freude an dem, was gerade geschieht, und steckt weniger Energien in Vermeidung, Verleugnung und das Trübsalblasen. Er oder sie lädt sich selbst und die Menschen, die mit ihm oder ihr zu tun haben, ein, aufrichtig zu sein. Das bringt Entspannung in zwischenmenschliche Beziehungen und schafft Vertrauen, was wiederum eine wichtige emotionale Basis für den Heilungsprozess ist. Wer die beiden Pole Leben und Tod respektiert, bewegt sich in dem Feld zwischen ihnen und neigt von daher nicht so sehr zu Extremen. Die verzweifelte Ausgrenzung der Todesseite ist es, die enorme innere Anspannung und aggressive Abwehr oder bedenkliche Verdrängungsszenarien schafft. Die Akzeptanz der Vergänglichkeit schafft Raum und erlaubt uns Schwächen und Stärken, bringt uns dazu, das Auf und Ab des Lebens zu respektieren und mit dem zu fließen, was gerade ist.

Die in diesem Buch vorgestellten spirituellen Methoden, wie die Kontemplation über Vergänglichkeit, die Verbindung mit den (spirituellen) Kraftquellen, Meditation, Gebet, das Studium von Weisheitstexten, sind gute Stützen auf diesem Weg. Immer wieder wird sich aber auch die Angst bemerkbar machen, die vor der inneren Weisheit sitzt. Sie finden im vierten Kapitel Vorschläge, mit ihr umzugehen.

Hindernisse

Unsere Gesellschaft unterstützt Nora in ihren Verdrängungsprozessen, jedoch nicht in der Auseinandersetzung mit ihrer Sterblichkeit. Letztere ist bedrohlich, auch für andere Menschen. Wer will schon in den Spiegel schauen, den Nora uns vorhält. Wir laufen eher davon. Das führt zu Problemen, die jeder kennt, der in unserer Gesellschaft schwer erkrankt. Mitmenschen fühlen sich unangenehm von unserem Anblick berührt oder distanzieren sich, manche kommen mit Ratschlägen und Hinweisen, die uns verletzen, weil sie versteckte Vorwürfe enthalten, andere besuchen uns nicht mehr oder weichen Gesprächen aus. Sie haben Angst oder sind hilflos, vor allem, wenn körperliche Einschränkungen oder Behinderungen dazukommen.

Mit dem Ausstieg aus dem Berufsleben, der für Nora anstand, verlor sie wertvolle Kontakte. Finanzielle Einbußen waren die Folge. Nora zog in eine kleinere, behindertengerechte Wohnung. Sportliche Aktivitäten, die sie so liebte, das Tanzen und Joggen, waren nur noch eingeschränkt möglich. Noras Freund trennte sich von ihr, als sie immer hilfsbedürftiger wurde. Er konnte ihr Leiden nicht ertragen, was für Nora ein Schock war. Es blieben andere Freundinnen und Familienangehörige, die sich liebevoll um sie kümmerten.

Nora hat ihr Leben neu gestaltet, Entscheidungen getroffen und Prioritäten gesetzt. Es half ihr, immer wieder innezuhalten, in sich hineinzulauschen und die eigenen Bedürfnisse zu spüren, mit ihnen in Kontakt zu bleiben und dann erst die anstehenden Entscheidungen zu fällen. Das Vertrauen in ihre Kraftquelle unterstützte sie besonders dann, wenn sie haderte oder Ängste sie zu überwältigen drohten. Eine Therapeutin, zwei gute Freundinnen, die Eltern und die Frauen einer Selbsthilfegruppe boten ein Umfeld, das in Krisen tragfähig war. Selbstbestimmung, innere Autonomie sind möglich, auch wenn wir lebensbedrohlich erkrankt sind, ebenso wie die Vertiefung des spirituellen Wegs und die Pflege von Freundschaften auf neuem Niveau. Nora meint, ihre Lebensqualität sei in gewisser Weise sogar gestiegen, weil sie sich mehr an den kleinen Dingen des Lebens, dem Lindenduft im Frühjahr, dem Gesang der Vögel oder dem Sonnenstrahl auf ihrem Bett erfreuen könne. Das habe sie früher immer übersehen. Da ging es viel mehr um äußere Dinge. Sie ist gereift, hat Masken abgelegt und steht zu der Frau, die sie ist. Das sind Geschenke des Lebens, die Nora nicht erwartet hatte.

Es ist nur realistisch, dem Tod, der z. B. in Form einer lebensbedrohlichen Erkrankung den Fuß in die Tür stellt, diese nicht vor der Nase zuzuschlagen und so zu tun, als wäre er nicht da. Öffnen Sie die Tür, lassen Sie ihn herein, bitten Sie ihn an den Küchentisch, schauen Sie in sein Gesicht, dann lassen Sie ihn wieder gehen. Die Diagnose einer lebensbedrohlichen Erkrankung ist noch kein Todesurteil. Der Sensenmann hat lediglich schon einmal an die Tür geklopft. Das kann er jederzeit tun, denn Sie sind sterblich. Vielleicht denken Sie jetzt, was für eine dumme Idee. Warum sollte ich ihn hereinlassen? Es gibt dafür viele Gründe, z. B. den, dass er schon längst da ist, und zwar seit Ihrer Geburt. Es kostet eine Menge Energie, das zu verleugnen. Es ist so wie mit der Angst. Vermeidung hat ihre eigenen Gesetze. Sie bauen an Ihrem persönlichen Hindernisparcours, sollten Sie an ihr weiter festhalten wollen. Dann geht es Ihnen wie Nina.

Immer, wenn irgendetwas sie an den Tod erinnerte, eine Anzeige in der Zeitung, die Krankheit ihres Mannes, der Ohnmachts-

anfall von Tante Klara, die Nachbarin, die sich in der Hospizbewegung engagierte, stellte Sie ein Verbotsschild auf. Darüber
rede ich nicht, daran denke ich nicht, dieser Weg darf nicht betreten werden. Bald war da ein Schilderwald, alles Wege, die
man mit ihr zusammen nicht gehen durfte. Da standen Schilder
mit unterschiedlichen Aufschriften. Stellen Sie sich die Schilder
vor als einen weißen Kreis mit einem roten Rand. Sofort denken Sie: »Durchfahrt verboten« und beschreiten diesen Weg
nicht mehr. Da stehen z. B. Schilder wie: »Abschied nehmen«
oder »Sterben« oder »Tod« oder »Orpheus und Eurydike (neue
Inszenierung)« oder »Patientenverfügung« oder »Ricam-
Hospiz« oder »Friedhof« oder »Café Jenseits«, »Letzte-Reise-
Bestattungen« oder »Mozarts Requiem« oder »Der Tod in
Venedig«. All diese Straßen kann Nina wegen der gefährlichen
Plätze nicht befahren. Jeden Tag fügt sie neue Schilder hinzu.
Ihr fällt immer etwas ein. Nach einiger Zeit ist sie nur noch mit
der Verwaltung ihres riesigen Schilderwaldes beschäftigt und
sorgfältig darauf bedacht, bloß nie eines der Verbotsschilder zu
überfahren oder eine Grenze zu überschreiten. Alles ist längst
unüberschaubar geworden. Freundinnen und Freunde kommen kaum noch vorbei, denn durch die vielen Umwege ist alles
zu anstrengend und kompliziert geworden. Nina muss nun
selbst sehen, wie sie zurechtkommt. Sie bewegt sich nur noch
auf denselben Hauptstraßen und landet am Ende in einer Sackgasse vor ihrem Haus. Das Umfahren der Schilder kostet viel
Zeit und Nerven. Welch ein Kraftaufwand! Einsam ist es um
sie herum. Wann lebt Nina eigentlich?
Jetzt ändern wir die Spielregeln und schreiben die Geschichte
um. Nina bestellt einen städtischen Pick-up, der die Schilder
abbauen, aufladen und abtransportieren soll. Sie hat eingese-
hen, der Schilderwald macht Stress, und außerdem kann sie
das, was sie nicht sehen will, eh nicht ausrotten, da es ja da ist.
Die Straßenarbeiter haben die Schilder in wenigen Stunden beseitigt. Die Wege sind nun wieder sichtbar und überschaubar
geworden. Nirgendwo ist ein Hindernis.

Nina setzt sich aufs Fahrrad und fährt auf den ehemals verbotenen Territorien herum. Die Straßen sind alle miteinander verbunden. Es gibt Abkürzungen und viele Kreuzungen. Landschaft und Wohnbezirk bilden neue Ensembles. Alles fühlt sich lebendig und dynamisch an. Nirgendwo ist eine Sackgasse. Sie radelt am Ricam-Hospiz vorbei, wirft einen flüchtigen Blick auf den Eingang. Das ist schon genug. Nina fährt ein wenig blass, doch guter Dinge weiter. Da sind noch ihre Hindernisse, aber Nina bestimmt, wie sie sich ihnen annähert, z. B. lässt sie »Letzte-Reise-Bestattungen« mit der weißen Lilie und der offenen Eingangstür einfach links liegen. Sie sieht die Gegend mit anderen Augen. Das ganze Straßengeflecht ist ein Netz geworden, in dem alles seinen Platz hat und vielfältige Wege zu einem Ort führen. Nina kann nun wählen, muss sich aber auch entscheiden. Sie bestimmt, welche Orte sie aufsucht und wie dicht sie an die gefährlichen Plätze herangeht. Das gibt ihr ein Gefühl von Freiheit.

Ich denke, solche Schilderwälder stehen in dieser Welt in vielfältigen Varianten herum, wenn es um die Auseinandersetzung mit Problemen, vor allem mit Lebenskrisen sowie Krankheit, Sterben und Tod geht.

Interessant ist die Frage, wie man es schafft, die Schilder gar nicht erst aufzustellen. Dazu benötigen wir Einsicht. Die Einsicht, dass der Schilderwald uns nicht schützt, sondern schadet. Wenn wir lernen, mit der Vergänglichkeit zu leben, ist der größte Schritt getan. Dazu ist es wichtig, sich immer wieder mit ihr auseinanderzusetzen. Dabei unterstützen kann z. B. die Kontemplation über die Vergänglichkeit im vorigen Kapitel oder die Betrachtung einer Blume und das gedankliche Nachvollziehen ihres Weges vom Samenkorn bis zur Blüte wie auch ihres Welkens und den Rückzug der Lebenskraft ins Samenkorn. Auch das eigene Leben eignet sich für solche Untersuchungen, vor allem eine Lebensrückschau mit Blick auf die Höhen und Tiefen der persönlichen Entwicklung.

An Ninas Geschichte wird deutlich: Sie baut ihr eigenes Gefängnis, obwohl sie eigentlich ihre Freiheit sichern will. Im Hinblick auf eine lebensbedrohliche Erkrankung heißt das: Ich schaue nicht genau hin, will nicht hören und nicht wahrhaben, worum es geht, überhöre Warnungen der Ärzte, verleugne den Ernst der Lage und tue so, als ob alles wäre wie früher. Es darf über Dinge, die bedrohlich werden könnten, nicht geredet werden. So kann ich aber auch nicht vom Leben sowie von Angehörigen und Freundinnen und Freunden Abschied nehmen, wenn es nötig ist. Im günstigsten Fall kann ich, wenn ich eine Optimistin bin, das Leben so lange feiern, wie es geht, mit all den Menschen, die sich an die Tabuzonen halten. Wenn dann die Erkrankung im Tod endet, lasse ich mich so lange wie möglich behandeln, vielleicht am letzten Lebenstag noch bestrahlen, um den Glauben an meine Genesung nicht zu gefährden. Ich bereite mich nicht auf den Lebensübergang vor und sorge schon gar nicht für die Menschen oder Dinge, die ich hinterlasse. Das Chaos, das dadurch entsteht, müssen dann die Familie und Freunde bewältigen, die im Übrigen auch nicht wirklich von mir Abschied nehmen konnten, da ich das mit meinen Verbotsschildern blockiert habe. Sie sitzen auf einem inneren und äußeren Berg von Unerledigtem, den ich hinterlassen habe.

Chronisches Vermeidungsverhalten macht starr, unflexibel und auf Dauer krank, es raubt die Lebensfreude, was auch schon im Kapitel über die Angst deutlich wurde. So versäumen wir dazuzulernen, uns einzulassen, wenn es schwierig wird, und innerlich zu reifen und zu wachsen. Wir schneiden uns vom Puls des Lebens ab. Das Thema Sterblichkeit holt uns aber trotzdem ein. Menschen, die an ihren Verleugnungsszenarien festhalten wollen, sollte man aber ihren Weg gehen lassen und sie nur, wenn die Situation es erlaubt und dann auch nur behutsam, auf die Konsequenzen ihres Verhaltens aufmerksam machen. Jeder Mensch geht im Leben, auch im Umgang mit Krankheit, Sterben und Tod, seinen eigenen Weg. Jede Einmischung gegen den Willen der betreffenden Person ist ein Übergriff. Das Grundrecht auf die freie Entfaltung der Persönlichkeit schützt den Einzelnen und würdigt dessen Entscheidungen und Grundüberzeugungen bis zum Ende des Lebens. Wir wissen im Endeffekt nicht, welchen Sinn das Vermeidungsverhalten für Nina hat; in jedem Fall ist es Ausdruck allergrößter Angst vor dem Sterben und dem Tod und hat somit für sie auch eine Schutzfunktion.

Mit der Krankheit leben

Auf dem Weg, mit einer lebensbedrohlichen Erkrankung zu leben, liegen große Herausforderungen. Wer mehrere Chemotherapien durchläuft, wird körperliche Schwäche erleben, den Alltag nur mit viel Ruhepausen bewältigen können, muss die Ernährung umstellen, begleitende Therapien in Anspruch nehmen. Die Krankheit bestimmt maßgeblich den Tagesrhythmus und die Lebensgestaltung. Eventuell folgt der Ausstieg aus dem Berufsleben, in der Regel jedoch eine längere Auszeit oder eine reduzierte Zahl von Stunden, die täglich der Arbeit gewidmet wird. Finanzielle Einbußen sind die Folge ebenso wie der Verlust von Beziehungen zu vertrauten Kolleginnen und Kollegen. Soziale Kontakte können sich insgesamt reduzieren, Interessenschwerpunkte sich verschieben, neue Bekanntschaften mit anderen Betroffenen ergeben sich. Die psychische Belastung steigt, Ängste und unkontrollierte Emotionen machen sich breit. Manche Lebensthemen ändern sich. Die persönliche Belastbarkeit sinkt, und es treten eventuell Nebenwirkungen der Behandlungen auf wie Haarausfall, Bewegungseinschränkungen usw. Bei den Herausforderungen, mit denen ich konfrontiert bin, ist es immer wichtig, genau zu überlegen, was will ich, wie will ich es haben, was und wen brauche ich, um die Hürde nehmen zu können, und wie bewahre ich mein inneres Gleichgewicht.
Ich möchte das an einem Beispiel verdeutlichen: Infolge der Chemotherapie fallen Ihnen die Haare aus, und Sie wollen

etwas unternehmen. Zunächst geht es darum zu überlegen: Möchte ich eine Perücke haben, wenn ja, wie soll sie aussehen, und wo gibt es einen guten Perückenhersteller, trage ich lieber ein Tuch oder eine Mütze, bis die Haare wieder nachwachsen, zeige ich mich mit kahlem Kopf in der Öffentlichkeit und stehe dazu, mich als Kranke zu outen? In diesem Prozess der Auseinandersetzung stoßen Sie auf wichtige gesellschaftliche Normen, auf Schönheitsideale und die Anforderungen eines unerbittlichen Körperkultes. Wertschätzung für sich selbst entwickeln, liebevoll zu sich sein, sich respektieren in seinen Schwächen, das sind die Herausforderungen, vor die Sie nun gestellt sind. Die Kraftquellenmeditation kann Ihnen bei diesem Prozess helfen, ebenso wie Visualisierungen, in denen Sie sich liebevoll im Arm halten oder Ihr Schatten-Ich umarmen, es wärmen und gut zu ihm sind. Tun Sie das, sooft Sie können.

Verständnisvolle Menschen in Ihrer Umgebung sind jetzt wichtiger denn je. Es ist gut, Kontakte zu pflegen, die unterstützend sind. Wenn dann das Haar ausgeht, gehen Sie rechtzeitig zu einem einfühlsamen Friseur, oder lassen Sie ihn ins Haus kommen und den Kopf rasieren, bevor Sie die Haare in Büscheln in der Hand halten und der Kopf ganz zerfranst aussieht. Denken Sie daran, wie viele Mönche und Nonnen sich freiwillig den Kopf scheren lassen als Ausdruck ihrer Religiosität. Auch gibt es Menschen, die ohne Haare geboren werden oder schon seit Jahren keine mehr haben. Ken Wilber, der bekannte amerikanische Vertreter einer integralen Spiritualität, und seine Frau Treya haben sich gemeinsam fotografieren lassen, als Treya infolge einer Krebserkrankung ihre Haare verlor. Beide sind auf diesem Bild ohne Haare. Das Foto schmückt den Titel ihres weltbekannten Buches *Mut und Gnade*. Treya sah ohne Haare wunderschön aus. Sehr deutlich wurde: Haare sind nicht ihr Wesen, dieses ist viel mehr als der Körper und nur eines seiner Details.

Verabschieden Sie sich, wenn Sie mögen, von Ihren Haaren. Vielleicht finden Sie einen Platz draußen, in einem Garten, am Wasser, im Wald, wo Sie Ihre Haare in einer kleinen Zeremonie der Natur übergeben. Sprechen Sie einige Worte, bedanken Sie sich für die Pracht und Schönheit. Bitten Sie darum, dass die Krankheit heilen möge. Stellen Sie sich vor, wie Sie bald wieder neue, schöne Haare haben werden. Bedanken Sie sich für den Reichtum, den Sie bisher im Leben erfahren durften, und schließen Sie die Zeremonie mit einer kleinen Widmung ab, in der Sie den Verdienst zum Wohle alle Wesen zur Verfügung stellen. Danach feiern Sie ein bisschen, tanzen Sie, nehmen Sie ein Bad, trinken Sie ein Glas Wein.

Wann immer Sie sich ungeschützt fühlen, hüllen Sie sich in das Licht Ihrer Kraftquelle oder finden Sie Zeit für ein Gebet.

Während der Krankheit geht es immer wieder darum, Verantwortung selbst für die kleinsten Schritte zu übernehmen, die anstehen, deshalb sollten Sie sich um Ihre Bedürfnisse und Wünsche kümmern, auch wenn es zu Einschränkungen kommt. Das dient Ihrem Wohlbefinden und der Freude am Leben. Sie setzen sich mit der neuen Herausforderung auseinander, holen sich die Hilfen, die Sie brauchen, wägen ab, welche Möglichkeiten es gibt, entscheiden sich, gehen achtsam und liebevoll mit sich um, verabschieden sich von Altem und geben Kraft in Ihre Heilung, damit die Veränderung, die kommen wird, so gut wie nur irgend möglich verläuft. Dann danken Sie für alles, was Sie bisher erleben durften, und widmen allen Verdienst fühlenden Wesen, die leiden. Dazu können Sie die Widmung am Schluss des Buches verwenden (siehe S. 106).

Hilfreich finde ich die folgenden Fragen am Anfang einer Therapie. Stellen Sie sich in einer ruhigen Minute vor, wie es weitergehen könnte. Nehmen Sie das Bild einer Reise. Sie sind nun aufgebrochen, und wo geht es hin? Was liegt auf dem Weg? Spüren Sie in sich hinein und erforschen Sie, was Sie wirklich brauchen oder wollen. Wollen Sie aufhören zu arbeiten oder nur pausieren? Wer soll Sie therapieren? Wer soll sich um Sie kümmern, wenn es Ihnen schlechtgeht? Wollen Sie reisen oder sich kreativ entfalten? Welche spirituellen Bedürfnisse haben Sie? Wie können Sie diesen nachgehen? Was oder wen brauchen Sie dazu? Gibt es Dinge, die Sie unbedingt klären oder erledigen wollen? Gibt es ungelöste Probleme mit anderen Menschen, die Ihre Energie binden? Wie können Sie Lösungen für diese Dinge finden? Wo holen Sie sich Hilfe? Denken Sie in einer ruhigen Phase darüber nach und notieren Sie alles, was Ihnen wichtig erscheint, in einer Art Brainstorming. Dann gewichten Sie die Dinge, die anstehen, und setzen Sie Prioritäten. Notieren Sie Schritte, die nun folgen sollen, und machen Sie daraus einen Plan, der auch Terminsetzungen enthält. Gehen Sie die wichtigen Dinge nacheinander an mit genügend Zeit und ohne zu hetzen. Das Ganze entlastet und hilft, eine neue Struktur im Leben zu finden sowie Ballast abzuwerfen. Diese Überlegungen können Sie immer wieder einmal anstellen und dann Ihre Aufzeichnungen verändern und ergänzen.

Die Kraftquellenmeditation als Weg zur Heilung

Kraftquelle bei Krebs
Wenn Sie an Krebs leiden und eine spirituelle Kraftquelle gefunden haben, der Sie vertrauen, dann schlage ich Ihnen eine Veränderung der Kraftquellenmeditation vor, wie sie im dritten Kapitel vorgestellt wird und auch auf der CD enthalten ist. Sie beruht auf einem Verständnis vom Körper als einem System, das in einer atemberaubenden Dynamik immer wieder neu ein Gleichgewicht herstellt. Ich stütze mich auf Erkenntnisse der Zellbiologin und Heilerin Joyce Hawkes, die gleich selbst zu Wort kommen soll:
»Der Kosmos befindet sich in ständigem Fluss – neue Sterne

entstehen und alte verlöschen. Das Universum hält Schöpfung und Zerstörung in einem geordneten und eleganten Gleichgewicht … Der menschliche Körper ist ein System, das sich ebenfalls im Fluss befindet, das unablässig Input und Output ausgleicht. Ein gesundes System ist weder den Launen des Zufalls überlassen noch einer rigiden Kontrolle unterworfen, sondern es ist aufs Schönste geordnet und erhält ein fließendes Gleichgewicht aufrecht. Eine solche Struktur fördert Stabilität und Anpassungsfähigkeit zugleich … Gleichgültig, wie sehr der Körper aus dem Gleichgewicht geraten ist, in sich trägt er alle erforderlichen Informationen, um seine Balance wiederzufinden.«[*]
Hawkes schlägt eine Brücke der Heilung von der Seele zur Zelle. Gesunde Zellen fügen sich harmonisch in den Kontext ihrer Nachbarzellen ein, kranke Zellen verlieren mit ihrer Aufgabe auch ihre Struktur, sie zerfallen in Fragmente, die wiederverwertet werden. Es gibt sogenannte Fresszellen wie die Makrophagen, die regenerierbares Zellmaterial sammeln, es dann verdauen und den gesunden Zellen zur Wiederverwertung zur Verfügung stellen. Dies geschieht mit toten Zellen, die im Rahmen von Chemotherapien und Bestrahlungen im Körper abgebaut werden. Wir haben Trillionen von Zellen, mehr, als es Lebewesen auf der Erde gibt, sowie Trillionen und Abertrillionen von Atomen. Im Herzen jedes Atoms befindet sich eine Energiequelle, die unablässig subatomare Elementarteilchen, die mit Licht aufgeladen sind, erschafft und auflöst. »Folglich ist der Fluss der Kreativität eines der am tiefsten in Ihnen verankerten Muster.«[**]
Es gilt, die Umwandlung der abgestorbenen, kranken Zellen in gesunde Zellen mit Hilfe der Kraftquellenmeditation optimal zu unterstützen. In diesem Sinne enthält die unten angeführte Visualisierung nicht eine Kriegserklärung an die Krebszellen, sondern im Vordergrund steht die Wiederherstellung eines gesunden Gleichgewichts. Das ist die Grundlage für die Heilung.

---

[*] Hawkes, S. 30 f.

[**] ebenda

»Hauchen Sie Ihren Zellen den Atem des Lebens ein, und stellen Sie sich vor, wie die Zellen sich der Heilenergie öffnen wie eine Lotosblüte der Sonne.«[*]

Kraftquellenmeditation bei Krebs

Beginnen Sie die Meditation wie gewohnt mit einer Atembetrachtung oder einer anderen Methode zur Beruhigung Ihres Geistes.

Dann gehen Sie mit der Aufmerksamkeit durch den Körper, beginnen Sie mit den Knochen, vom Schädel an abwärts. Jetzt nehmen Sie Ihre Organe wahr. Betrachten Sie zunächst Ihre Sinnesorgane, gehen Sie weiter zur Lunge, zum Magen usw., kommen Sie danach zur Muskulatur, dann zum Blutkreislauf, dem Lymphsystem, den Nervenbahnen, dem Gehirn, den feinstofflichen Kanälen, der Haut und dem darunterliegenden Gewebe, den Haaren und Nägeln. Sehen Sie Ihren Körper als Ganzes und bedanken Sie sich dafür, dass er Ihnen dient. Versuchen Sie zu spüren, wo die Tumore sitzen und welche Teile des Körpers Kraft und Energie brauchen.

Visualisieren Sie jetzt Ihre Kraftquelle, spüren Sie deren Präsenz, hüllen Sie sich in ihr Licht ein und lassen Sie das Licht über Ihren Scheitelpunkt in den Körper fließen. Jetzt schicken Sie das Licht zu den unkontrolliert wachsenden Zellen, d. h. zu allen mit Krebs befallenen Stellen in Ihrem Körper. Denken Sie daran, dass diese Zellen Ihnen einmal gedient haben, jetzt aber außer Kontrolle geraten sind. Sie wollen nun wieder ein gesundes Gleichgewicht herstellen.

Stellen Sie sich vor, wie das Licht in die wuchernden Krebszellen hineinfließt, diese vollständig auflöst und so deren Wachstum stoppt. Das Licht kann zu einem Feuer werden oder

---

[*] dies., S. 75

zu einem messerscharfen Laser oder einem stetigen Energiefluss. Sie können dem Licht eine Farbe geben, die Sie als besonders wirksam empfinden. Alle kranken Zellen werden davon getroffen und aufgelöst. Jetzt schicken Sie heilendes Licht in die gesunden Zellen, vor allem zu den Fresszellen, die die abgestorbenen kranken Zellen wiederverwerten. Bitten Sie die Fresszellen, ihre Arbeit bestmöglich zu tun. Stellen Sie sich vor, der Prozess der Zellerneuerung wird angekurbelt, und Ihr Körper findet wieder seine Balance. Geben Sie all Ihre Kraft und Dankbarkeit in diesen Heilungsprozess hinein.

Schicken Sie danach heilendes Licht in Ihre Organe und besonders an die Stellen Ihres Körpers, die geschwächt sind, sei es durch die Therapie, die Krankheit oder aus anderen Gründen, und bitten Sie das heilende Licht, die Energien zur Verfügung zu stellen, die gerade für Ihre Heilung gebraucht werden. Danken Sie den Organen und allen körpereigenen und geistigen Systemen für ihre Unterstützung in diesem Prozess.

Dann lassen Sie das heilende Licht in Ihrem Körper zirkulieren und in alle gesunden Zellen hineinströmen, damit diese sich aufladen und regenerieren und vermehren können. Stellen Sie sich vor, wie Ihr Immunsystem gestärkt wird und Ihr Körper wieder sein natürliches, dynamisches Gleichgewicht findet und Sie gesund werden.

Beziehen Sie auch Ihre Gedanken und Gefühle in den Reinigungsprozess ein, vor allem emotionale Blockaden oder negative Gedankenmuster.

Bitten Sie Ihre Kraftquelle darum, Ihnen auf Ihrem Weg der Heilung beizustehen. Schließen Sie die Meditation mit einer Widmung ab.

Kraftquelle und Chemotherapie

Sie können die Zeit, unmittelbar bevor Sie die Chemotherapie intravenös erhalten, nutzen. Segnen Sie Ihre Medizin, vielleicht mit einem Mantra, und stellen Sie sich vor, wie Ihre Medizin sich mit Heilkraft auflädt. Versuchen Sie, sich zu entspannen und für den Heilungsprozess zu öffnen.

Stellen Sie sich während der Chemotherapie vor, dass mit der Medizin, die die unkontrolliert wuchernden Zellen zerstören soll, das Licht Ihrer Kraftquelle mit in Ihre Adern strömt und die Medizin schnell zu den Krebszellen fließt. Diese sterben ab. Jetzt aktivieren Sie die Zellen, die die Krebszellen für den Neuaufbau gesunder Zellen wiederaufbereiten. Bitten Sie darum, dass gesunde Zellen so wenig wie möglich geschädigt werden. Das Licht Ihrer Kraftquelle potenziert die Wirkung der Medizin und schützt die gesunden Zellen. Darüber hinaus schützt es alle Organe und den gesamten Körper vor allen schädlichen Nebenwirkungen. Stellen Sie sich vor, dass das heilende Licht wieder ein neues gesundes und dynamisches Gleichgewicht in Ihnen schafft.

Sind Sie mit dem Bodyscan vertraut, können Sie die heilende Energie mit Hilfe Ihrer Vorstellung besser dorthin leiten, wo sie wirken soll. Beenden Sie die Meditation mit einer Widmung.

Kraftquelle und Bestrahlungen

Verändern Sie die Kraftquellenvisualisierung dahin gehend, dass Sie Ihre Kraftquelle als schützende Begleiterin mitnehmen in den Bestrahlungsraum. Verwandeln Sie diesen Raum in Ihrer Vorstellung in einen Ort der Heilung. Ihre Kraftquelle kann ihn mit Licht erfüllen und segnen, so dass dieser Ort für Sie und für alle, die hierherkommen, zu einem Quell der Heilung wird. Entspannen Sie sich, so gut es geht, vor der Bestrahlung.

Während der Bestrahlungen fließt dann in Ihrer Vorstellung die heilende Energie Ihrer Kraftquelle mit in den malignen Tumor, und zwar gezielt und gebündelt, vielleicht wie ein Laserstrahl. Das gesunde Gewebe wird nicht getroffen, der Krebs wird zerstört. Der weitere Prozess ist wie in der Kraftquellenmeditation oben.

Bitten Sie Ihre Kraftquelle, dafür zu sorgen, dass Ihr gesundes Gewebe nicht geschädigt wird und, wenn dies unvermeidlich ist, dass es sich schnell wieder regeneriert. Nach der Bestrahlung hüllen Sie sich in das heilende Licht ein, und lassen Sie es im Körper zirkulieren mit der Vorstellung, dass Ihr gesundes Gleichgewicht wiederhergestellt wird.

Schließen Sie die Visualisierung mit einer Widmung ab.

Kraftquelle und andere Erkrankungen

Passen Sie die Kraftquellenmeditation an die jeweilige Erkrankung und ihre Symptome an. Informieren Sie sich über Ihre Krankheit, die Herde in Ihrem Körper, und nehmen Sie hierzu eventuell Röntgenbilder zu Hilfe. Sie können sich dann besser vorstellen, welche Körperstellen befallen sind. Das hilft bei der Visualisierung.

Gestalten Sie Ihre eigene Visualisierung, und zwar entlang Ihres Krankheitsbildes. Fragen Sie, wenn nötig, Ihren Arzt oder Ihre Ärztin, informieren Sie sich über den Krankheitsverlauf, auch auf der Zellebene. So können Sie die heilende Energie gezielter lenken. Sie kann dann besser wirken. Nehmen Sie sich regelmäßig, vielleicht täglich, Zeit für Ihre Heilungsmeditation.

Bei einer HIV-Erkrankung geht es darum, dass Sie Ihr Immunsystem stärken und die Helferzellen zunehmen. Stärken Sie die Helferzellen mit Hilfe von Licht, und stellen Sie sich vor, dass das Virus keine Chance hat, sich zu vermehren. In geschädigte

Organe oder Körperteile schicken Sie die heilende Energie Ihrer Kraftquelle, und zwar so gezielt wie möglich. Auch hier kann wieder der Bodyscan helfen. Er schult die Vorstellung vom Körper und die Wahrnehmung für Ungleichgewichte. Am Ende nehmen Sie sich als von heilendem Licht durchströmt wahr.

Kraftquelle und Medizin

Entwickeln Sie die Gewohnheit, wann immer Sie Medikamente nehmen, den Kontakt zu Ihrer Kraftquelle aufzunehmen. Diese gibt dann ihre Heilkraft in Form von Licht oder Energie mit in die Medikamente hinein. Stellen Sie sich dann vor, dass die Medizin sich in Ihrem Körper verteilt, die Wirkstoffe sich entfalten und Ihren Körper heilen. Stellen Sie sich vor, Sie sind wieder gesund, geschädigte Körperteile regenerieren, das Immunsystem wird gestärkt. Sie können auch Ihre Tabletten neben dem Meditationsplatz lagern und sich am Beginn von formellen Meditationssitzungen vorstellen, dass Ihre Medikamente die heilsamen Schwingungen der Meditation in sich aufnehmen. Wenn Sie mögen, fügen Sie Ihrer Visualisierung die Bitte an Ihre Kraftquelle hinzu, Ihre Medizin mit Heilkraft aufzuladen. Sprechen Sie am Ende eine kleine Widmung.

Hilfen für Begleiter

Vorsicht mit Ratschlägen und Wertungen

Freundinnen oder Begleiter von lebensbedrohlich Erkrankten neigen schnell zu Ratschlägen, die, zwar meist gut gemeint, nicht nur dem kranken Menschen oft wenig Raum lassen.

Mara, Margeritas Freundin, hat gelesen, es sei gut, einen Geistheiler aufzusuchen, um gesund zu werden. Gerade sei einer aus den Philippinen in der Stadt. Sie könne schnell einen Termin machen. Sie wolle Margerita die Behandlung sogar spendieren. Nebenbei bemerkt sie, Margerita habe schon immer zu viel Wein getrunken und sei ständig unter Stress. Damit müsse sie nun unbedingt aufhören, denn das habe Margerita bestimmt krank gemacht. Mara ist besorgt und doch wenig achtsam. Margerita hat vor drei Tagen ihre Diagnose erhalten und braucht Hilfe. Sie ist zunächst verblüfft, dann frustriert über Maras Redeschwall. Mara bringt fast pausenlos immer neue Ratschläge vor, ohne sich in Margerita einzufühlen. So gibt es ein Ungleichgewicht in der Kommunikation. Mara tritt wie eine Expertin auf und hält so Distanz zum Leiden von Margerita, nicht zuletzt, weil sie sich davon bedroht fühlt. Margerita gegenüber nimmt sie die Rolle der Überlegenen ein. Eine Kommunikation auf Augenhöhe ist nicht möglich. Margerita merkt, dass es ihr in diesem Gespräch immer schlechter geht. Sie verliert Kraft und erhält nicht die erhoffte Hilfe. Beide Frauen finden nicht zueinander. Margerita fühlt sich gedrängt, Entscheidungen zu fällen, obwohl sie gar nicht an diesem Punkt ist. Sie fühlt sich unter Druck. Hinzu kommt, dass sie sich abgewertet fühlt, denn die Äußerungen der Freundin über ihren Alkoholkonsum haben sie erschüttert, weil ein Fünkchen Wahrheit daran ist. Nach diesem missglückten Abend geht Margerita mit Magenschmerzen nach Hause.

Ratschläge und Wertungen basieren auf Konzepten und Vorstellungen. Auf den Menschen, der sie (ungefragt) äußert, mögen sie zutreffen, jedoch sind sie nicht ohne weiteres übertragbar. Meist ist in ihnen ein Fünkchen Wahrheit enthalten, deshalb können sie so verletzend wirken oder auch hilfreich sein. Wir können Ratschläge benutzen, um mit ihrer Hilfe eine Wand der Gefühllosigkeit zwischen uns und einem anderen Menschen zu errichten. Dann sind sie das Gegenteil dessen, als was sie erscheinen. Es handelt sich um Abwehrstrategien. Unsere Abwehr richtet sich gegen unsere eigenen Gefühle der Angst, Hilflosigkeit und Betroffenheit. Maras Abwehr gegenüber Margerita zeigt sich in ihrer Dominanz gegenüber Margerita, von deren Krankheit sie sich bedroht fühlt. Margerita hat keine Wahl, entweder sie unterwirft sich, oder sie steigt aus dem Kontakt aus. Es ist ein Machtgefälle entstanden. Die eigentlich Hilfsbedürftige soll die Vorschläge der Ratgeberin bestätigen, damit Letztere nicht zu sehr aus dem Gleichgewicht kommt. Die ratgebende Person fürchtet sich vor der Krankheit der Betroffenen und ihren Folgen und möchte unbedingt an ihrer Verdrängung gegenüber Bedrohungen wie Krebs festhalten. In diesem Kontakt sind Ratschläge auch Schläge, wie es eine Bekannte von mir formuliert hat.

Die Bewertung der Lebensführung eines erkrankten Menschen beinhaltet immer eine mehr oder weniger subtile Schuldzuweisung. Zugespitzt formuliert heißt das: Margerita, du hast deine Krankheit selbst verursacht. Wer das sagt, fühlt sich überlegen, wertet die andere Person ab und sich auf. Er macht dem kranken Menschen Angst, eventuell die Angst, die er selber hat, und hält sich die innere Auseinandersetzung mit dem Thema Krebs damit vom Leib. Für ihn führen nicht unsere Sterblichkeit oder Vergänglichkeit zu Krankheiten, sondern ein persönliches Versagen, das sich im Fehlverhalten der kranken Person ausgedrückt hat. Das Ganze wird verpackt in Konzepte: Ernährungskonzepte: Gesunde, ausgewogene Ernährung verhindert Krebs, dein Alkoholkonsum lädt ihn geradezu ein; Lebensphilosophien: Krank werden nur die Schwachen; oder Psychologisierungen: Hättest du deine Vaterproblematik endlich aufgearbeitet, dann wärst du heute noch gesund; oder pseudowissenschaftliche Thesen: Du hast eine genetische Disposition, denn deine Mutter starb auch an Krebs; oder religiöse Konzepte: Das ist Gottes Strafe für deinen Unglauben, oder die Krankheit ist Folge deines Karmas; oder wellnesstheoretische Vorstellungen: Obwohl du Yoga praktizierst und joggst, bist du krank? Ich habe dir schon vor Jahren gesagt, geh zu anderen Lehrern; oder persönliche Bewertungen: Der Mann tut ihr nicht gut, kein Wunder, dass sie Krebs hat; sie hat hat immer schlechte Laune; Pessimisten bekommen nun mal Krebs.

Hinter solchen Vorstellungen und Konzepten liegt die Idee: Wer sich nicht an die nötigen Regeln hält, der verursacht seinen Krebs selbst. Oder: Ich bin gesund, weil ich nicht so fahrlässig bin wie Margerita. Oder: Bisher habe ich Glück gehabt, anders als Margerita, und darüber bin ich froh. Ihre Krankheit zeigt: Sie hat versagt oder Pech gehabt. Das tut mir leid, aber da muss sie schon alleine durch. Es gilt das Motto: Ernsthaft krank werden und sterben, das tun nur die anderen.

Die Kranke wird stigmatisiert. Wer sich von ihr mit einem stichhaltigen Konzept distanziert, kann dann gegebenenfalls den Kontakt zu ihr abbrechen, z. B. mit dem häufig gerade in esoterischen Kreisen gehörten Argument, dass die Nähe zu einer kranken Person nicht guttue, weil ihre Negativität, die sich schon im Krebs manifestiert habe, schlechte Schwingungen erzeuge. So hat man einen guten Grund, die Erkrankte nicht mehr zu besuchen. Ausgrenzung führt zu Isolation. Isolation geschieht, wenn sich die anderen zurückziehen, weil sie sich vor der eigenen Wahrheit fürchten. So kann im schlimmsten Fall für den Kranken der soziale Tod dem realen Tod vorangehen.

Zu diesem Thema habe ich eine Übung entwickelt, die sich an Erfahrungen von Ken und Treya Wilber anlehnt, welche die beiden in ihrem Buch *Mut und Gnade* beschrieben haben. Es handelt sich um eine Gruppenübung. Sie finden Sie am Ende dieses Kapitels.

Ich komme öfter in Krankenhäuser, Hospize oder Seniorenheime. Dort finden zahlreiche soziale Tode statt. Menschen werden abgegeben, nicht mehr besucht, alleingelassen, wenn sie wirklich in Not sind. Die Einrichtungen sollen das dann ausgleichen. Bei dem aktuellen Personalmangel und der Überforderung der Mitarbeiterinnen und Mitarbeiter ist das kaum möglich. Diese Not kann zu körperlicher und psychischer Verelendung ernsthaft Erkrankter führen. Wir fügen ihrem Leiden noch zusätzliches Leiden hinzu, indem wir sie alleinlassen. Selbsthilfegruppen, Besuchsdienste, Hospizhelfer und mitfühlende Freundinnen und Angehörige versuchen, diesem Trend entgegenzuwirken. Wir sollten ihn ganz umkehren. Wir gehen nicht gut mit Menschen wie Margerita um, weil eine lebensbedrohliche Erkrankung noch zu oft eine Tabuzone ist mit einem Schilderwald von »Nicht betreten« davor.

Letztlich sind wir grausam, wenn wir wie Mara handeln. Grausam, weil wir nur an uns denken, egozentrisch sind und meinen, so das Leiden von uns entfernt halten zu können. Oft ist uns das aber überhaupt nicht bewusst. Die gute Nachricht ist: Wenn wir erkannt haben, aus welchen Motiven und Ängsten heraus wir sprechen und handeln, können wir uns ändern, und das ist jederzeit möglich.

Mitfühlende Begleitung

Die Delphingeschichte
»Ich befand mich alleine am Meer, etwa 35 Meter unter Wasser. Ich wusste, dass ich nicht allein hätte tauchen sollen, aber ich fühlte mich kompetent und riskierte es einfach. Die Strömung war nicht sehr stark, und das Wasser war so warm, klar und verlockend. Als ich aber plötzlich einen Krampf bekam, wurde mir bewusst, wie dumm ich gehandelt hatte. Anfangs war ich nicht so sehr besorgt, bis ich merkte, dass ich so verkrampft war, dass ich meinen Gewichtsgürtel nicht mit den Händen erreichen konnte, um die Schnalle zu lösen. Ich sank weiter in die Tiefe und bekam jetzt große Angst, da ich mich nicht mehr bewegen konnte. Auf meiner Taucheruhr konnte ich die An-

zeige lesen und erkennen, dass ich nur noch wenig Atemluft hatte! Ich versuchte, mir den Magen zu massieren. Ich trug zwar keinen Taucheranzug, der mich hätte behindern können, aber es gelang mir einfach nicht, die verkrampften Muskeln mit meinen Händen zu erreichen.

Ich dachte mir: ›So kann ich doch nicht abtreten. Ich habe doch noch so viel vor!‹ Ich konnte doch nicht einfach auf so anonyme Weise sterben, ohne dass jemand gewusst hätte, was mir zugestoßen sei. In meinem Geist rief ich: ›Irgendjemand, irgendetwas, bitte hilf mir!‹

Auf das, was dann passierte, war ich nicht vorbereitet. Plötzlich spürte ich einen Stoß hinter mir unter der Achselhöhle. Ich dachte: ›Oh nein, Haifische!‹ Ich verspürte panische Angst und Verzweiflung. Aber dann merkte ich, dass mein Arm mit sanfter Gewalt angehoben wurde. Plötzlich erschien vor meinem Gesichtsfeld ein Auge – das wunderbarste Auge, das ich mir nur hätte vorstellen können. Ich schwöre, dass es einen lächelnden Blick hatte. Es war das Auge eines großen Delphins. Als ich in dieses Auge hineinblickte, wusste ich, dass ich sicher war.

Das Tier bewegte sich weiter nach vorne und schob seine Rückenflosse unter meine Achselhöhle, so dass mein Arm über seinem Rücken lag. Ich entspannte mich und umarmte den Leib voller Erleichterung. Ich spürte, dass er mir Heilung zukommen ließ, während er mich zur Wasseroberfläche hob. An der Oberfläche zog er mich zum Strand. Er führte mich in so seichtes Wasser, dass ich mir Sorgen zu machen begann, ob er sich nicht selbst gefährden und stranden würde. So schob ich ihn in das tiefere Wasser zurück, wo er wartete, um – so nehme ich an – zu sehen, ob bei mir alles in Ordnung sei.

Es war wie ein anderes Leben. Als ich den Gewichtsgürtel und die Sauerstoffflasche abnahm, zog ich auch alles andere aus und kehrte nackt in den Ozean zurück. Ich fühlte mich so leicht und frei und lebendig, und ich wollte in dieser völligen Freiheit nur noch unter der Sonne und im Wasser spielen. Der Delphin nahm mich weiter mit hinaus und begann, mit mir zu

225

spielen. Ich bemerkte, dass es weiter draußen noch mehr Delphine gab.

Nach einer Weile brachte er mich wieder zum Strand zurück. Ich war nun sehr müde und ausgelaugt, und er sorgte dafür, dass ich wieder in ganz seichtes Wasser gelangte. Dann bewegte er sich so zur Seite, dass er mit einem Auge in meine Augen schauen konnte. Wir verharrten in dieser Stellung ziemlich lange, fast wie in einer zeitlosen Trance, wobei in meinem Geist persönliche Erinnerungen vorüberrollten. Dann gab er einen einzigen Laut von sich und gesellte sich zu seinen Artgenossen, und gemeinsam schwammen sie fort.«[*]

Diese Geschichte steht in dem Buch von Ram Dass und Paul Gorman *Wie kann ich helfen?* am Anfang eines Kapitels mit dem Titel »Natürliches Mitgefühl«.

Ein Mensch stürzt, und Sie helfen ihm auf, eine Freundin fürchtet sich vor der bevorstehenden Operation, und Sie begleiten sie ins Krankenhaus, die Nachbarin ist bettlägerig und bittet darum, etwas für sie einzukaufen. Sie tun das gerne, ohne nachzudenken. Es ist selbstverständlich für Sie zu helfen. In solchen Situationen sind wir einfach da und handeln aus dem Herzen heraus, und es tut uns und dem hilfsbedürftigen Menschen gut. Ein Fluss von Geben und Nehmen entsteht. Da ist nichts Trennendes, nur Verbindendes. Wir handeln spontan. Nur wenn sich unser Ego dazwischenschiebt, das immer fürchtet, zu kurz zu kommen, wird alles kompliziert, und es können ungute Situationen entstehen.

Mitfühlende Begleitung geschieht auf Augenhöhe. Sie setzt voraus, dass ich den anderen Menschen vollständig respektiere, in allem, was er tut und was er ist. Sie basiert auf der grundsätzlichen Gleichheit von uns beiden und von allen fühlenden Wesen. Wir können uns dabei auf die ursprüngliche Vollkommenheit jedes Wesens, unsere Buddha-Natur, beziehen, in dem

---

[*] Dass/Gorman, S. 9 ff.

Wissen, dass wir meist nicht mit ihr, sondern mit den dunklen Wolken unserer Gedanken, Gefühle und Wahrnehmungen identifiziert sind, die uns das Leiden an der menschlichen Existenz beschert.

Mitfühlend kann ich sein, wenn ich mir erlaube, sowohl meine körperliche und geistige Befindlichkeit in einer konkreten Situation wahrzunehmen, mit meinen momentanen Gefühlen in Kontakt zu sein, als auch den anderen Menschen zu spüren und zu verstehen. Eine mitfühlende Mara nimmt sich Zeit, erfühlt Margeritas Bedürftigkeit ebenso wie ihre eigene und begegnet beidem mit Wohlwollen. Die Ratgeberin Mara ist überwältigt von Unbehagen und Angst, die ihre Abwehrreaktion auslösen. Die mitfühlende Mara ist mutig und tappt nicht in diese Falle. Sie wird nicht zum Spielball ihrer Gefühle und Ängste, sondern lockert die Identifikation mit ihnen. Sie bewertet nicht. Damit nimmt sie die Situation so, wie sie ist. Die mitfühlende Mara bezieht sich außerdem auf das Verbindende und nicht auf das Trennende zwischen Margerita und ihr.

Einfühlsames Verstehen gibt dem anderen Menschen Raum und Zeit, führt zur Zurücknahme egozentrischer Bedürfnisse und hat dessen Wohlergehen im Auge. Mara wählt die Atembetrachtung, um in ihre innere Mitte zu gelangen, einen Raum, in dem Gedanken, Gefühle und Wahrnehmungen kommen und gehen wie die Wolken am Himmel. Aus diesem Raum heraus agiert sie, und so wächst die Bereitschaft, wirklich für die andere da zu sein, was sich in einer Haltung des Zugewandtseins, der Aufmerksamkeit und Achtsamkeit für sie ausdrückt. Margerita kann sich dann angenommen fühlen.

Eine Grundlage für diese Haltung gewinnt Mara, indem sie die Vergänglichkeit akzeptiert. Das Leben ist da, ebenso wie die andere Seite des Flusses, der Tod und das Fließen als Bewegung dazwischen. Da Mara nichts ausgrenzt, auch den Tod nicht, kann sie immer wieder neu eine Mitte finden. Die Mitte zwischen den Polen von Leben und Tod ist ein Ort der Ausgewogenheit, der Balance. Hier ist die Haltung von Gleichmut und

Gelassenheit angesiedelt. Sie eröffnet den Zugang zu weiteren inneren Ressourcen wie Mitgefühl, Liebe oder Freude und lässt uns Verbundensein mit allem erfahren. So entsteht die Verbindung mit unserer ursprünglichen Vollkommenheit, der Grundlage aller Kraftquellen. »Deine wahre Natur ist die des unendlichen Geistes. Das Gefühl begrenzt zu sein, wird vom Verstand erschaffen.«[*] Wer dort angekommen ist, hat sein Ego, das sich immer abgrenzen muss, hinter sich gelassen.

Davon sind die meisten von uns noch sehr weit entfernt. Doch im Prinzip geht es um eine aufrichtige Begegnung mit offenem Herzen und der Bereitschaft, persönliche Egoismen auch einmal loszulassen. Es geht darum, mit der eigenen Befindlichkeit in Berührung zu sein, aber gleichzeitig auch die andere Person in ihrem Feld wahrzunehmen. So erhält sie Raum. Der Kontakt, das Gespräch können fließen. Es geht um Zurückhaltung und das Bemühen, nicht zu werten, und um das Aufgeben oder Lockern der Identifikation mit eigenen Konzepten und Glaubenssätzen. Dabei ist es wichtig, sanft und liebevoll mit sich zu sein, sich selbst so anzunehmen wie den anderen.

Die tibetische Meditationslehrerin Pema Chödrön bezeichnet die Zurückhaltung als »die Methode, mit der wir das Wesen unserer Rastlosigkeit und Angst kennenlernen können; mit ihr lassen wir uns in der Bodenlosigkeit nieder. Wenn wir, sobald sich eine Lücke ergibt, augenblicklich wieder nach Ablenkung greifen, indem wir reden, handeln oder denken, werden wir uns niemals entspannen können. Wir werden ständig durchs Leben rasen … Zurückhaltung ist ein Weg, sich mit sich selbst anzufreunden, und zwar auf der tiefsten Ebene.«[**]

Zum Mitgefühl gehört eine Portion Zurückhaltung. Mitfühlend sein heißt nicht, sich bedingungslos mit dem Leiden des anderen Menschen zu identifizieren. Dann sitzen beide im gleichen Boot, und die Helferin kann nicht unterstützen. Das

---

[*] Maharshi, S. 36

[**] Pema Chödrön, S. 60

wäre eine Art Symbiose, vor der wir auf der Hut sein müssen. Wir weichen damit einer realistischen Selbstwahrnehmung in der aktuellen Situation aus. Auch sollten wir Mitleid und Mitgefühl nicht verwechseln. Stephen Levine sagt, Mitleid entspringe unserer Angst, dem Gefühl des Getrenntseins. Mitgefühl dagegen sei Ausdruck unserer Liebe und werde aus der Wahrnehmung des Verbundenseins geboren. Mitgefühl hat seinen Anker in unserem menschlichen Potenzial. Es ist unser Herz, das dann spricht.

Mitfühlendes Verstehen zu entwickeln und auszudrücken ist einfacher, wenn Sie Ihre spirituelle Kraftquelle oder andere spirituelle Methoden als Wegweiserin nehmen und diese, wenn Sie auf der falschen Fährte sind, um Hilfe bitten. Doch wir werden immer wieder aus der Mitte herausfallen, jede und jeder von uns, weil die innere Balance zu finden und zu bewahren ein Prozess ist, der ständig stattfindet, der immer im Fluss und voller subtiler und diffiziler Facetten ist. Es ist der Umgang mit der lebensimmanenten Verunsicherung, deren Grundlage der Wandel, die Vergänglichkeit von allem ist. Am einfachsten ist es, wenn wir uns in die Bodenlosigkeit von allem hinein entspannen können. Das ist ein Übungsweg. Es ist in allen Situationen sinnvoll, so viel wie möglich an Anspannung herauszunehmen. Da helfen Humor oder auch einfach das Loslassen von Ansprüchen und Konzepten oder das Fließenlassen des Atems, eine lockere, aufrechte Körperhaltung und vieles mehr.

Motivation klären

Handeln wir aus natürlichem Mitgefühl, tun wir das, was gerade gebraucht wird, und stehen Menschen selbstverständlich bei. Manchmal sind wir ganz egoistisch, manchmal eher altruistisch, meistens liegt unsere Motivation irgendwo in der Mitte. Sie hat auch viel mit der Art unserer Beziehung zu dem Menschen zu tun, den wir unterstützen wollen, und der Liebe, die wir für ihn empfinden. Aus der Motivation ergibt sich, wie viel Input Sie z. B. zeitlich oder emotional geben wollen. Wenn Sie noch mit eigenen unverarbeiteten Trauerprozessen oder traumatischen Erfahrungen bezüglich lebensbedrohlicher Erkrankungen zu tun haben, sollten Sie vorsichtig sein und nicht zu viele Aufgaben für den Kranken übernehmen. Wenn Sie Ihre Partnerin begleiten, dann prüfen Sie, welche Fürsorge Sie selbst benötigen, um die Situation durchzustehen. Nehmen Sie sich Zeit und denken Sie darüber nach: Wie ist meine Beziehung zu dem oder der Kranken? Was erwarte ich? Was möchte ich lernen? Wie viel Zeit möchte ich schenken? Welche Aufgaben übernehme ich, welche nicht? Wie kommuniziere ich meine Bedürfnisse? Wie sorge ich für mich selbst?

Prioritäten setzen

Entscheiden Sie nach der Motivationsklärung, wie Ihr Engagement aussehen könnte. Fragen Sie den kranken Menschen, was er sich von Ihnen wünscht, was er unbedingt braucht und wo er alleine zurechtkommt. Schauen Sie dann, welche Aufgaben und Erwartungen auf Sie zukommen, und darauf, was Sie geben können und wollen. Berücksichtigen Sie Ihre alltäglichen Verpflichtungen ebenso wie die Dinge, die für Sie persönlich wichtig sind, Ihre momentane Belastungsfähigkeit und Ihr Zeitkontingent. Als Angehöriger oder Hauptbezugsperson sollten Sie sich nach Entlastung umschauen (z. B. durch Einbeziehung von Verwandten, Freundinnen und Freunden, Nachbarn, Therapeuten, Haushaltshilfen, einem Pflegedienst, ehrenamtlichen Helferinnen und Helfern, Pflegehilfsmitteln, einer Person, die Abrechnungen macht oder mit Ihnen Formulare ausfüllt, etc.). Lassen Sie sich von einer Sozialstation, dem Arzt oder einem palliativmedizinischen Beratungsdienst gemeinsam mit dem Kranken beraten. Klären Sie für sich, wie viel Zeit Sie maximal und minimal zur Verfügung stellen wollen und können. Denken Sie auch an Auszeiten wie Reisen und Ruhephasen. Dann setzen Sie Ihre Prioritäten, und bestimmen Sie, wie Sie sich einbringen wollen und können. Lassen Sie die Entscheidung danach ein wenig ruhen. Schauen Sie dann noch einmal darauf, bevor Sie mit der kranken Person darüber reden und miteinander besprechen, wie es weitergehen könnte. Vielleicht möchten Sie noch etwas ändern, was Ihnen wichtig ist.

Grenzen achten – Grenzen ziehen

Sie öffnen sich und Ihr Herz, wenn Sie für einen kranken Menschen sorgen. Da erfahren Sie neben allen Schwierigkeiten auch viel Beglückendes. Sie kommen sich in Lebenskrisen näher als sonst. Das ist nicht immer leicht. Versuchen Sie, sooft es geht, in Verbindung mit Ihren Kraftquellen zu sein und diese geschickt zu nutzen, um Energie aufzuladen, sich zu schützen und zu verbinden. Scheuen Sie sich auch nicht, nein zu sagen, wenn die Kranke Sie zu tief in eigene Problemfelder hineinziehen will. Wenn es geht, tun Sie das liebevoll und so, dass die andere sie versteht.

Überlassen Sie dem kranken Menschen die Verantwortung für seinen persönlichen Weg, es sei denn, er ist dement, verwirrt oder noch nicht erwachsen. Mischen Sie sich nicht in grundlegende Entscheidungen über die Therapie ein, wenn der Erkrankte das nicht will. Sie können ihn wissen lassen, was Sie denken, wenn er es hören möchte, ansonsten unterstützen Sie ihn auf seinem Weg, auch wenn Sie persönlich ganz anders handeln würden. Hier ist Zurückhaltung besonders wichtig – eine große Herausforderung für das Ego.

Schlagen Sie auch mal unkonventionelle Dinge vor, Ausflüge, Ausstellungsbesuche, nicht alltägliche Events, und schauen Sie, ob Sie die Kranke nicht motivieren können, mitzukommen. Das macht Mut und steigert die Lebensfreude.

Entlocken Sie der Kranken heimliche Wünsche, und schauen Sie, wie Sie diese erfüllen können. Achten Sie immer auch auf Ihre eigene Zufriedenheit, dann kommen Sie aus der Fülle in die Begegnung. Haben Sie ein Auge auf die Kostbarkeiten des Lebens.

Seien Sie bereit, von dem kranken Menschen zu lernen. Zeigen Sie ihm Ihre Wertschätzung. Teilen Sie auch Ihre schwierigen Erfahrungen und Probleme mit ihm, und nehmen Sie seinen Rat an. Seien Sie miteinander spielerisch und kreativ.

Nehmen Sie den Dingen ihre Selbstverständlichkeit, steigen Sie so aus alltäglichen Gewohnheiten aus und lassen Sie sich überraschen. Dazu benötigen Sie etwas Abstand von der alltäglichen Geschäftigkeit, Sie brauchen Muße. So schaffen Sie Raum für die Empfindung von Dankbarkeit, die das Herz weit macht. »Die uns so vertraute Welt, unser alltägliches Leben zu Entdeckungsorten für Überraschendes zu machen, ist gar nicht so schwierig und bedarf keiner besonders ausgeklügelten Phantasie. Es verlangt einfach innezuhalten, hinzuschauen und sich verzaubern zu lassen.«* Vielleicht können Sie diese Inspiration mit Ihrem Kranken teilen. Das öffnet den Blick für die Kostbarkeit des Lebens.

Vor allem in der Stille, den Momenten, in denen alles zur Ruhe kommt, liegt viel Kraft. Das Teilen von Stille in der Meditation, das Miteinanderschweigen, kann eine sehr beglückende Erfahrung sein.

---

* Richard, S. 157

Die Wertschätzung des Lebens

Die Akzeptanz der Sterblichkeit macht lebendig, bereichert das Leben. Der Tautropfen auf dem Rosenblatt, der sonnige Herbsttag, das beglückende Gespräch mit Ihrer Freundin – nehmen Sie all diese Dinge nicht einfach als selbstverständlich hin. Es sind Geschenke. Sie erfahren die Kostbarkeit des Lebens. Die Begegnung mit der Endlichkeit kann zu einer größeren Wertschätzung des Lebens führen. Es sind die Augenblicke, die zählen, Moment für Moment. Wir sind nicht mehr abgelenkt von Zukunftsplanungen, sie erscheinen absurd und als Zeitverschwendung. Die Vergangenheit ist gelebt, was bleibt, ist das Hier und Jetzt. Der vietnamesische Zen-Meister Thich Nhat Hanh spricht immer wieder davon, dass wir den gegenwärtigen Augenblick in den wundervollsten Augenblick verwandeln müssen. Und dies können wir tun, indem wir innehalten, uns nicht mehr um Vergangenes sorgen oder uns in Zukünftiges verwickeln, indem wir unsere Augen öffnen und das, was sich uns gegenwärtig zeigt, genießen.

Spirituelle Unterstützung

Einfühlungsvermögen, die Fähigkeit, einfach da zu sein, und das Loslassen von eigenen Bewertungen und Ratschlägen sind bei der Begleitung kranker Menschen sehr wichtig. Als Helfende ist aber auch Authentizität gefordert. Das bedeutet, Sie bringen sich mit Ihren eigenen Stärken und Schwächen ein.
Suchen Sie immer wieder die Verbindung zu Ihrer Kraftquelle. Sollten Sie gerade selbst schwierige Zeiten durchleben, dann können Sie den Fokus bei der Kraftquellenmeditation, wie sie auch auf der CD ist, darauf setzen, selbst Energie zu bekommen, und sich selbst, statt des kranken Menschen, vor Ihrem geistigen Auge visualisieren, um sich dann vom Licht aus Ihrem

Herzen und der Energie Ihrer Kraftquelle Unterstützung zu holen.

Die Mitgefühlsmeditation am Ende dieses Kapitels hilft, sich in die Lage des betreuten Menschen zu versetzen. Daraus erwächst ein tiefes Verständnis für sein Leiden.

Oft haftet der Tagesstress an uns, wenn wir dem kranken Menschen begegnen, und es ist dann schwierig, das eigene Gedankengeschnatter abzustellen. In dieser Situation sollten Sie, wenn möglich, zuvor innehalten, die Aufmerksamkeit auf ein Objekt, z. B. den Atem, richten und den zerstreuten Geist langsam zur Ruhe bringen. Vielleicht hilft es Ihnen, einen stillen Ort aufzusuchen, zu schweigen und in sich hineinzuhören. Wenn das nicht geht, bewegen Sie sich, schütteln Sie den Stress aus sich heraus oder singen Sie laut im Auto. Sie können auch dem Kranken sagen, dass Sie heute unkonzentriert und zerstreut sind.

Mir hilft es, wenn ich mir vorstelle, ich packe all den Gedankenmüll in meinem Kopf in eine bunt schillernde Seifenblase, so, als wenn ich einen Papierkorb entleere; das tue ich dann ausgiebig, bis nichts mehr in meinem Kopf ist. Dann lasse ich die Seifenblase in den Himmel schweben. Dort zerplatzt sie dann, wird eins mit dem Himmel, und ich bin frei.

Sollte gar nichts gehen, erwägen Sie auch, abzusagen und einen neuen Termin zu vereinbaren. Nehmen Sie sich stattdessen eine nährende Auszeit. Bei auftauchenden Ängsten können Sie auf die Hinweise im Kapitel »Umgehen mit Angst« zurückgreifen. Natürlich sind auch Bewegung oder homöopathische oder pflanzliche Mittel gegen emotionale Beeinträchtigungen hilfreich. Seien Sie liebevoll mit sich, und wählen Sie aus Ihrem Fundus das geeignete Mittel.

Die Achterbahn der Gefühle

Die Konfrontation mit einer lebensbedrohlichen Erkrankung ist oft von einem Wechselbad der Gefühle begleitet. Es gibt Tage, an denen ist Miro, der schwer erkrankt ist, gut gelaunt und freut sich. Betty und er verbringen eine entspannte Zeit, sie lachen, sind zärtlich miteinander und albern herum. Beide sind überzeugt: Jetzt haben sich die Knoten gelöst, und alles wird gut. Am nächsten Tag kommt vielleicht eine Hiobsbotschaft, oder es geschieht gar nichts Besonderes, aber Miro ist verzweifelt, schimpft mit Betty, sie kann ihm nichts recht machen, und er scheucht sie herum. Betty ist am Abend erschöpft und unglücklich. Sie denkt: Ich halte das nicht mehr aus und möchte am liebsten davonlaufen. Beide haben in diesen Momenten das Gefühl, dass es immer so schrecklich bleiben wird. Am nächsten Tag ist wieder alles ganz anders. Die Stimmungen wechseln manchmal mehrfach am Tag, stellen alle, die Miro begegnen, vor eine Nervenzerreißprobe.

In diesen Zeiten kann das Leben für alle Beteiligten zur Hölle werden. Schon aus unserem normalen Alltagsleben wissen wir, wie oft unsere Stimmungen wechseln, wie wir zwischen Hoffnung und Furcht schwanken, obwohl es manchmal kaum äußere Anlässe gibt. Dies spitzt sich zu, wenn wir uns in Grenzsituationen bewegen. Wir fühlen uns unseren Gefühlen hilflos ausgeliefert und halten das, was im Moment geschieht, für etwas Dauerhaftes, obwohl es vergänglich ist.

Um solche Situationen zu entschärfen und die Achterbahnfahrt der Gefühle zu unterbrechen, können Sie:

- innehalten und das Rasen der Gefühle und Gedanken einfach nur wahrnehmen und nicht weiter anheizen, atmen, still werden, einen inneren Ort der Stille aufsuchen, sich mit Ihrer Kraftquelle oder dem Himmel hinter den Wolken verbinden; d. h., nicht mehr mitspielen, einen Schritt zurücktreten und das Ganze aus der Distanz betrachten.

- aus dem Raum gehen, raus in die Natur, sich Bewegung verschaffen, sich abreagieren und so das Auf und Ab der Gefühle unterbrechen.
- sich klarmachen, dass alles vergänglich ist, die jetzige Stimmung sich bald wandeln wird, und darauf vertrauen.
- sich nicht zu einer Gegenreaktion hinreißen lassen, ruhig und verständnisvoll bleiben, aber auch Grenzen ziehen, wenn Sie sich verletzt fühlen. Hilfreich ist dabei, sich in die andere Person hineinzuversetzen. So begegnen Sie ihr mit Mitgefühl.
- sich erinnern, dass Gefühle Energieformen sind, die ihre Gestalt wandeln können, im Kern jedoch neutral sind. Sie können Impulse geben für eine Umpolung oder ein vorübergehendes Ausleben der Energie, damit sie sich erschöpft oder transformiert.
- immer wieder die Mitte zwischen den Extremen suchen und diese mit Hilfe geeigneter spiritueller Praktiken, die dem persönlichen Lebensweg entsprechen, in formellen Sitzungen (Meditation, Visualisierung, Gebet, meditativer Bewegung) kultivieren.
- zu allem, was Vertrauen ins Leben nährt, und zu Praktiken der Angstbewältigung sowie zu Meditationen über Vergänglichkeit Zuflucht nehmen.
- Stress abbauen, Hilfe holen, mehr Spielräume schaffen, die lebenspraktische Situation so verändern, dass Überlastungen reduziert werden.
- Selbstvertrauen und das natürliche Selbstwertgefühl stärken, z. B. mit Hilfe von Mitgefühlsmeditationen für sich selbst oder Visualisierungen, in denen Sie Ihr tobendes inneres Kind im Arm halten und wiegen, ihm Beachtung schenken und es trösten.
- sich klarmachen, wie viel Reichtum da ist und dass vielleicht auch die Möglichkeit besteht, auf etwas zu verzichten, was gerade im Fokus der Begierde steht.

- mit Humor reagieren, einen Witz machen und so die Luft aus der angespannten Situation herauslassen.
- annehmen und akzeptieren, dass Sie wieder einmal in die Falle von Hoffnung und Furcht getappt sind.
- Vergebung praktizieren für sich selbst und den anderen Menschen, wenn es zu Verletzungen gekommen ist; sich entschuldigen und die Versöhnung einleiten.
- nicht davonlaufen, sondern das nächste Mal einen anderen Weg einschlagen; Methoden ausprobieren, die hilfreich sind.
- nicht in Schuldkreisläufe einsteigen.
- so lange Achterbahn fahren, bis nichts mehr geht und alles mit Ihnen zusammenbricht. Auf diesem ungemütlichen Weg wird meist viel unnötiges Porzellan zerschlagen.

Das sind nur einige Vorschläge, mit Extremsituationen umzugehen. Greifen Sie auf das zurück, was Ihnen sinnvoll erscheint, meist ist es eine Kombination unterschiedlicher Methoden.

Wenn wir den Boden unter den Füßen verlieren, und das wird in Grenzsituationen immer wieder geschehen, kann uns das wie das Ende erscheinen. Wir können die Dinge nicht mehr kontrollieren. Jetzt aufzugeben, aus den Projektionen und Vorwürfen auszusteigen – das ist die Herausforderung und Chance. »Die bloße Kraft jeder Energie – sei es die Energie des Zorns, die Energie der Enttäuschung, die Energie der Angst – weicht uns auf. Wenn wir sie nicht in irgendeine Richtung kanalisieren, dann durchbohrt uns genau diese Energie bis ins Herz – sie öffnet uns. Das ist die Entdeckung der Ich-Losigkeit. Sie geschieht, wenn alle Strategien versagen. An unsere Grenzen zu stoßen ist so, als würden wir eine Tür zur geistigen Gesundheit und zur bedingungslosen Güte der Menschheit entdecken, statt einem Hindernis oder einer Bestrafung zu begegnen.«[*]

---

[*] Pema Chödrön, S. 35

Es winkt unser wahres Wesen und rät uns, gib auf. Unter den Wogen ist die Stille des Meeres. Geh den Weg in die Tiefe deiner ursprünglichen Vollkommenheit. Da geht's lang.

Meditationen und Übungen

Den anderen Menschen verstehen

Wenn Ihre Fähigkeit, sich einzufühlen, gerade verschüttet oder gegenüber einem bestimmten Menschen besonders schwierig ist, dann hilft es, sich in die Lage des Menschen zu versetzen, den Sie nicht verstehen.

Suchen Sie sich einen Ort, an dem Sie ungestört sein können. Beruhigen Sie Ihren Geist, indem Sie z. B. so lange den Atem betrachten oder die Aufmerksamkeit auf ein Objekt richten, bis Ihr Geist zur Ruhe gekommen ist. Sie können, wenn Sie Zeit haben, dazu die stille Meditation auf der CD hören.

Dann stellen Sie den Kontakt zu Ihrer Kraftquelle her. Lassen Sie sich von ihrem Licht durchfluten, und reinigen und spüren Sie die heilsame Energie, die von ihr ausgeht. Sie können dabei auf die Kraftquellenmeditation auf der CD zurückgreifen oder auf eine eigene Variante, die sich für Sie als praktikabel herausgestellt hat.

Jetzt stellen Sie sich die Person vor, die Sie so wenig verstehen. Sehen Sie diesen Menschen vor Ihrem geistigen Auge, so, wie Sie ihn in guter Erinnerung haben. Stellen Sie sich nun vor, Sie wären in seiner Lage, und versuchen Sie, ihn von innen heraus zu verstehen. Stellen Sie sich vor, Sie haben dessen Leiden, leben mit den entsprechenden Einschränkungen. Werden Sie ganz konkret. Spüren Sie, wie dieser Mensch fühlt, denkt und handelt, redet, lebt. Wenn Sie ein Verständnis für seine Lage entwickelt haben, wird Ihr Herz weich werden.

Jetzt spüren Sie wieder die Verbindung zu Ihrer Kraftquelle. Sie kann das Licht nun auch in Ihr Herz schicken, das sich in eine Sonne verwandelt, die in alle Richtungen strahlt.

Nun schicken Sie heilsame Energie aus Ihrer Herzenssonne zusammen mit dem Licht, das aus Ihrer Kraftquelle kommt, zu dem Menschen vor Ihnen, und überlassen Sie es ihm, was er davon annimmt oder nicht.

Dann lösen Sie die inneren Bilder in einem weißen Nebel auf, kehren Sie wieder zum Atem zurück.

Jetzt bedanken Sie sich bei Ihrer Kraftquelle. Danach kommen Sie wieder in Ihrer gewohnten Umgebung an, dehnen und strecken Sie sich.

Nehmen Sie Ihre Einsichten mit in die Begegnung, und lassen Sie sich davon inspirieren. Sie werden sehen, es ändert sich etwas im Kontakt, und zwar einfach dadurch, dass Sie die Person, in die Sie sich eingefühlt haben, besser verstehen.

Expertenrunde: Diagnose Krebs

Diese Übung eignet sich nur für größere Gruppen und lehnt sich an Ken Wilbers Buch *Mut und Gnade* an. Es handelt sich um eine Expertenrunde zum Thema: Diagnose Krebs.

Aus der Gruppe müssen sich einige Teilnehmer entscheiden, eine Expertenrolle zu übernehmen und diese auf einem Podium vor dem Gruppenpublikum einzunehmen. Hinzu kommt ein Moderator oder eine Moderatorin. Es ist gut, wenn die Person, die den Kurs leitet, diese Funktion übernimmt. Die inhaltlichen Rollenbeschreibungen teilt die Moderatorin den Expertinnen und Experten erst außerhalb des Gruppenraumes mit, denn die Gruppe soll nicht wissen, welche Fachleute geladen sind. Sie kann die einzelnen Rollen auf jeweils einem Blatt skizzieren, das sie an die entsprechende Person verteilt. Je nach der Größe der Gruppe können es drei bis fünf Fachleute sein. Diese sollen sachlich und engagiert im Rahmen ihrer Rolle einen Beitrag zum Thema: »Diagnose Krebs« formulieren, bezogen auf ein Publikum von Erkrankten, und sich dann der Diskussion stellen. Die Expertinnen und Experten sollen ein wenig engstirnig auf ihr Fach ausgerichtet sein. Da gibt es eine Onkologin, die auf die traditionellen Methoden der Medizin schwört; eine Heilpraktikerin, die gegenüber allen Methoden der traditionellen Medizin voreingenommen ist; einen Psychologen, der meint, Krankheit wurzle in unterdrückten Emotionen, besonders aus der Kindheit; einen konservativen Pfarrer, der Krankheit als Strafe Gottes sieht; und einen Anhänger einer esoterischen Gemeinschaft, der meint, wer sich selbst nicht verwirklicht habe, werde krank. Sie können (als Moderatorin) gerne noch einige Rollen hinzufügen oder die Rollenanweisungen, je nach Ihren Absichten, verändern. Die Fachleute ziehen sich, wenn sie die Rollenanweisung erhalten haben, zurück. Dazu benötigen sie jeweils einen Stift und Papier für Notizen.

Der Rest der Gruppe gehört zum Publikum. Während die Fachleute sich draußen vorbereiten, informieren Sie die Gruppenteilnehmer über ihren Auftrag und bereiten den Raum auf die Gesprächsrunde vor, indem Sie die Stühle umstellen. Die Anwesenden setzen sich in einen Halbkreis, vielleicht auch hintereinander; die Fachleute sowie die moderierende Person sitzen dem Publikum gegenüber.

Die Menschen, die das Publikum darstellen, fühlen sich in die Lage einer Person ein, die die Diagnose einer lebensbedrohlichen Erkrankung erhalten hat und sich gerade im Hinblick auf anstehende Therapien entscheiden muss. Alle schließen die Augen und konzentrieren sich so lange still auf ihren Auftrag, bis die Expertenrunde von der Moderatorin in den Raum geführt wird. Das geschieht etwa nach fünfzehn Minuten.

Alle setzen sich, danach begrüßt die Moderatorin die einzelnen Podiumsmitglieder, die jeweils ein prägnantes Einführungsstatement formulieren sollen. Sie interagieren dann in einem Gespräch in der Regel ohne Empathie in einer versachlichten Atmosphäre, die ab und zu vielleicht etwas hitzig wird. Niemand von ihnen hat eine einzelne betroffene Person vor Augen oder den Anspruch, konkrete Unterstützung zu leisten, alle haben festgelegte Konzepte und Wertvorstellungen, die auch Schuldzuweisungen an die Erkrankten enthalten, entweder direkt oder indirekt.

Nach dem kurzen Expertengespräch, das von Moderatorenseite strukturiert wird, wird die Diskussion mit dem Publikum eröffnet. Interessierte dürfen Fragen stellen, eventuell allgemeine oder Fragen, die an einen der Fachleute gerichtet sind. Diese antworten mit Unterstützung der Moderatorin, die steuernd in diesen Prozess eingreift. Sie nimmt z. B. die Redebeiträge entgegen und fordert Einzelne auf dem Podium zu Stellungnahmen auf oder reguliert, wenn Beiträge ausufern.

Am Ende der Diskussion, das Ganze dauert mit Vorbereitung etwa eine Stunde, findet ein gemeinsamer Austausch in der ganzen Gruppe statt. Zunächst berichten die einzelnen Expertinnen und Experten von ihren Rollenanweisungen und darüber, wie sie sich gefühlt haben. Dann nehmen die Menschen aus dem Publikum Stellung. Sie beschreiben vor allem ihre Wahrnehmung aus der Sicht der Betroffenen. An einem Flipchart kann man Gesprächsergebnisse festhalten und daraus Kriterien für einen einfühlsamen Umgang mit einem Menschen entwickeln, der lebensbedrohlich erkrankt ist.

Die Menschen aus dem Publikum fühlen sich in der Regel wenig respektiert oder gewürdigt. Es wird deutlich, was sie sich wirklich wünschen: ernst genommen zu werden, eine ganzheitliche Beratung zu bekommen sowie in ihrer Menschlichkeit mitfühlend angenommen zu werden. Die Fachleute fühlen sich oft unbehaglich, weil die Sachebene gegenüber der Beziehungsebene zu dominant ist und sie unterschwellige oder offen ausgesprochene Wertungen vornehmen. Diese Inszenierung ist sehr lehrreich und einprägsam. Sie macht Spaß, trotz des ernsten Themas. Sie benötigen, um nicht in Zeitdruck zu geraten, für diesen Prozess ca. drei Stunden.

~~~~~~~~~

Mit körperlichen Schmerzen umgehen

Essentials im Umgang mit Schmerzen

Dame Cicely Saunders, die Gründerin des St. Christopher's Hospice in London, der Wiege der europäischen Hospizbewegung, hat sich in ihrem Leben mit ganzer Kraft der Symptomkontrolle bei Schmerzen in der letzten Lebensphase gewidmet. Dass heute viele Menschen ihr Leben ohne die Geißel des Schmerzes beenden dürfen, ist ein großes Geschenk, an dem sie ebenso wie zahlreiche Wissenschaftler, Forscherinnen, Unternehmer, Ärztinnen und Therapeuten maßgeblichen Anteil hat. Lebensqualität bis zuletzt ist so möglich geworden. Es gibt Nebenwirkungen, mit denen man während einer Tumorschmerzbehandlung leben muss. Sie sind im Vergleich zu den Schmerzen jedoch meist gering. Es hat sich in den letzten 40 Jahren auch in Deutschland viel getan, was den Umgang mit chronischen Schmerzen betrifft. Vor allem ist eine Schmerzbehandlungsinfrastruktur gewachsen. Fortbildungen für Ärzte und Pflegepersonal, neue Berufsprofile wie das der Pain-Nurse, Einrichtungen wie Palliativstationen und Hospize sowie Schmerzambulanzen in Kliniken, mehr niedergelassene Schmerztherapeuten und Netzwerke zur Versorgung von Schmerzpatienten sowie die Aufklärungsarbeit der Krankenkassen und der Pharmaindustrie, die Auseinandersetzung mit dem Thema in einer breiten Öffentlichkeit und in der Politik haben einiges bewirkt. Es gibt jedoch immer noch viel zu tun. Schmerz ist ebenso wie Angst ein Thema, das die Menschen schon immer bewegt hat. Es gibt körperlichen Schmerz, und es gibt emotionalen bzw. seelischen. Beide durchdringen einander. Der griechische Philosoph Aristoteles (384–322 v. Chr.)

sah den Schmerz als ein Leiden der Seele. Der Stoiker Epiktet (50–140 n. Chr.) meinte, der Schmerz sitze überwiegend im Kopf. Heute wissen wir, dass jeder Mensch ganz individuell auf Schmerzen reagiert; was für den einen unerträglich ist, nimmt ein anderer kaum als Schmerz wahr. Das spricht dafür, dass Schmerzwahrnehmung eine Aktivität des Bewusstseins ist. Schmerzen sind mehr als elektrische Impulse. Der Schmerz ist eine menschliche Grunderfahrung, die in der Evolution entwicklungsgeschichtlich sogar älter ist als die Angst.

»Der Schmerz hat eine wichtige Warn- und Schutzfunktion, welche die Unversehrtheit unseres Körpers erhalten soll. Die Fähigkeit, Schmerz zu empfinden, ist somit eine lebenserhaltende biologische Funktion unseres Organismus. Die Wahrnehmung des Schmerzes ist ein Bewusstseinsvorgang (Perzeption), der von der Aufnahme, Weiterleitung und zentralen Verarbeitung gewebeschädigender oder möglicherweise gewebeschädigender Signale (Nozizeption) unterschieden wird. Erst im Gehirn werden diese Signale zu einem Schmerzerlebnis verarbeitet. Somit wird der Schmerz nicht nur durch physiologische Vorgänge, sondern auch durch psychologische Faktoren bestimmt.«[*]

Je nachdem, woher der Schmerz kommt, wie er sich äußert, ob er eher lang- oder kurzfristig ist, danach richten sich die Entscheidungen für die Schmerztherapie, die in jedem Fall genau auf das Individuum abgestimmt sein muss, das die Schmerzen erleidet. Akute Schmerzen sind lokalisierbar, werden durch Verletzungen oder andere Schädigungen des Körpers ausgelöst. Sie helfen, den Organismus zu schützen. Chronische Schmerzen sind abgekoppelt vom auslösenden Ereignis und ihre Intensität steht nicht mehr mit einem auslösenden Reiz in Verbindung. Sie haben ihre Warn- und Schutzfunktion verloren. Chronische Schmerzen schränken im Allgemeinen die Lebensqualität ein. Die Bearbeitung von psychologischen

---

[*] Koppert, S. 2, 17

244

Komponenten wie Traumata oder Entwicklungsstörungen spielt bei ihrer Behandlung eine wichtige Rolle. Von daher sind chronische Schmerzen meist ein Thema für die psychosomatische Medizin oder für ganzheitliche Therapieansätze. Schmerzen können nach Entstehungsursache (z. B. eine Tumorerkrankung), nach dem Entstehungsort (Zahnschmerzen) oder der Pathogenese (somatisch, psychodynamisch) eingeteilt werden.

Es gibt heute unterschiedliche Schmerzskalen und Fragebögen, mit deren Hilfe die individuell empfundene Schmerzintensität ermittelt werden kann, sowie Kriterien für die Schmerzbeobachtung, die für Menschen gelten (z. B. Demenzkranke, Säuglinge), die sich noch nicht oder nicht mehr klar ausdrücken können.

Wissenschaftler haben herausgefunden, dass es eine sogenannte Schmerzpforte gibt. Damit ist gemeint, dass es sowohl verstärkende als auch hemmende Mechanismen gibt, »...welche die Schmerzschwelle auf spinaler Ebene modifizieren«.[*] Das zentrale Kontrollsystem für den Schmerz und die Schmerzempfindung befindet sich im Rückenmark. Die Schmerzauslösung, also die Öffnung der Schmerzpforte, wird sowohl von psychologischen Faktoren wie Schmerzvorerfahrungen, der Bewusstseinslage der Schmerzen empfindenden Person, der Aufmerksamkeit, die sie dem Schmerz schenkt, als auch von physiologischen Faktoren bestimmt. Auch soziale Aspekte wie berufliche, familiäre Probleme können die Schmerzwahrnehmung beeinflussen. Das heißt, das individuelle Zusammenspiel physiologischer, psychosozialer und somatischer Komponenten prägt das Schmerzempfinden eines Menschen und bestimmt, ob und wie weit sich dessen Schmerzpforte schließt oder öffnet. Das hat erhebliche Konsequenzen für die Schmerztherapie. Medizinische, pflegerische, psychologische Methoden müssen sich ergänzen, wenn der Schmerz optimal bekämpft werden soll.

---

[*] ders., S. 10, 17

Beim Akutschmerz können Angst und Schmerz zusammenwirken, beide sind Signale, die auf Gefahren hinweisen. Im ungünstigsten Fall kann ein Angst-Verspannungs-Schmerz-Kreislauf entstehen. Denken Sie an den Besuch beim Zahnarzt. Wer Angst vor dem Zahnarzt hat, ist schmerzempfindlicher als ein Mensch, der der Zahnbehandlung gelassen gegenübersteht. Allein die Vorstellung, die Sie sich von der Behandlung machen, sorgt für muskuläre Verspannungen. Sie sitzen also schon verspannt und bebend auf dem Behandlungsstuhl, bevor die Zahnärztin kommt. Sie sehen den Bohrer, und der Schweiß bricht Ihnen aus. Ihre Stressreaktion macht Sie hochempfindlich. Angst, Aufregung oder gedankliche Vorwegnahme bevorstehender Schmerzen öffnen die Schmerzpforte im Rückenmark. Entspannung dagegen kann die Schmerzschwelle erheblich erhöhen, denken Sie an Feuerläufer oder Fakire. Besonders Tiefenentspannung, Hypnose oder Trancen schalten unser Schmerzempfinden weitgehend aus. Wir sind zwar körperlich verletzlich, spüren den Schmerz aber nicht.

Offensichtlich ist, dass Entspannungsmethoden und spirituelle Wege der Heilung in der modernen Schmerztherapie eine wichtige Rolle spielen sollten und es in zunehmendem Maße bereits tun. Meditation, Visualisierung, Entspannungstechniken sowie Ablenkung können schmerzlindernd wirken, ebenso wie physiotherapeutische Methoden wie Wärmebehandlungen, Massagen oder Akupunktur, Elektro- oder Ultraschalltherapie und so weiter. Wie diese Methoden mit einer medikamentösen Therapie kombiniert werden, hängt von der Diagnose und vom Patienten ab. Er oder sie muss über die medizinische Ursache seiner Symptome und die ineinandergreifenden Faktoren zunächst einmal aufgeklärt werden. Auf die Wissensvermittlung kann eine Anleitung zur Sensibilisierung der Körperwahrnehmung folgen. Sie enthält auch Anregungen zur Selbstbeobachtung. Ein Schmerztagebuch, in das an chronischen Schmerzen Erkrankte Schmerzattacken, ihre Auslöser, situative, soziale, emotionale sowie gedankliche

Muster notieren, die zur Schmerzintensivierung beitragen, kann hilfreich sein. Das Erlernen mentaler und körperbezogener Techniken der Schmerzkontrolle (Entspannungsübungen, Aufmerksamkeitslenkung, Imagination, Körperübungen, Rückenschule etc.) sowie Methoden zur Steigerung des Wohlbefindens, also alles, was die Lebensfreude stärkt und glücklich macht, sollten, angepasst an die individuellen Bedürfnisse des Patienten, vermittelt werden. Die Förderung sozialer Kompetenzen wie der Besuch einer Selbsthilfegruppe, die Umstrukturierung des gewohnten sozialen Umfelds sowie schmerzbezogene Kommunikation und vieles mehr sind heute weitere Themen einer ganzheitlichen Therapie.

Trost und Zuspruch, also einfühlsames Verstehen, sind bei Schmerzen wichtig. So, wie eine liebevolle Mutter ihr Kind umarmt oder auf die Schmerzstelle pustet, so können wir ganz konkret oder im übertragenen Sinne Menschen im Arm halten, die unter Schmerzen leiden. Das können wir auch mit uns selbst tun, indem wir das verschreckte Kind in uns, die Schmerzempfindliche, sanft in den Arm nehmen. Das verschiebt den Fokus der Aufmerksamkeit vom Schmerz auf die Erfahrung der liebevollen Zuwendung, und manchmal löst sich dann schon der Schmerz auf. Dieses altbewährte und doch so wirkungsvolle Mittel wirkt besonders dann, wenn es auf Mitgefühl basiert.

Medikamentöse Tumorschmerztherapie

Wenn man lebensbedrohlich erkrankt ist, sind grundlegende Kenntnisse im Umgang mit Schmerzen besonders wichtig. Dies gilt vor allem für Krebspatienten, denn die häufigsten Symptome bei Tumorerkrankungen in einem fortgeschrittenen Stadium sind Schmerzen, unter denen zwischen 75 und 90 Prozent der Erkrankten leiden. Tumorschmerzen müssen besonders behandelt werden, und der behandelnde Arzt muss dafür die nötige Fachkompetenz besitzen, also eine zusätzliche Ausbildung haben. Die Therapie weicht grundlegend von der Behandlung akuter Schmerzen ab. Bei akutem Schmerz dosieren wir die Medikamente entsprechend unserer Schmerzempfindung, und in der Regel nehmen wir zunehmend weniger Schmerzmittel, weil der Schmerz im Heilungsprozess nachlässt. Tumorschmerzen hören meist nicht auf; sie werden schlimmer, vor allem in den letzten Stadien der Krankheit.

Die WHO (Weltgesundheitsorganisation) hat schon 1986 für die medikamentöse Schmerztherapie von Tumorpatienten einen Drei-Stufen-Plan erstellt, der bis heute für die Behandlung maßgeblich ist. Bei leichten Schmerzen, das ist die Stufe eins, werden Nichtopioide gegeben. Bei mittelstarken bis starken Schmerzen der Stufe zwei verabreicht man schwache Opioide mit Nichtopioiden und bei der Stufe drei starke Opioide mit einem Nichtopioid. Die Dosis muss jeweils individuell angepasst werden. Opioide (ein Sammelbegriff) sind Medikamente, bestehend aus unterschiedlichen synthetischen und natürlichen Substanzen, die morphinähnliche Eigenschaften haben. Sie unterliegen wie natürliche Opiate dem Betäubungsmittelgesetz. Über diese stark wirkenden Schmerzmittel muss in Deutschland genau Buch geführt werden, und es gibt Regeln für die Dosierung. Schmerzmittel werden dem Körper meist als Tabletten oder Zäpfchen zugeführt, beliebt sind auch Schmerzpflaster, in Ausnahmefällen Schmerzpumpen oder die intravenöse Zufuhr. Nebenwirkungen der Schmerzbehandlung wie Obstipation, Erbrechen, Halluzinationen, Unruhe werden mit Begleitmedikamenten behandelt. Die Wahl der Medikamente, ihre Dosierung und die Verabreichung ebenso wie die Ergänzung mit Medikamenten zur Kontrolle der Nebenwirkungen sowie physiotherapeutische und mentale Methoden der Symptomkontrolle müssen sachkundig und individuell differenziert, miteinander kombiniert werden. Das persönliche Schmerzempfinden der Patienten ist die Richtlinie.

Es gibt eine Vielzahl von Medikamenten, die bei einzelnen Menschen unterschiedlich wirken. Nur ein kompetenter Schmerztherapeut kann hier die angemessenen Entscheidungen treffen. Er oder sie ermittelt nach einer gründlichen Anamnese und Untersuchung, was die Schmerzursache ist, ordnet den Schmerztyp ein, lokalisiert ihn und schätzt dessen Intensität ein. Er oder sie weiß zu handeln, wenn Symptome nicht oder nur partiell unter Kontrolle gebracht werden können.

Sie sehen, die Behandlung von Tumorschmerzen unterliegt anderen Kriterien als der Umgang mit einem akuten Schmerz. Wenn Sie einen akuten Wundschmerz nach einer Operation haben, dann bekommen Sie zunächst starke Schmerzmittel, dann schwächere, schließlich stoppen Sie die Einnahme. Bei Tumorschmerzen ist der Behandlungsablauf genau umgekehrt.

Trotz der vielfältigen Möglichkeiten der Symptomkontrolle bei Tumorschmerzen gibt es immer wieder Situationen, in denen die oben beschriebene Kombinationstherapie nicht hundertprozentig wirkt. Das ist selten der Fall, aber es kommt vor.

Ich möchte Ihnen hier nur verdeutlichen, wie komplex und vielfältig Schmerztherapie bei Tumorpatienten ist. Es ist daher unbedingt nötig und unabdingbar, dass bei einem an Krebs erkrankten Menschen ein Schmerztherapeut mit in die Behandlung einbezogen wird, und dies rechtzeitig; am besten, bevor der Schmerz ausufert, d. h. in der ersten Phase der Schmerzbehandlung oder sogar davor.

Mit Hilfe der Informationen im Anhang dieses Buches sollte es Ihnen möglich sein, Ihren Weg durch den Informationsdschungel zum Thema Schmerztherapie zu finden. Wenn Sie erkrankt sind, schieben Sie die Informationsbeschaffung nicht auf die lange Bank. Sie nehmen keinen Schaden, wenn Sie eine schmerztherapeutische Hilfe dann doch nicht in Anspruch nehmen müssen. Sollten Sie diese jedoch benötigen, dann erleichtern Informationen Ihren Weg, und dies kann Ihre Lebensqualität in einer schwierigen Zeit erhöhen. Sie haben dann den Kopf frei für die Dinge, die Ihnen wirklich wichtig sind.

Die Symptomkontrolle bei einer Tumorerkrankung ermöglicht meist erst die Auseinandersetzung mit anderen Themen, z. B. dem Abschiednehmen mit allen Implikationen oder der spirituellen Beschäftigung mit dem Tod.

»Wenn wir dann mit Menschen arbeiten, die an Schmerzen leiden, achten wir ihre Schwierigkeiten und Bedrängnisse, ohne jedoch ihren Widerstand gegen den Schmerz zu verstärken – beispielsweise durch eine Äußerung, wie schrecklich eine solche Situation doch sei. So etwas würde ihr Leid nur vergrößern.«[*] Mitfühlend sind Sie, wenn Sie empfinden: Das Schicksal des Kranken kann auch meines sein; ich hatte bisher lediglich günstigere Lebensumstände. Sie lassen sich vom Leiden des kranken Menschen berühren und erleben die grundsätzliche Gleichheit von sich und allen fühlenden Wesen. So begegnen sich zwei unterschiedliche Individuen auf der Augenhöhe ihrer menschlichen Natur. »Eine solche Gleichheit besteht, wenn ich das Zimmer einer Person betrete, ihre starken Schmerzen förmlich innerlich erfühlen kann und dieses Gefühl gleichzeitig in einer Weiträumigkeit empfinde, die diesen Augenblick absichtslos betrachtet und bereit ist, seinen Verlauf zu akzeptieren.«[**] Das kann der kranken Person helfen, ihr seelisches und geistiges Potenzial zu entfalten. Sie kann spüren: Ich bin mehr als mein Körper, der sich gerade auflöst. Ich trage dieses unverwundbare Wesen in mir, das alle Krisen überleben wird. Sie kann, wenn es ihr möglich und wünschenswert erscheint, beten und meditieren und alles tun, um das Vertrauen in diese Natur zu entwickeln. In diesem Sinne ist Heilung immer möglich, auch wenn wir als »austherapiert« gelten. Sie geschieht nur nicht mehr auf der körperlichen Ebene. Die medikamentöse Schmerztherapie macht das erst möglich, weil sie uns das körperliche Leiden weitgehend nimmt und uns dadurch erlaubt, tiefer zu gehen.

---

[*] Levine, S. 157

[**] ebenda

Erfahrungen mit Schmerzen – Wege, Ängste, Erfolge

Viele haben Angst, man könne von Schmerzmedikamenten, die man nach einem regelmäßigen Zeitschema nimmt, abhängig werden wie von einer Droge. Wissenschaftliche Untersuchungen haben nachgewiesen, dass das nicht der Fall ist. Ein Drogensüchtiger unterliegt einem Kreislauf, in den eine gut therapierte Schmerzpatientin nicht hineingerät. Er nimmt eine Dosis ein, z. B. Heroin, und ist danach high. Nach einer Weile lässt die Wirkung des Heroins nach, und Körper und Geist geraten in Aufruhr. Neuer Stoff muss her. Ein Teufelskreis ist in Gang gekommen. Bei einer kompetenten Schmerztherapie wird regelmäßig in einem festen Tagesrhythmus, z. B. alle zwölf oder alle acht Stunden, das Medikament verabreicht. Es tritt kein Entzug auf und damit auch kein Suchtmechanismus. Sollte es eine Genesung geben, dann wird das Medikament ausgeschlichen. Die oben beschriebene Drogenabhängigkeit tritt also nicht ein. Probleme gibt es, wenn nicht nach einem Zeitschema therapiert wird oder die Medikamente unter- oder überdosiert sind bzw. wenn die Nebenwirkungen nicht gut behandelt werden. Eine Überdosierung kann zu erheblichen Bewusstseinstrübungen führen. Ich habe öfter mit ansehen müssen, dass Schmerzmittel bei chronischen Tumorschmerzen in einem fortgeschrittenen Stadium ohne festen Rhythmus eingenommen wurden. Das kann enorme emotionale Schwankungen zwischen Hoffnung und Furcht aufseiten des kranken Menschen mit sich bringen, eine Gefühlsachterbahn wie bei Drogenabhängigen. Hinzu kommt, dass dann die Schmerzmittel, um zu wirken, immer höher dosiert werden müssen, und damit können Wahrnehmungs- und Kommunikationsfähigkeit des kranken Menschen sowie dessen Mobilität erheblich eingeschränkt werden. Das ist alles zusätzliches und unnötiges Leiden. Wenn Sie feststellen, dass die Schmerztherapie nicht stimmt, suchen Sie so schnell wie möglich einen kompetenten Schmerztherapeuten auf und lassen Sie sich medikamentös richtig einstellen.

Ich habe in den letzten Jahren immer wieder erlebt, dass die medikamentöse Schmerztherapie bei Patienten mit Krebs nicht korrekt war, weil der Hausarzt, der sonst immer hervorragend behandelt hatte und das Vertrauen des erkrankten Menschen genoss, an seine Grenzen kam. Ein fachkundiger Schmerztherapeut kann die Behandlung auch in Absprache mit einer Hausärztin koordinieren, wenn beide dazu bereit sind. Sie können darüber mit dem Arzt oder der Ärztin Ihres Vertrauens sprechen und dann den für Sie geeigneten Weg finden. Kompliziert kann es werden, wenn eine falsche Schmerztherapie schon seit einer Weile durchgeführt wurde. Die medikamentöse Umstellung ist manchmal schwierig. Auch muss man für die Einstellung auf die neue Schmerztherapie einige Zeit rechnen, die nicht immer leicht ist.

Wer bisher grundsätzlich naturheilkundliche oder andere alternativmedizinische Wege gegangen ist, wird unter Umständen einen besonders großen Widerwillen gegen eine medikamentöse Schmerztherapie haben. Denken Sie daran, es kann der Zeitpunkt kommen, an dem Ihre Medikamente nicht mehr helfen und auch Ihr geistiges Training an seine Grenzen stößt.

Ich habe das einmal bei einem Herrn erlebt, der einen Naturkostladen betrieb, an Krebs erkrankte und dann so große Schmerzen bekam, dass die alternative Medizin nicht mehr half. Er wollte nicht zeigen, wie sehr er litt, und dachte, er müsse eben durchhalten. In dieser Phase seiner Krankheit war er sehr leicht erregbar, stritt sich mit Familienmitgliedern und zog sich dann verbittert immer mehr zurück. Er nörgelte und beschwerte sich über nahezu alles. Er wollte weder Freunde besuchen, noch aus dem Haus gehen, noch Besuch bekommen. Seine Frau war verzweifelt. Sie half ihm schließlich dabei, sich mit dem Gedanken anzufreunden, einmal eine Schmerztherapeutin aufzusuchen. Das gelang ihr durch aufklärende Broschüren, die eine optisch gut aufbereitete, wissenschaftlich fundierte Darstellung einer modernen Schmerztherapie enthielten. Der Hausarzt half mit, und seiner Autorität war es zu verdanken, dass ein Besuch bei einer Schmerztherapeutin veranlasst wurde. Zunächst gab es nur ein Beratungsgespräch. Eine Woche später entschied sich der Betroffene für eine Behandlung mit der Vereinbarung, diese jederzeit abbrechen zu können. Er ließ die Nebenwirkungen der Medikamente mit naturheilkundlichen Mitteln und Akupunktur behandeln. Alles passte sehr gut zusammen.

Zu Beginn der dreiwöchigen Eingewöhnungszeit wollte er nicht begreifen, warum er die Medizin regelmäßig und nicht entlang der Schmerzempfindung wie gewöhnlich nehmen sollte. Er sagte: »Wenn ich Kopfschmerzen habe, dann nehme ich eine Tablette ein, die Schmerzen klingen ab, und dann habe ich wieder einige Zeit Ruhe. Ich möchte selbst entscheiden, wann ich Medizin einnehme und wie viel, und mir nicht einfach einen Plan überstülpen lassen. So, wie ich mich kenne, brauche ich dann weniger Medizin; das bekommt meinen Organen besser und ist insgesamt auch billiger.« Diese Einstellung musste er aufgeben, doch seine lebenslangen Gewohnheiten sprachen zunächst machtvoll dagegen.

Eine Tumorschmerztherapie erfordert ebenso wie die Behandlung chronischer Schmerzen ein Umdenken und die Veränderung von Gewohnheiten und Vorstellungen. Damit verbunden ist meist ein tieferes Problem. Die medikamentöse Schmerztherapie macht die innere Auseinandersetzung mit der lebensbedrohlichen Seite einer Krankheit zum Thema. Das ist oft mit einem inneren Ringen verbunden. Der Kranke, den ich oben beschrieben habe, musste die Hoffnung auf körperliche Genesung aufgeben. Er rebellierte verständlicherweise gegen diese schwere Einsicht. Schmerzfreiheit erhielt der Betroffene schließlich, weil er sich an den festen Einnahmeplan hielt, ansonsten hätte die Therapie nicht funktioniert. Der Patient vermochte sich bald wieder ganz normal zu bewegen, hatte Lust zu verreisen und gewann seine Lebensfreude wieder. Er war wie ausgewechselt und hatte noch eine reiche Zeit, in der er genoss, was das Leben ihm bot. Sein Anliegen wurde es nun, anderen zu vermitteln, wie gut und wichtig eine sinnvolle, medikamentöse Schmerzbehandlung ist. Es gab einige, die er überzeugen konnte.

Manche Menschen, die schon eine Weile Schmerzmedikamente nehmen und gut damit leben können, haben das Gefühl, sie verlören dadurch die Rückkopplung zu ihrem Körper. Nadine wünschte sich, einmal zu spüren, wie es ihr wirklich gehe, und sie beschloss in Absprache mit ihrer Ärztin, ihre Schmerzmittel kurz auszusetzen. Sehr schnell spürte sie, wie übermächtig ihr Schmerz geworden war, was sie traurig stimmte, andererseits aber auch die Dankbarkeit für das Geschenk ihrer Lebensqualität erhöhte. Sie hatte insgeheim gehofft, ihr Allgemeinzustand habe sich gebessert. Sie nahm jetzt ein Stück mehr Abschied von ihrer Gesundheit und von der Erwartung, alles werde wieder gut. Ab jetzt wollte sie keine Pläne mehr machen. Sie lebte von Tag zu Tag in der Wahrnehmung der Kostbarkeit ihrer Lebenszeit und freute sich über jedes noch so kleine schöne Erlebnis. Einfühlsame und humorvolle Begleitpersonen unterstützten sie auf diesem schwierigen Teil ihres Weges.
In der Auseinandersetzung um die medikamentöse Schmerztherapie berühren wir Lebensthemen, Ängste und Hoffnungen. Psychische Konflikte wollen gesehen und durchgearbeitet werden. Oft geht es um das Annehmen der Krankheit und der Therapie.
Einmal habe ich einen Menschen erlebt, der auf keinen Fall Schmerzmittel wollte, obwohl er an Bauchspeicheldrüsenkrebs litt, einer der schmerzhaftesten Krebsformen. Er lag in einem Hospiz, in dem er die beste Schmerztherapie der Welt hätte haben können. Für alle Mitarbeiter im Haus war dieser Mann eine der größten Herausforderungen ihres Lebens. Doch noch größer als das Bedürfnis, ihn schmerztherapeutisch gut einzustellen, war der Respekt der Mitarbeiter, des Arztes und der

Familie vor seiner Entscheidung. Tagsüber, wenn Besuch da war oder die Behandlungen stattfanden, war er meistens ruhig, wirkte angestrengt und redete kaum, nur das Nötigste. In den Nächten vor seinem Tod schrie er all seine Schmerzen, seine innere Not und Verzweiflung aus sich heraus, es war herzzerreißend. Alle, die ihn hörten, litten mit und beteten für ihn.

Für ihn war das Leben immer so gewesen: Zähne zusammenbeißen und durch. Er verschwendete nicht einen Gedanken daran, dass das bis zum Tod nicht unbedingt so weitergehen musste. Es war sein Weg. Niemand weiß oder kann beurteilen, was er damit erlöst hat. Jeder Mensch, der sich für diesen schmerzhaften Weg entscheidet, muss das Recht haben, ihn zu gehen. Es geht dabei um die Unantastbarkeit der menschlichen Würde, auch wenn sich ein Mensch für unnötiges Leiden entscheidet. Alle, die diesen Menschen begleiten, tragen, indem sie den Mut haben, sein Leiden auszuhalten und ihn seinen Weg gehen zu lassen, dessen Entscheidung mit. Das gibt ihm Kraft und schafft in seinem Umfeld ein Klima liebevoller Akzeptanz.

Janina suchte nach einer Lebensphase mit heftigen Schmerzen, die der Hausarzt nicht unter Kontrolle brachte, in ihrer Verzweiflung auf Anraten einer Hospizmitarbeiterin eine Schmerzambulanz auf. Sie wurde vom Arzt an eine Palliativstation vor Ort verwiesen und dort fachkundig medikamentös eingestellt. Janina war nach 14 Tagen völlig schmerzfrei. Das hob ihr Lebensgefühl. Sie entschied, zusammen mit ihrer Freundin, trotz ihrer Schwäche, noch einmal zu verreisen. Sie wollte nach Italien an den Gardasee. Ihre Familie hielt diese Idee angesichts der Pflegebedürftigkeit von Janina einfach nur für verrückt und wollte diese Reise im vermeintlichen Interesse der Kranken verhindern, was aber nicht gelang. Janina benötigte zum Laufen einen Gehwagen und für längere Strecken einen Rollstuhl, benutzte Windeln und musste einige Stunden am Tag, besonders nach großen Anstrengungen, ruhen. Lange sitzen konnte sie nicht. Ihre Freundin hatte den Mut, Janinas Wunsch

zu erfüllen. Sie packte das Auto voll mit allen Hilfsmitteln. Janina erhielt die Medikamente für drei Wochen, und beide fuhren los. Sie benötigten vier Tage von Berlin zum Gardasee mit vielen Pausen und häufigen Übernachtungen. Janina ging es dabei prächtig, auch wenn alles nicht so leicht war. Sie kamen in ihrem Quartier am Gardasee an und hatten einige schöne Tage. Dann gab es Komplikationen, und Janina musste ein Krankenhaus aufsuchen. Das war umständlich und schwierig. Danach reisten beide einige Tage früher zurück nach Berlin.
Janina schwärmte von der Reise und war glücklich, trotz aller Schwierigkeiten. Sie starb zwei Wochen später und hatte den See mit den Strahlen der Abendsonne und den leuchtenden Berggipfeln vor Augen. Diese Erinnerung öffnete ihr Herz und gab ihr große Kraft, als sie starb. Ohne eine moderne, medikamentöse Schmerztherapie und die heute zur Verfügung stehenden Pflegehilfsmittel sowie das Netz medizinischer Versorgung wäre das nicht möglich gewesen. Für kritische Situationen hatte Janina die Handynummer ihrer Home-Care-Ärztin in Berlin, einer erfahrenen Palliativmedizinerin, die ihr mit Rat und Tat zur Seite stand. Das gab ihr Sicherheit, auch wenn sie nur einmal in der ganzen Zeit dort anrief. Mit Unterstützung einer Hospizkoordinatorin in Berlin fand Janina auch in Italien das richtige Krankenhaus. Sie wurde dort schon erwartet, als sie ankam, was ihr guttat.
Für Janinas Freundin bedeutete das alles eine große Anstrengung, doch die Freude Janinas tat ihr gut. Sie ist bis heute dankbar für diese letzte gemeinsame, intensive Zeit und hat diese Reise nicht eine Sekunde bereut. Diese Reise hat auch Brücken in die geistige Welt gebaut, insofern hatte sie auch eine spirituelle Dimension.

Jede und jeder von uns kennt wohl akute Schmerzen. Meist greifen wir dann zu Schmerzmitteln aus der Hausapotheke, die dort auf ihren Einsatz warten. Nach Einnahme der Tablette lässt der Schmerz meist nach. Wenn der Schmerz anhält, werden Sie sich möglicherweise für einen Arztbesuch entscheiden und klären, was die Ursache des Symptoms ist. Bei Schmerzen verursachenden Verspannungen haben einige von uns sich im Laufe der Zeit ein kleines hilfreiches Übungsrepertoire zugelegt. In der Regel sind wir dem Schmerz nicht wohlgesinnt, sondern sehen ihn als unnötiges Übel, als lästige Störung, als Plage, die wir schnell wieder loswerden wollen. Wir leiden daran, dass wir Schmerzen haben, und fügen so den körperlichen Schmerzen noch eine Ebene dazu. Das Leben wird dadurch nicht einfacher. Auf geistiger Ebene, im Denken wie im Fühlen, neigen wir zu abwertendem Verhalten, werden ärgerlich oder gar wütend auf den Schmerz, denken daran, wie sehr er uns hindert, das zu tun, was wir gerade vorhaben, oder entwickeln vielleicht Konzepte wie: Immer wenn ich Tante Berta besuchen will, bekomme ich Kopfschmerzen. Und entscheiden dann, nicht mehr zu Tante Berta zu gehen. Das kann sinnvoll oder es kann ein Vermeidungsverhalten sein, das uns daran hindert, zu erforschen, was die eigentliche Schmerzursache ist. So stehen wir meist in offenem oder verdecktem Widerstand gegen den Schmerz. Widerstand ist immer anstrengend. Wir vermeiden mit aller Gewalt, genau hinzusehen.

Akuter Schmerz hat wie akute Angst eine Warnfunktion. Wir lernen aufzupassen (heiße Herdplatte). Damit werden wir aufmerksam gegenüber potenziellen Verletzungsauslösern und lernen ein Schutzverhalten. Anknüpfend an diese ursprüngliche Aufgabe des Schmerzes möchte ich Sie anregen, immer wieder einmal die Botschaft des eigenen Schmerzes zu erforschen. Es gibt Schmerzbotschaften, die mehr sind als körperliche Signale. Sie geben Hinweise zur Veränderung der Lebensführung und können, wenn man sich ihnen öffnet, zu wichtigen Ratgebern werden. Manchmal wollen wir den Rat aber gar nicht hören, weil wir uns dann ja ändern müssten.

Schmerzbotschaften

Die Übung »Mit dem Schmerz sprechen« am Ende dieses Kapitels beschäftigt sich mit dem, was der Schmerz Ihnen vielleicht zu sagen hat. Dazu benötigen Sie nur ein wenig Zeit und einen Raum, in dem Sie für sich sein können. Führen Sie die Übung durch, wenn der Schmerz abgeklungen ist, also nicht während eines akuten Schmerzes oder einer Schmerzattacke. Die Übung kann man auch gut in einer Gruppe machen.
Lokalisieren Sie Ihren Schmerz, dann sagen Sie ihm, was Sie von ihm denken; danach spricht der Schmerz zu Ihnen und teilt Ihnen mit, was er von Ihnen will. Sie können den Schmerz dann befragen. Die Übung ähnelt dem Dialog mit der Angst (siehe S. 150 f.). Notieren Sie am Ende die Botschaften Ihres Schmerzes, und formulieren Sie daraus einen Kernsatz. Manchmal ist die Lektion verblüffend einfach. Sprechen Sie so auch mit einem chronischen oder einem Tumorschmerz. Dessen Botschaften sind meist besonders tiefgründig. Da Sie den Schmerz personalisieren und die Übung Ihnen Raum lässt, auch heftige Gefühle auszudrücken, wirkt sie entlastend. Überwinden Sie Ihre Skepsis, diese Übung kann Ihnen neue Einsichten ermöglichen und Wege der Heilung aufzeigen.

Marie sprach auf diese Weise mit einer chronischen Nackenverspannung, die schon seit einigen Monaten physiotherapeutisch behandelt wurde. Sie war wütend auf diesen heftigen Plagegeist. Ihr Schmerz antwortete ihr, dass er auch gehen würde, wenn sie das wolle. Er sei nicht das Problem. Marie war empört und fragte, wie sie ihn loswerden könne. Der Schmerz sagte ihr ungefähr Folgendes: »Du spannst dich während des Telefonierens immer so an, dass sich dabei deine Nackenmuskeln verkrampfen. Das liegt daran, wie du den Kopf hältst. Da du viel telefonierst, sind das einige Stunden am Tag. Verändere deine Körperspannung, lerne, wie du lockerlassen kannst, mache mehr Pausen, teile die Telefonate anders ein oder such dir eine andere Arbeit.« Marie arbeitete in einem Call-Center, und sie hasste ihre Tätigkeit, was sie sich aber nicht so recht eingestehen wollte. Sie entschloss sich für einen Jobwechsel und löste so das Problem mit den Verspannungen. Eine andere Möglichkeit wäre gewesen, sich mit der Arbeit innerlich und im Hinblick auf die körperliche Anspannung neu zu arrangieren. Das war jedoch nicht Maries Weg. Der Schmerz zeigte Marie also auf der körperlichen Ebene, dass es ein vielschichtiges Problem gab, das sie lösen musste. Schmerz ist oft Ausdruck tieferliegender Problemfelder und sollte daher ganzheitlich betrachtet und angegangen werden.

Katrin, die in einer Reinigungsfirma arbeitete, hatte immer wieder Schmerzen in der rechten Hand, die bis in den Arm und die Schulter hochzogen. Sie war sehr verantwortungsbewusst, wollte es jedem recht machen, wollte nirgends anecken. Bald konnte sie kaum noch einen Putzlappen auswringen oder etwas greifen. Zunächst wurde sie krankgeschrieben und ärztlich behandelt. Das half einige Zeit, dann kamen die Symptome wieder, und zwar immer, wenn sie mit dem rechten Arm aktiv wurde oder die Hand einsetzen musste. Katrin ließ sich von unterschiedlichen Ärzten behandeln. Es gab keine eindeutige Diagnose, doch die Symptome blieben. Katrin musste aufhören zu arbeiten und beantragte im Alter von 55 Jahren eine Frühberentung. Sie fühlte sich auch zu Hause mit ihrer Einschränkung schlecht. Der Haushalt überforderte sie. Sie litt bald zusätzlich zu den Schmerzen, die bei zu großer Belastung des Armes immer wieder auftraten, an einer Depression. Im Dialog mit ihrem Schmerz hörte sie folgende Antwort: »Erinnere dich, als Kind hast du einmal deinen kleinen Bruder mit der rechten Hand so geschlagen, dass er auf einen Stein fiel und bewusstlos war. Seine Sprechfähigkeit war für einige Zeit beeinträchtigt. Deine Eltern gaben dir die Schuld und haben dir das immer wieder gezeigt. Dein Bruder starb zwei Jahre später bei einem Verkehrsunfall.« Katrin war von dieser Botschaft erschüttert. Sie erkannte, dass sie sich die Schuld für den Tod ihres Bruders gegeben hatte, in einer Kette unglücklicher Verknüpfungen. Dieses bislang verdrängte Schuldgefühl lebte in ihrem Unterbewusstsein fort. Ihr Schmerz war Ausdruck eines kindlichen Traumas, deshalb war er chronisch geworden.

Traumata äußern sich nicht selten in Form von chronischen Schmerzen oder Schmerzattacken, merkwürdigen körperlichen Verspannungen oder Reflexen. Der Schmerz ist dann zum Symptom des Traumas geworden. Es handelt sich um die Somatisierung eines psychischen Problems. Mich beeindruckt die Weisheit, die im Schmerz liegt, der da ist, um deutlich zu machen: Es will etwas geheilt werden, tu etwas, entziffere meine Botschaft, dann wirst du wieder gesund. Schmerz weist also auch auf tieferliegende innere Verletzungen hin, die wir mit Hilfe psychotherapeutischer Methoden heilen können. So vermögen wir, zugrundeliegende Not- und Konfliktsituationen aufzudecken und Wege der Heilung zu finden. Katrin entschied sich, dies in einer Psychoanalyse anzugehen; später hatte sie noch einige Sitzungen bei einer Traumatherapeutin. Sie ist heute geheilt.

Es gibt auch in Tumorschmerzen Botschaften. Anja war an einem metastasierenden Mamma-Karzinom erkrankt, wurde palliativmedizinisch kompetent behandelt und benötigte, über den Tag verteilt, eine relative hohe Dosis an Schmerzmedikamenten. Sie wollte unbedingt mit ihrem Schmerz reden und bat mich, für sie die Übung anzuleiten. Das Ergebnis war sehr berührend. Ihr Schmerz teilte ihr mit, er sei unvermeidbar und Anja solle bei der Schmerztherapie bleiben. Dann kam eine andere Botschaft: Schau auf die Trennung von deinem Mann, überwinde deinen Hass und kläre die Beziehung zu deiner Mutter. Vielleicht wirst du dann innerlich entspannter. Anja musste am Ende der Übung weinen. In den folgenden Wochen rang sie sich dazu durch, an den unerledigten Problemfeldern zu arbeiten. Sie begann, die Verletzungen, die die Trennung von ihrem Mann mit sich gebracht hatte, mit einer Psychologin zu betrachten und zu verarbeiten. Das Ergebnis war ein Brief, den sie ihm schrieb, und ein Geschenk, das sie ihm schickte, nachdem sie am Ende des Klärungsprozesses ein kleines Vergebungsritual gemacht hatte. Sie erhielt nie eine Antwort. Darum ging es ihr aber auch nicht. Wichtig war für sie, dass sie sich innerlich wirklich trennte, ihrem Ex-Mann vergab und ihn bitten konnte, auch ihr zu vergeben. Mit ihrer Mutter führte sie im Beisein der Psychologin ein Gespräch, in dem beide sich näherkamen. Es gelang ihr, in den Wochen nach dem Schmerzdialog einige Wunden zu heilen. Dieser Prozess führte dazu, dass Anja heiterer wurde, sich besser entspannen konnte. Tatsächlich konnten daraufhin die Schmerzmedikamente etwas niedriger dosiert werden, was sich wiederum günstig auf die Nebenwirkungen auswirkte. Anjas Schmerz hatte auf diesem Weg eine Heilung auf der Beziehungsebene angestoßen, was sich auf ihr Gesamtbefinden und ihre Lebensqualität positiv auswirkte.

Also, nehmen Sie sich Zeit für ein Gespräch mit Ihrem Schmerz. Diese kleine Übung hat sich bewährt, auch bei Menschen, die an chronischen Schmerzen leiden. Wenn Sie diese begleiten, können Sie die Übungsanleitung sprechen und auf diese Weise behilflich sein. Das setzt voraus, dass Sie die Übung selbst ausprobieren, ansonsten können Sie nicht authentisch sein.

Die innere Einstellung zum Schmerz

Die Haltung oder innere Einstellung zum Schmerz wirkt sich erheblich auf das Schmerzempfinden aus. Alles, was hilft, eine wohltuende Atmosphäre herzustellen, beeinflusst den kranken Menschen positiv und hebt seine Stimmung. Häufig lockert sich dann auch seine Einstellung zu Schmerzen. Die oben erwähnte Pionierin der Hospizbewegung Cicely Saunders wies schon früh darauf hin, wie sehr eine anheimelnde Umgebung, eine emphatische Beziehung zum Patienten und ein intaktes soziales Umfeld das Wohlbefinden und auch das Schmerzempfinden sterbenskranker Patienten beeinflussen. Da sind die kleinen Dinge, wie aufmerksames Zuhören oder eine sanfte Berührung, eine Blume am Bett, ein mit persönlichen Gegenständen geschmücktes und nach den Wünschen der Kranken gestaltetes Zimmer, Aufmerksamkeit und Liebe, die ihnen Menschen schenken, eine Versorgung, die nicht nur die Kriterien satt und sauber, sondern den ganzen Menschen in seiner momentanen Befindlichkeit im Auge hat, die eine angenehme Atmosphäre schaffen und Schmerzempfinden lindern. Es ist also wichtig, auf äußere Bedingungen und den liebevollen Umgang mit Kranken zu achten: Das gilt nicht nur für Menschen in der letzten Lebensphase, sondern für uns alle, die wir zumindest hin und wieder auch mit Schmerzen zu tun haben. Nehmen Sie sich z. B. bei Kopfschmerzen Zeit zum Ausruhen, räumen Sie Dinge, die herumliegen, zur Seite, richten Sie sich einen Raum der Ruhe und Stille her, zünden Sie eine Kerze an, machen Sie sich eine Tasse Tee, legen Sie das Handy beiseite oder, noch besser, lassen Sie sich von einem Familienmitglied oder einer Freundin ein wenig verwöhnen. Ziehen Sie sich zurück, nehmen Sie gegebenenfalls ein Schmerzmittel ein, und entspannen Sie sich. Vielleicht hält Sie ein Partner, eine Partnerin in den Armen. Jetzt können Sie loslassen, das lindert die Schmerzwahrnehmung. Sie sind also fürsorglich zu sich im

Schmerz und nicht streng oder ignorant. Diese Haltung hilft immer, wenn wir in Not sind, denn sie basiert auf Respekt und einer mitfühlenden Einstellung. Wer Mitgefühl mit sich selbst haben kann, hat es auch gegenüber anderen Menschen.

Bei akuter Verletzung ist es natürlich wichtig, gleich die richtigen medizinischen Maßnahmen einzuleiten. Da ist es immer gut, sich nicht zu sehr auf den Schmerz zu konzentrieren, sich nicht in ihn hineinzusteigern. Hier tut auch Ablenkung gut. Mit Ihrer Haltung bestimmen Sie mit, wie Sie den Schmerz empfinden. Wenn Sie das Gefühl haben, in den richtigen Händen zu sein, Vertrauen zu Ihrer Ärztin oder dem Sanitäter haben, dann wirkt sich auch das positiv auf Ihr Schmerzempfinden aus.

Selbst wenn das soziale Umfeld schrecklich ist, können Sie dem auf der Ebene Ihrer inneren Einstellung entgegenwirken. Viktor E. Frankl, ein Wiener Psychiater, Neurologe und Psychologe, der als ehemaliger KZ-Häftling Auschwitz überlebte, berichtet von grässlichen Schmerzen, die er im KZ erlitt, ebenso wie von vielen persönlichen Demütigungen. Ihn beschäftigte die Frage, wieso Menschen in diesem Umfeld schier unerträgliche Schmerzen aushalten konnten, und er fand heraus: Wer seiner Existenz einen tieferen Sinn geben kann, schöpft daraus Kraft. Frankl widmete seinen Schmerzen keine Aufmerksamkeit mehr, stattdessen lenkte er die gesamte Lebensenergie auf seine Hoffnung. Er wollte in der Zukunft vor einem großen Publikum über das Konzentrationslager sprechen. Das war seine Sinnfindung.

Wir verfügen über ungeheure Energien, die wir entfalten können, wenn wir nur wollen. Im Umgang mit Schmerzen wie im gesamten Leben sollten wir sie nutzen.

Finden Sie heraus, welche persönlichen Faktoren es sind, die zu Anspannung und damit zur Verstärkung Ihrer Schmerzwahrnehmung führen, besonders bei chronischen oder wiederholt auftretenden Schmerzen. Schulen Sie Ihre Selbstwahrnehmung, indem Sie sich z. B. selbst beobachten. Dann wird es einfacher, die richtigen Therapieformen zu wählen. Arbeiten Sie mit Ihren Emotionen, schaffen Sie ein positives soziales Umfeld, schauen Sie, wo Sie innerlich festhängen, und stellen Sie vor dem Hintergrund dieser Erkenntnisse mit dem Arzt, der Ärztin Ihres Vertrauens die Therapie zusammen.

Die Rolle des Geistes

Auch einige tibetische spirituelle Lehrer sind an Krebs erkrankt und hatten kurz vor ihrem Tod etliche Metastasen in ihrem Körper. Einige davon wurden von westlichen Medizinern behandelt. Fast niemand von ihnen nahm Schmerzmedikamente, trotzdem schienen sie stets guter Dinge zu sein, sie scherzten und wandten sich mitfühlend den Menschen zu, die an ihr Bett kamen. Es hatte den Anschein, als litten sie nicht unter Schmerzen. Auf Nachfragen antwortete ein Lehrer, Schmerzen seien kein Problem für ihn und man müsse sich nicht um ihn sorgen. Betrachtet man die Theorie über die Schmerzpforte und die Möglichkeiten, mit Hilfe von geistigen Einstellungen und Haltungen auf diese einzuwirken, dann könnte man schlussfolgern, dass diese Meister die Schmerzwahrnehmung mit Hilfe der Lenkung ihrer geistigen Energie unterbinden konnten. Sie scheinen über die Fähigkeit zu verfügen, dies dauerhaft zu tun. Manche Meditationslehrer haben eine ungewöhnliche heilende Kraft des Geistes entwickelt. Untersuchungen des Gehirns mit Hilfe bildgebender Verfahren während der Meditation bei erfahrenen spirituell Praktizierenden zeigen Ergebnisse, die das bestätigen. Diese Meister ruhen in ihrem unverwundbaren Kern, in ihrer Buddha-Natur, und können so ihre Wahrnehmung steuern. Grundsätzlich ist das für jeden Menschen möglich, denn wir alle besitzen die Buddha-Natur. Alle Wege, die in die Natur des Geistes führen, sind Wege in diese Richtungen.

Spirituelle Methoden wie Meditation oder Visualisierungen können sich also auf unser Schmerzempfinden auswirken. Das ist der Grund, warum sie heute in moderne Schmerztherapien miteinbezogen werden. Insgesamt wirken sie dann in einem Zusammenspiel unterschiedlicher medikamentöser und physiotherapeutischer Verfahren.

Ich kann Sie nur ermutigen, im Kleinen anzufangen, öfter zu meditieren, z. B. die Kraftquellenmeditation oder stilles Sitzen zu praktizieren. Das trägt zu einer Haltung bei, die innere Gelassenheit und mitfühlendes Zugewandtsein fördert, und wirkt, ganz nebenbei, heilend auf den eigenen Organismus.

Vielleicht werden wir in nicht allzu ferner Zukunft geistige Methoden im Umgang mit Schmerzen entwickelt haben, die ebenso effektiv sind wie Schmerzmedikamente. Die Forschung hat begonnen. Lernen können wir von spirituellen Systemen und Menschen, die die heilende Kraft ihres Geistes schon kultiviert haben und darüber lehren können.

Am Ende dieses Kapitels finden Sie eine Visualisierung, die Ihnen helfen kann, sich zu entspannen. Vorsichtig können Sie sich dann, wenn Sie das wollen, in das Terrain um Ihren Schmerz herum einfühlen und die Spannung dort erkunden. Die Meditation ist eine Energielenkung mit Hilfe Ihrer Kraftquelle.

Entspannung ist wichtig

Wer Schmerzen hat, verspannt sich leicht, nimmt dann Fehlhaltungen ein, die neue Anspannungen erzeugen, dies gilt besonders bei chronischen Schmerzen. Das Ungleichgewicht im Körper verstärkt sich dadurch, was wiederum das Schmerzempfinden steigern kann. So wird der einmal gefühlte Rückenschmerz immer schlimmer. Die Dosierung der Medikamente muss eventuell erhöht werden, was immer mehr Nebenwirkungen zur Folge hat, oder andere Maßnahmen wie eine Operation werden als Problemlösung erwogen. Das Terrain um den Schmerz herum fühlt sich hart oder wie eingekapselt an, und es kann zu Verkrampfungen und Verspannungen kommen. Schmerz löst neue Schmerzen aus, ein destruktiver Kreislauf.

Neben den geistigen Methoden oder dem Umgang mit Emotionen und Einstellungen ist es wichtig, auch solche Formen der Behandlung mit einzubeziehen, welche die Entspannung fördern und dem destruktiven Kreislauf entgegenwirken. Es gibt eher körperorientierte Formen der Entspannung und eher geistige wie Tiefenentspannungen oder Trancen oder eine Kombination von beidem wie im Yoga oder Qi-Gong. Die Methode, die Sie wählen, sollte Sie inspirieren und Freude machen sowie insgesamt angemessen sein. Aus der Vielfalt der Angebote von Akupunktur bis Tiefenentspannung sollten Sie in Absprache mit Ihrem Arzt die richtige Begleitbehandlung wählen. Das ist manchmal auch eine Kostenfrage, denn die Krankenkassen übernehmen nur bestimmte Anwendungen.

Eine innere positive Einstellung zu dieser Behandlungsform und deren Unterstützung durch die Kraftquellenmeditation oder andere Methoden während der Anwendung werden die positive Wirkung der Therapie verstärken.

Therapiewahl

Bei akuten körperlichen Schmerzen muss meist schnell gehandelt werden, und Sie suchen den entsprechenden Arzt oder eine Klinik auf oder kümmern sich selbst um Ihre Verletzung. Der Spruch »Ein Indianer kennt keinen Schmerz« ist übrigens ein schlechter Ratgeber. Klagen, ein Aufschrei, Weinen und Jammern entlasten vorübergehend. Das Unterdrücken solcher Reaktionen führt dagegen zu Anspannung und erhöht das Schmerzempfinden. Andererseits ist es kontraproduktiv, sich in den Schmerz hineinzusteigern. Auch hier gilt eher der mittlere Weg.

Bei langanhaltenden oder chronischen Schmerzen muss zunächst die Ursache des Schmerzes ermittelt werden. Manchmal, bei Phantomschmerzen oder sogar bei bis zu 75 Prozent der Rückenschmerzen, ist das kaum exakt möglich. Treten Sie in einen Dialog mit Ihrem Schmerz, erkunden Sie ihn in einer Visualisierung (siehe S. 273) und teilen Sie Ihre Erkenntnisse dem behandelnden Arzt mit. In der Regel sollten Therapien kombiniert werden. Im Fall von chronischen oder nicht lokalisierbaren Schmerzen ist es sinnvoll, an eine Psychotherapie zu denken, denn die Ursachen können in den Tiefen Ihrer Seele liegen. Überlegen Sie auch, welche persönlichen Lebensumstände, privater oder beruflicher Natur, und welche anderen sozialen Faktoren sich schmerzfördernd auswirken könnten. Eine Möglichkeit, warum der Schmerz nicht gehen will, mag sein, dass er Ihnen Aufmerksamkeit verschafft. Andere Menschen wenden sich Ihnen dann meist intuitiv liebe- und verständnisvoll zu. Sind wir in dieser Hinsicht sehr bedürftig, können wir uns daran gewöhnen, uns auf diese Weise menschliche Zuwendung zu holen. Dann ist die Schmerzproblematik vor allem ein psychologisches Problem, das wir mit entsprechenden Methoden angehen sollten. Es gibt vielfältige Möglichkeiten, über den Schmerz vermeintliche Vorteile zu erzielen und sich gleichzeitig zu bestrafen. Diese Vorgänge finden unterbewusst statt, deshalb kann man sie in der Regel alleine nicht auflösen.

Suchen Sie das Gespräch mit Freundinnen und Freunden und arbeiten Sie daran, aus ungünstigen Umständen herauszukommen. Nutzen Sie dazu alle Hilfestellungen wie psychosoziale Beratungen, finanzielle Hilfen usw. Bringen Sie Ihre Erwägungen und Überlegungen auch in die Gespräche mit der behandelnden Ärztin ein.

Auch beim Thema Schmerz geht es darum, den Drachen anzunehmen und ihn nicht in seine Höhle einzusperren. Der Schmerz will gesehen werden, er braucht Respekt und will, dass Sie auf ihn hören. Wenn Sie das tun, fordert er Sie unter Umständen zum Handeln auf. Das kann Sie mit Ihren inneren Widerständen konfrontieren, denn nicht alles, was jetzt ansteht, wird Ihnen gefallen. Sagen Sie nach sorgfältigen Überlegungen ein klares Ja zu Ihrem therapeutischen Weg mit dem Zusatz, dass Sie jederzeit Elemente ändern können, wenn Sie es für nötig halten. Wenn Sie Ihren Weg gehen, verbinden Sie sich in allen Handlungen, speziell auch während der Therapie, mit Ihren Kraftquellen. So fördern Sie den Heilungsprozess. Aber das ist ja nichts Neues. Es ist nur wichtig, dass Sie es tun.

Medizin ist ein Heilmittel

In der tibetischen Medizin gibt es ganz besonders wertvolle Pillen. Sie sind kugelrund, und die wertvollsten sind in farbige kleine Tücher eingepackt. Zu den kostbarsten zählen sogenannte Juwelenpillen, in kleinen durchsichtigen, versiegelten Plastikschachteln, die nach besonderen Rezepturen in einem komplizierten Verfahren über Monate hergestellt werden. Sie enthalten Kräuter, Edelsteinpulver, gemahlene Wurzeln und Früchte sowie andere Substanzen, deren Rezepturen jahrhundertealt sind. Die Heilkräuter werden besonders sorgfältig ausgesucht und verarbeitet. Ein tibetischer Arzt ist meist auch Pharmakologe und praktizierender Buddhist. Nur wenige tibetische Ärzte haben die Fähigkeit erworben, Juwelenpillen herzustellen. Heute werden die Ingredienzien nicht mehr nur mit der Hand verarbeitet, sondern auch von einfachen Maschinen. Es gibt jedoch keine Massenherstellung, weil man davon ausgeht, dass die Medizin dabei an Wirkkraft verliert. Manche tibetischen Pillen, nicht nur Juwelenpillen, werden in Klöstern während der Zeremonien und Gebete in der Nähe des Altars gelagert, damit sie die positiven Schwingungen der Gebete in sich aufnehmen. Tibetische Ärzte kennen eine Vielfalt an Ritualen zur Segnung der Kräuter und der Medizin, die sie herstellen. Das alles dient der Entfaltung ihrer Heilkraft. Entsprechend sorgfältig muss ein Patient mit den Wirkstoffen umgehen. Für die Einnahme von Juwelenpillen gibt es besondere Regeln; z. B. dürfen sie nur bei Vollmond oder Neumond genommen werden. Am Abend vor der Einnahme wird die Pille ausgepackt und in einem Gefäß mit vorher abgekochtem Wasser eingeweicht. Das Gefäß wird mit einem Tuch abgedeckt und neben das Bett gestellt. Am nächsten Morgen um 4.00 Uhr muss die Pille eingenommen werden. Nachdem sie im Mund zergangen ist, soll man einige Tassen heißes, abgekochtes Wasser trinken. Wer die Pille einnimmt, soll sich an Regeln halten. Sein Körper darf nicht auskühlen. Nach der Pilleneinnahme bleibt man mindestens noch vier Stunden im warmen Bett. Am Tag der Pilleneinnahme darf die erkrankte Person kein Fleisch, keine Eier, keine Zwiebeln, keinen Käse essen, darf sich nicht überanstrengen, sollte sich Ruhe gönnen und keinen Sex haben. Am besten ist es, die Pille wirken zu lassen und mit der Rezitation von Mantras, z. B. des Medizin-Buddha, ihre Heilkraft zu verstärken. Danach kann das Leben wieder normal weitergehen.

Die Verhaltensvorschriften bewirken, dass man Ehrfurcht und Respekt vor der Heilkraft der Pille empfindet und das Gefühl hat, ein großes Geschenk zu erhalten. Diese Hochachtung im Umgang mit der Juwelenpille schließt sowohl den Arzt als auch die Kräuter und deren heilende Energie ein. Ich kenne einige Tibeter, die in ihrem Amulett immer eine Juwelenpille bei sich tragen. Ein junger Mann sagte mir dazu: »Diese Pille ist so kostbar, dass ich sie niemals einnehmen werde. Sie lag für

Wochen im Tempel des Dalai Lama und enthält die Kraft seiner Gebete. Sie wird mich vor Krankheiten schützen, deshalb trage ich sie an meinem Körper.«

Denken Sie einmal daran, wie Sie mit Ihrer Medizin umgehen. Wie nehmen Sie Ihre Medizin ein? Eher nebenbei und ein wenig unwillig, weil es eben sein muss? Wo bewahren Sie die Tabletten auf, irgendwo auf dem Frühstückstisch, am Fensterbrett, im Schrank oder in der Box mit den Tageszeiten darauf am Bett? Denken Sie manchmal daran, dass die Heilkraft der Wirkstoffe Ihnen dient und es ein Segen ist, dass es sie gibt? Oder nehmen Sie Ihre Tabletten oder Nahrungsergänzungsmittel eher zwischen Tür und Angel ein, während Sie mit den Gedanken schon bei dem sind, was Sie heute noch alles tun wollen. Sie werden vielleicht sagen, wir sind ja nicht in Tibet, sondern in einer zivilisierten Gesellschaft. Hier gibt es weder Yaks noch den Himalaja. Und das Mittelalter ist bei uns Gott sei Dank schon längst vorbei. Die Pharmaindustrie ist zur Massenproduktion von Heilmitteln übergegangen, was eine wichtige Errungenschaft des wissenschaftlich-technischen Fortschritts ist und uns eine viel längere Lebensdauer verschafft hat. Wir sind keine Bauern mehr und leben im Stress, haben von daher keine Zeit, so ein Aufhebens um die Medizin zu machen. In gewisser Weise haben Sie natürlich recht.

Ich möchte Sie aber dennoch dazu inspirieren, Ihre Medizin, egal, woher sie kommt, ob es die Chemo ist, ein Schmerzmittel oder Bachblüten, bewusst als Heilmittel zu sehen, besonders wenn Sie ernsthaft erkrankt sind. Wenn wir Medikamente einnehmen, wollen wir, dass sie wirken. Es ist eigentlich nur logisch, ihre Heilkraft auch gedanklich zu unterstützen, indem wir bei der Einnahme Körper und Geist synchronisieren. Dazu braucht es nicht viel Zeit, nicht mehr als vielleicht eine Minute. Während die Medizin in Ihren Körper eingeht, stellen Sie sich vor, wie sie ihre Heilkraft entfaltet, und Sie freuen sich darüber. Am Ende dieses Kapitels finden Sie eine ausführliche Meditationsanleitung für die Einnahme von Medizin, die Sie auch für die Chemotherapie oder bei langwierigen Erkrankungen nutzen können.

Es ist einfacher, mit Medikamenten achtsam umzugehen, wenn Sie wirklich ja zu ihnen sagen und wenn Sie Ihre Tabletten nicht nur einnehmen, weil sie ärztlicherseits nun einmal verordnet wurden oder weil Sie meinen, keine andere Wahl zu haben. Es zwingt Sie niemand, gesund zu werden. Vermutlich aber wollen Sie es selbst. Wenn dazu die Einnahme von Medikamenten gehört, dient das Ihrem Wunsch. Sie können die Tabletten nehmen oder es bleibenlassen. Nicht der Arzt, die Ärztin entscheidet, sondern Sie tun das. Manchmal neigen wir dazu, Ärzten die Verantwortung für die eigene Gesundheit zuzuschieben, worin sich ein merkwürdiges Verständnis von Gesundheit ausdrückt. Sie sind kompetente Berater und wollen uns, so gut sie können, helfen, sind jedoch weder für unsere Krankheit noch für unsere Gesundheit verantwortlich. Die Verantwortung tragen wir, also sollten wir dazu auch stehen. Überlegen Sie, was Sie wollen, und wenn Sie dem Rat Ihrer Ärztin folgen, dann tun Sie das auf der Grundlage Ihrer Entscheidung. Das gilt für alle Behandlungsformen, bis hin zu Operationen.

Mit diesem Verständnis erscheint es sinnvoll, alles zu tun, um die Heilkraft der Behandlungen, der Medikamente zu stärken. Je mehr Sie das tun, umso mehr dient Ihnen das Mittel, das Sie erhalten haben. Sie drücken damit Wertschätzung aus, gegenüber sich selbst und gegenüber dem Heilmittel. Sie machen das Mittel zu Ihrem und entwickeln ein positives Verhältnis zu ihm.

In Pflegeeinrichtungen ist fast das gegenteilige Verhalten alltäglich geworden. Medizin wird verabreicht, schnell und ohne viel Federlesens in die Patientinnen und Patienten hineingeschüttet. Es gibt ja genug davon, die Kassen zahlen, und die Pharmakonzerne verdienen daran. Wenn wir Medikamente nur als Ware sehen, entwickeln wir keine persönliche Beziehung zu ihnen. Wir empfinden sie als etwas Fremdes, weil wir uns von ihrem Heilungspotenzial entfremdet haben. Medizin wirkt aber nur im Menschen, wo sonst? Genesung, Heilung ist ein ganz individueller und vielschichtiger Prozess.

Genau hier können Pflegekräfte eine Menge ändern, indem sie sich z. B. bei der Medikamentengabe Zeit nehmen, die Patientinnen und Patienten auffordern, in sich zu gehen und sich vorzustellen, wie gut die Tabletten tun, oder indem sie einfach einen Satz sagen wie: Mögen die Medikamente Sie heilen. Dies kann auch mit humorvollen Bemerkungen geschehen beziehungsweise mit Worten, die zum jeweiligen kranken Menschen passen. Das sind nur wenige Augenblicke, aber schon ändert sich die Haltung zur Medizin, und der kranke Mensch erhält einen Impuls zum Nachdenken. Eine positive Würdigung der Medizin unterstützt immer den Heilungsprozess. Achtsamkeit und ein respektvoller Umgang mit Medizin tun allen Beteiligten gut, den Kranken, den Pflegekräften sowie den Ärztinnen und Ärzten. Es ist eine Würdigung des Heilungsprozesses und ein Win-win-Spiel, merkwürdig, dass es so wenig gespielt wird.

Asiatische Meditationslehrer geben oft Menschen, die das wünschen, die Möglichkeit, ihnen wichtige Gegenstände zu segnen. Dem liegt der Glaube an die heilsame Schwingungsenergie zugrunde, die von einem großen Lehrer und seiner spirituellen Traditionslinie ausgeht und die sich bei der Segnung auf die dargebotenen Objekte überträgt. Selten habe ich gesehen, dass darum gebeten wurde, Medizin zu segnen. Es wäre aber möglich, dies zu tun und sich dann bei der Einnahme vorzustellen, dass die geistige Kraft des Meisters sich als Heilkraft überträgt und den eigenen Heilungsprozess stützt. Der Gedanke, dass Schwingungen sich übertragen, ist wichtig, wenn Heilmittel den Gebeten und Gesängen von Mönchen und Nonnen »ausgesetzt« sind, wie es z. B. bei den Juwelenpillen der Fall ist. In diesem Sinne können Sie auch Medikamente in Ihre Nähe stellen, wenn Sie meditieren oder beten, und sich vorstellen, dass diese sich, von der Kraft Ihrer spirituellen Praxis angeregt, aufladen. Die innere Haltung der Wertschätzung gegenüber Ihren Medikamenten könnten Sie auch äußerlich manifestieren, z. B., indem Sie sie auf ein schönes Tablett an einen Ihnen besonders wohltuend erscheinenden Platz in Ihrer Wohnung stellen, vielleicht in die Nähe einer Blume oder Pflanze. Sie könnten für die Medikamente auch eine ansprechende Kiste wählen oder einen anderen Akzent setzen. Das geht nicht mit allen Mitteln, aber mit den meisten. Allein die Tatsache, dass Sie den Ort für Ihre Medizin so schön gestaltet haben, überträgt sich auf Ihre Haltung gegenüber den Heilmitteln. Sie werden zunehmend mehr Wertschätzung entwickeln. So könnte man auch in Pflegeeinrichtungen die Medikamente der Patientinnen und Patienten schön arrangieren oder das Medikamentenlager mit einem Farbtupfer oder einer kleinen Inspiration versehen. Das ist dann eine Art Erinnerung daran, die Medizin zu würdigen. Diese Einstellung drückt man dann auch in der Behandlung oder bei der Medizinausgabe aus. Wenn das zu einer verinnerlichten Haltung geworden ist, braucht man keine Worte mehr. Die Würde im Umgang mit der Medizin wird selbstverständlich. Sie umfasst ebenso eine Würdigung der kranken Menschen und ihrer Wege der Heilung wie auch der Tätigkeit in einem heilenden Beruf.

Meditationen und Übungen

Schmerzmeditation

Suchen Sie sich einen Platz, an dem Sie ungestört sein können. Nehmen Sie eine Meditationshaltung ein, oder legen Sie sich auf den Boden mit geradem Rücken; Arme und Hände liegen seitlich neben dem Körper. Betrachten Sie Ihren Atem, und bringen Sie Ihren Geist zur Ruhe. Sie können dazu auch die stille Meditation auf der CD hören.

Verbinden Sie sich mit Ihrer Kraftquelle, die im Raum vor Ihnen erscheint. Hüllen Sie sich in deren heilende Energie, die Sie dann umfließt. Sie können sich jetzt vorstellen, dass Sie mit dem Einatmen Licht von Ihrer Kraftquelle aufnehmen und es im Körper verteilen und mit dem Ausatmen alle Anspannung und Negativität aus Ihnen herausströmt. Bleiben Sie eine Weile bei dieser Vorstellung der Zirkulation von heilender Energie mit Ihrer Kraftquelle. Der Körper füllt sich währenddessen mit dem Licht Ihrer Kraftquelle, das in alle Zellen fließt. Das Licht verwandelt alle Anspannung und Ihre Schmerzen in Helligkeit oder spült die Verdunklungen aus Ihnen hinaus.

Wenn Sie das Gefühl haben, dass es genug ist, beenden Sie die Meditation und lösen Sie die inneren Bilder in einem weißen Nebel auf. Kehren Sie zurück zur Betrachtung Ihres Atems. Bedanken Sie sich bei Ihrer Kraftquelle für deren Unterstützung, oder sprechen Sie zum Abschluss die Widmung (siehe S. 106), die Sie auch auf der CD finden.

Wenn Sie aber weitermachen wollen, dann gehen Sie mit Ihrer Aufmerksamkeit vorsichtig zu den schmerzhaften Körperstellen. Spüren Sie, wie sich Ihr Körper dort anfühlt, ob er eher weich oder hart ist. Können Sie Farben sehen, wenn ja, welche? Erkunden Sie sanft die Region um Ihren Schmerz herum. Dann schicken Sie die Energie, die Sie von Ihrer Kraftquelle einatmen, in diese Region. Stellen Sie sich vor, wie Sie sich dort entspannen, die Muskulatur weich wird, das Gewebe regeneriert. Sie können dem Licht auch eine Farbe geben, die Ihnen guttut, und sie in die Region um Ihren Schmerz herumfließen lassen. Machen Sie dies so lange, wie es Ihnen guttut.

Dann lösen Sie die inneren Bilder in einem weißen Nebel auf. Kehren Sie zurück zur Betrachtung Ihres Atems und sprechen Sie zum Abschluss die Widmung.

Medizin einnehmen

Treffen Sie alle Vorbereitungen, die zur Einnahme oder Anwendung Ihrer Medizin wichtig sind. Suchen Sie sich einen Platz, an dem Sie für einen Moment ungestört sein können. Wenn möglich, setzen Sie sich aufrecht hin.

Nehmen Sie jetzt die Verbindung zu Ihrer Kraftquelle auf. Sehen Sie diese im Raum vor sich. Nun bitten Sie Ihre Kraftquelle, Sie möge mit ihrer Heilkraft Ihre Medizin aufladen. Stellen Sie sich dann vor, wie Licht oder Energie von der Kraftquelle in Ihre Heilmittel fließt. Dann nehmen Sie das Mittel, z. B. die Tablette, ein. Stellen Sie sich vor, wie sich die Heilkraft Ihrer Medizin in Ihrem Körper verteilt, dort hinfließt, wo sie sich entfalten soll. Sie können sich zum Abschluss noch einmal vom Licht Ihrer Kraftquelle im gesamten Körper durchströmen lassen. Sollten Sie mehrere Mittel einnehmen, dann bleiben Sie während des ganzen Prozesses aufmerksam und konzentriert und in Verbindung mit Ihrer Kraftquelle.

Lösen Sie die inneren Bilder in einem weißen Nebel auf, und sprechen Sie zum Abschluss eine Widmung, oder danken Sie Ihrer Kraftquelle für die Unterstützung.

Mit einiger Übung können Sie diese kleine Visualisierung in relativ kurzer Zeit machen. Wichtig ist jedoch, dass Sie sich nicht ablenken lassen und Sie Ihre Aufmerksamkeit auf die Energielenkung fokussieren.

Sie können diese Visualisierung auch bei Einreibungen mit Salben oder bei Inhalationen, Heilbädern, dem Anlegen von Verbänden oder Prothesen, der Wundversorgung und vielem mehr anwenden. Passen Sie die Energielenkung dann dem jeweiligen Vorgang an.

Sie sollten diese Übung durchführen, wenn der Schmerz gerade moderat ist, d. h. nicht während einer Schmerzattacke oder in einer akuten Situation. Wählen Sie auch bei chronischen Schmerzen eher einen ruhigen, friedvollen Tag. Sie können einen Menschen bitten, diese Übung für Sie anzuleiten, dann ist die Wirkung intensiver, weil Sie nicht auf deren Ablauf achten müssen.

Diese Übung können Sie auch Menschen vorschlagen, die eine Schmerzproblematik haben und die Sie auf ihrem Weg begleiten. Vielleicht übernehmen Sie dann die Anleitung. Bevor Sie das tun, sollten Sie aber eigene Erfahrungen mit der Übung gesammelt haben.

Diese Übung können Sie alleine oder in einer Gruppe machen. Nehmen Sie sich etwa eine Stunde Zeit, ziehen Sie sich an einen ruhigen Ort zurück. Achten Sie darauf, ungestört zu sein. Die Übung sollte in ihrem Ablauf nicht unterbrochen werden.

Legen Sie sich ein Blatt Papier, eine Unterlage für das Blatt, ein Notizheft und einen Stift zurecht. Holen Sie ein Tuch oder Kleidungsstück bzw. einen persönlichen Gegenstand und geben Sie ihn zu den Schreibutensilien. Stellen Sie zwei Stühle einander gegenüber, das Ganze geht auch mit Sitzkissen.

Setzen Sie sich auf einen der Plätze, schließen Sie die Augen und richten Sie die Aufmerksamkeit auf den Atem. Sitzen Sie einige Minuten still, kommen Sie zur Ruhe.

Nun nehmen Sie das Blatt Papier, die Unterlage und den Stift. Zeichnen Sie nun die Konturen der Vorderseite Ihres Körpers, danach zeichnen Sie die Konturen der Rückseite Ihres Körpers, alles inklusive der Arme, Beine, Hände und Füße. Das müssen keine perfekten Zeichnungen sein. Es macht nichts, wenn die Proportionen nicht stimmen.

Jetzt halten Sie inne, schließen Sie die Augen. Spüren Sie, wo Sie gerade angespannt sind oder wo Ihre Schmerzen sitzen. Wenn es kein aktuelles Problem gibt, dann lokalisieren Sie einen sonst häufiger auftretenden Schmerz in Ihrem Körper. Öffnen Sie wieder die Augen und kreuzen Sie auf den Zeichnungen Ihres Körpers die jeweiligen Schmerzpunkte an. Dann entscheiden Sie sich, mit welchem Schmerz Sie heute sprechen wollen. Umkringeln Sie das Kreuz, das Sie an die entsprechende Stelle Ihrer Körperzeichnung gesetzt haben.

Jetzt legen Sie das Blatt mit den Zeichnungen auf den Stuhl gegenüber. Auf diesem Stuhl sitzt nun Ihr Schmerz. Sagen Sie ihm jetzt alles, was Sie innerlich bewegt. Finden Sie Worte, sprechen Sie am besten laut, das mindeste ist, dass Sie flüstern. Sie dürfen auch beleidigend werden. Wenn Ihnen nichts mehr einfällt, dann machen Sie eine kleine Pause.

Setzen Sie sich jetzt auf den anderen Stuhl. Sie können sich auf die Zeichnung setzen oder diese zur Seite legen. Sie sitzen jetzt auf dem Stuhl Ihres Schmerzes. Auf den freien Stuhl können Sie ein Tuch, ein Kleidungsstück, das Sie öfter tragen, oder einen persönlichen Gegenstand legen. Der Stuhl kann aber auch frei bleiben. Es ist der Stuhl, der für Sie steht.

Sprechen Sie nun aus der Sicht des Schmerzes. Ihr Schmerz spricht Sie mit Ihrem Namen an und sagt Ihnen, was er von Ihnen hält, warum er da ist, wie Sie ihn loswerden können. Er erläutert genau, was er als Ursache für seine Existenz sieht.

Sie können ihm Fragen stellen, und er antwortet. Sprechen Sie wieder laut oder flüstern Sie, in jedem Fall sollten Sie Worte formulieren, nicht nur denken.

Wenn Sie mit Ihren Ausführungen zu Ende sind, dann machen Sie eine kleine Pause. Stehen Sie auf, schütteln Sie Spannungen aus sich heraus.

Jetzt notieren Sie in Ihr Notizheft Erfahrungen mit der Übung, die Ihnen wichtig erscheinen, und vor allem die Botschaften Ihres Schmerzes. Wenn es geht, formulieren Sie die Hauptbotschaft zum Abschluss in einem Kernsatz. Überlegen

Sie, wie Sie diese Botschaft in Ihr Leben sinnvoll integrieren können. Werden Sie konkret, welche Schritte stehen an? Wie und in welchem Zeitraum wollen Sie Ihre Ziele verwirklichen?

In der Gruppe können Sie nach einem kurzen Gespräch über allgemeine Eindrücke oder Erfahrungen mit der Übung und ihrer Wirkung die Kernsätze einander vortragen, diese erläutern und darüber sprechen. Ein abschließendes Gespräch klärt dann gemeinsame Themen und Erkenntnisse über die Schmerzbotschaften. Viel Erfolg mit der Übung.

END-LICH LEBEN

Abschied nehmen

Wenn wir Abschied nehmen, entlassen wir das, was uns gedient hat, in den Fluss des Lebens. Ein gelungener Abschied basiert auf der Wertschätzung und Würdigung dessen, was wir gehen lassen, auch wenn es schmerzhaft ist. Er mündet auf einer tieferen Ebene in die Einsicht, dass das, was wir loslassen, in ein Feld eingeht, in dem alles mit allem verbunden ist. Genau das aber fällt uns oft schwer. Meist nehmen wir Abschied, wenn die Trennung auf der äußeren Ebene oder die Entscheidung für den Wandlungsprozess (ins Rentenalter einzutreten, die neue Wohnung zu beziehen) schon vollzogen ist. Wir sind beim Abschiednehmen mit unseren Widerständen, unserer Anhaftung an das Alte und der Abneigung gegen den Wandel, unserem inneren Schmerz wie unserem Begehren, der Verzweiflung, den Ängsten, dem Festhalten an Gewohntem, vermeintlichen Sicherheiten, unseren Konzepten und Erwartungshaltungen konfrontiert. Wenn wir an dem festhalten, was sich verändert hat, erfahren wir Abschiede als Krisensituationen und reagieren mit heftigen Gefühlen.

Abschiede haben vielfältige Gesichter. Es ist manchmal so, als würden wir am Meer sitzen und zuschauen, wie ein Schiff sich langsam vom Ufer entfernt und in die Weite des Horizonts entschwindet. Das sind die sanften Abschiede. Es gibt auch die Abschiede, die uns treffen wie ein Blitz aus heiterem Himmel, manchmal bemerken wir den Abschied kaum, oder wir ignorieren ihn.

Ein guter Freund arbeitete als freier Mitarbeiter bei einer renommierten Zeitung. Er war gerade mit einem Artikel beschäftigt, als sein Chef, zwischen Tür und Angel stehend, fast flüchtig und auf dem Sprung, allen Mitarbeitern zurief, die Produktion der Zeitung sei ab sofort eingestellt, alle könnten nach Hause gehen. Von einer Sekunde auf die andere hatten alle ihren Arbeitsplatz verloren. Die Ursache-Wirkungs-Faktoren, die das ganze Gebilde zusammenhielten, flogen auseinander. Die Zeitung war von diesem Moment an von der Bildfläche der deutschen Printmedien verschwunden.

Eine Naturkatastrophe, ein Unfall, der plötzliche Tod eines lieben Menschen können unser Leben von einer Sekunde auf die andere verändern, vermeintliche Sicherheiten lösen sich auf; das Unberechenbare bricht in unser Leben ein, und wir erleben großes Leid. Die Menschen in Haiti, die nach dem schweren Erdbeben im Januar 2010 viele ihrer Angehörigen verloren und alles Hab und Gut, standen vor dem Nichts, ohne Essen und Trinken. Sie waren mit dem Leben davongekommen, wurden später aber noch von Unwettern und Seuchen wie der Cholera heimgesucht. Ihre Not und ihr Leiden sind unermesslich. Wenn wir Bilder aus Katastrophengebieten sehen, wird uns deutlich, wie zerbrechlich diese Existenz und wie wertvoll und kostbar das Leben ist. Das Elend der Menschen dort vermag auch den Blick auf unser eigenes Leiden, z. B. bei der Diagnose einer lebensbedrohlichen Erkrankung, zu relativieren. In unserer Gesellschaft leben die allermeisten von uns in einer geschützten und sozial gesicherten Umgebung. Doch auch bei uns geht es jeden Tag um das Loslassen von vermeintlichen Sicherheiten. Dieses Loslassen wird für uns leichter, wenn wir flexibel reagieren, den Blick nicht nur auf unser persönliches Leiden ausrichten, sondern unsere Perspektive erweitern und eine Haltung des Annehmens entwickeln. Dann werden wir biegsam wie ein Bambus und können vielleicht ab und zu ein Tänzchen mit dem Wandel wagen. Das Abschiednehmen gehört unabwendbar mit zu diesem Prozess. Wem es gelingt, die Dinge und Entwicklungen so anzunehmen, wie sie sind, ohne Widerstand und mit ganzem Herzen, der entwickelt eine Sicht, die immer mehr von Gelassenheit, Humor und innerer Freiheit geprägt wird. Dann nehmen wir ganz natürlich Abschied, wenn sich Dinge, Beziehungen, Strukturen auflösen. Eine solche Geisteshaltung, die kommen und gehen lässt, was geschieht, bei der die ungeteilte Aufmerksamkeit im gegenwärtigen Moment ruht, ermöglicht Befreiung. Erleuchtete Wesen wie der Buddha haben sie verwirklicht und gelehrt, wie auch wir uns vom Leiden befreien können. Genau wie der Buddha können auch wir in unserem Geist den Samen für die Befreiung legen. Damit verändert sich unsere Haltung zum Leiden, auch zu Krisen, und Abschiede fallen uns nicht mehr so schwer.

Beim Abschiednehmen können wir sowohl unsere Anhaftung an Vergangenes als auch unsere Abneigung auflösen. Darum ist es befreiend, sich bewusst zu verabschieden. Wir spüren unsere Traurigkeit, vielleicht auch Wut oder Verzweiflung, Neid, Stolz, Wehmut, den Aufruhr der Gefühle, erleben unsere Bedürftigkeit, unsere Verletzlichkeit, das Aufbegehren sowie Widerstände und überwinden sie. So entlassen wir die zurückgebliebenen Spuren des Alten, die unsere weitere Entwicklung behindern. Am Ende des Prozesses steht eine Katharsis, die innere Reinigung, das Abwerfen von Ballast. Wir können danach wieder aus dem Augenblick heraus mit dem gehen, was kommt, unbelastet und frei. Abschiede können kreativ sein und belebend. Wir können sie gestalten und dabei unsere inneren Tiefen erleben, Freude am Wachstum haben und der inneren Weisheit begegnen.
Ich möchte Sie dazu inspirieren, einmal einen Blick auf Ihre Gewohnheiten beim Abschiednehmen zu werfen.

Wie gehen Sie mit Abschieden um?

Stellen Sie sich vor, eine gute Freundin hat sich entschieden, nach Grönland auszuwandern. Dort hat sie eine Arbeit gefunden und auch schon ein kleines Häuschen, in das sie ziehen wird. Sie kennen sich seit zwanzig Jahren. Viele aufregende und schöne Stunden, Streit und Versöhnung haben Sie miteinander erlebt, sind zusammen verreist oder haben anderes zusammen unternommen; Sie beide sind ein Herz und eine Seele. Und nun steht der Abschied bevor. Ein unüberhörbares Gefühl sagt Ihnen, dass es zwar das Internet gibt, aber so richtig werden Sie für Jahre nun nicht mehr zusammen sein können. Ihre Freundin muss die nächste S-Bahn bekommen. Sie will nach Hause, ihr Gepäck holen und dann zum Flughafen. Sie sehen sich also das letzte Mal für lange Zeit persönlich.

Wie werden Sie sich verabschieden? Haben Sie ein Geschenk für Ihre Freundin oder eine besondere Idee? Bringen Sie Ihre Freundin zur Wohnungstür, oder bleiben Sie lieber im Wohnzimmer, wenn sie geht? Gehen Sie mit ihr bis vor die Haustür? Begleiten Sie Ihre Freundin bis zur Bahn? Warten Sie, bis der Zug losfährt, und winken Sie ihr noch zu? Haben Sie das Bedürfnis, mit ihr nach Hause zu fahren, das Gepäck zu holen, um dann mit ihr zusammen den Weg zum Flughafen anzutreten? Warten Sie, bis Ihre Freundin am Flughafen eingecheckt hat, oder verabschieden Sie sich irgendwann vorher? Lassen Sie Ihre Tränen fließen, oder geben Sie Ihren Gefühlen auf andere Weise Raum?

Die nähere Erforschung dieser Fragen kann Ihnen verdeutlichen, wie Sie mit den körperlichen Empfindungen, Gefühlen und Gedanken umgehen, die beim Abschiednehmen in Ihnen berührt werden. Haben Sie den Eindruck, dass Sie Ihre Empfindungen zulassen, oder neigen Sie dazu, diese eher zu übergehen oder wegzudrängen? Welchen Gefühlen weichen Sie eher aus, welche meiden Sie oder glauben Sie, nicht ertragen zu können, und wie bestimmt das Ihr Verhalten? Auch die Wolkenmeditation kann hilfreich sein, das Thema Abschied näher zu betrachten (siehe S. 178 f.). Manchmal können Sie auf diese Weise sogar etwas über die Ursachen Ihres Verhaltens erfahren.

Einige Menschen können es gar nicht aushalten, bis zur Haustür mitzugehen oder gar zum Bahnhof bzw. Flughafen. Andere wollen unbedingt bis zum letzten Moment dabei sein und jede Sekunde miteinander auskosten, auch wenn die Tränen fließen und das Herz schwer wird. Manche verabschieden sich lieber schon Tage vorher an einem neutralen Ort, rufen vor der Abreise noch einmal an und nehmen sich dann zum Zeitpunkt der Abreise etwas vor, nach dem Motto: Ablenkung tut gut, und das Leben geht weiter, nur ein bisschen anders. Wieder andere wirken kühl und beherrscht beim Abschied, ziehen sich zurück und machen Kummer und Schmerz lieber mit sich alleine aus. Es gibt vielfältige Reaktionen und Verhaltensweisen.

Beim Abschiednehmen empfinden wir manchmal Hilflosigkeit, sind unsicher und befürchten, uns in der Öffentlichkeit zu blamieren, wenn wir schluchzend am Bahnhof stehen. Wir mögen unsere Gefühle nicht zeigen und wollen uns lieber zusammennehmen, stark sein. Solche Erwartungen und Ängste bestimmen unser Verhalten unter Umständen so sehr, dass wir uns entscheiden, öffentliche Abschiede zu vermeiden. Daraus entwickeln wir dann gewohnheitsmäßige Reaktionen, und kaum steht ein Abschied bevor, reproduzieren unsere Befürchtungen dieses Muster, was meist unbewusst geschieht. Solche Gewohnheiten können wir ändern, indem wir andere Wege des Abschiednehmens ausprobieren und unser Repertoire an Möglichkeiten beim Abschiednehmen erweitern.

Die Ex-und-hopp-Gesellschaft

Abschiede werden in unserer Gesellschaft im Allgemeinen eher als lästig empfunden, da sie mit Traurigkeit, mit Ängsten, belastenden Gefühlen, schwermütigen Gedanken und Sorgen, also Unangenehmem, verbunden sind. In unserer Konsumgesellschaft werfen wir viele Dinge einfach weg, wenn wir sie nicht mehr brauchen. Diese Ex-und-hopp-Mentalität übertragen wir auch auf Beziehungen oder Trennungen bzw. bewegende Abschiedserfahrungen. Wir bevorzugen die Ablenkung, fliehen bei belastenden Gefühlen ins Kino, in den Club, flüchten uns in immer neue Aktivitäten, lassen uns von unserem Terminkalender beherrschen, suchen nach einer Trennung von einem Lebenspartner schnell nach einem neuen, ohne die alte Beziehung aufzuarbeiten, usw. Wir nehmen uns kaum noch Zeit, innezuhalten, unseren Erlebnissen und Lernprozessen Raum zu geben. Den Trennungsschmerz betäuben wir durch die Droge des Vergnügens und des immer Neuen. Das Neue ist spannender. So taumeln wir von einer Beziehung zur nächsten auf der Suche nach Erfüllung in der Liebe oder von einem Job zum anderen in der Hoffnung auf eine sinnvolle Tätigkeit oder ein höheres Gehalt. Wir vermeiden unangenehme Gefühle, langweilen uns schnell, werden ebenso schnell ungeduldig und sind immer auf der Suche nach einem neuen Kick. Den Blick richten wir in die Zukunft, verdrängen die Vergangenheit und sind nie im Jetzt. In unserer Gesellschaft zählt Zukunftsorientierung. Rückwärtsgewandt will niemand sein. Beim Abschiednehmen wenden wir uns jedoch Vergangenem zu.

Abschiede würdigen

Wenn wir Abschiede wirklich aus dem Herzen leben, richten wir unsere Aufmerksamkeit auf den Wert dessen, was sich aus unserem Leben entfernt, und entlassen unsere diesbezüglichen Gefühle und Gedanken in den Fluss des Lebens. So schärfen wir unseren Blick für das Wesentliche und leben mehr die Tiefendimension des Seins, hören auf, Sklaven einer Verdrängungskultur zu sein. Kein Mensch kann vor der Vergänglichkeit davonlaufen. Sie ist ein Prinzip, welches das ganze Leben, das Universum durchwirkt. Es ist einfach realistisch und klug, gut mit dem zu leben, statt Wandel zu verleugnen, und rechtzeitig mit ihm im Laboratorium des Lebens, wie Sogyal Rinpoche sagt, zu experimentieren.

Mit Abschieden umzugehen ist eine Lebenskunst, und je mehr Interesse und schöpferische Gestaltungskraft wir dabei entwickeln, je mehr wir dem Abschied Raum geben, umso einfacher und reicher wird das Leben. Den Zauber eines Neuanfangs erleben wir mit ganzem Herzen, wenn wir Unerledigtes abgeschlossen, das heißt, wirklich Abschied genommen, also losgelassen haben.
In der Ex-und-hopp-Haltung schauen wir weg, wenn es anderen Menschen schlechtgeht oder sie unsere Hilfe benötigen. Das ist uns lästig, auch weil wir unsere Gefühle nicht spüren wollen. Doch menschliche Begegnungen, in denen wir uns für den anderen Menschen und seine Freuden und seinen Schmerz öffnen, schenken uns wertvolle Erfahrungen. Erlebte Unsicherheiten machen uns demütig; Traurigkeit macht das Herz weich.

Der Abschied kommt stets vor dem Neubeginn. Das Gesetz von Ursache und Wirkung (Karma) sorgt dafür, dass Dinge immer wieder an ihr Ende gelangen, weil sie vergänglich sind.

Mitten in der Auflösung gibt es aber ein kleines Fünkchen oder eine Art Samenkorn, in dem sich der Keim für das Neue bemerkbar macht, zunächst noch ganz zaghaft, kaum wahrnehmbar, aber mit fortschreitender Entwicklung wird der Samen aufgehen, irgendwann reifen, blühen. Das können wir jedoch nur wahrnehmen, wenn wir innehalten, den Dingen Raum geben. Erkenntnisse, die wir so gewinnen, verändern das Leben, machen es reicher und erfüllter. Sie sind uns aber nur dann möglich, wenn wir nicht immer hinter dem Neuen herlaufen, sondern einen Blick in das »Stirb und werde«, den Kreislauf von Geburt und Tod werfen. Genau das geschieht im Abschiednehmen auf unterschiedlichen Erfahrungsebenen. Es ist eine tiefe innere Erfahrung, wach und bewusst den Prozess, der in das Loslassen, in die Trennung mündet, zu begleiten.

Beim Abschied stehen wir auf einer Schwelle. Wir wissen, etwas Wertvolles entfernt sich aus dem Leben, schauen hin, betrachten das Alte, durchwandern unsere Gefühle und entdecken neue Wege. Das Alte ist noch nicht abgeschlossen, das Neue erst im Keim vorhanden. Indem wir das Alte entlassen und aus den Erfahrungen lernen, kann der Samen des Neuen aufgehen und wachsen. Wenn das geschieht, gehen wir vorsichtig über die Schwelle. Der Abschied bereitet den Boden für einen neuen Lebenszyklus. So wässern wir die Samen des Wandels.

Individuelle Ausdrucksformen
für den Abschied finden

Jeder Abschied ist anders. Er ist immer ein ganz individueller Prozess, und daher gibt es auch unzählig viele Ausdrucksformen. Stellen Sie sich vor, Sie verabschieden sich von einer guten Bekannten, mit der Sie seit einigen Jahren öfter etwas unternommen haben. Jetzt trennen sich Ihre Lebenswege. Sie können ihr einen Brief schreiben oder mit ihr telefonieren, eine Mail schicken, vielleicht verabreden Sie sich in einem Restaurant, essen miteinander und stoßen mit einem Glas Wein auf die schönen alten Zeiten an, würdigen das, was Sie voneinander gelernt haben. Sie können ein Abschiedsgeschenk aussuchen; es übergeben oder schicken, Blumen wählen und überreichen oder einen Spaziergang miteinander in Ihrem Lieblingspark machen. Vielleicht schließen Sie die Verbindung mit einem Ausflug ab, einer Schifffahrt oder einem Konzertbesuch.

Wichtig ist, dass Sie herausfinden, was die Beziehung, von der Sie sich verabschieden, Ihnen bedeutet und wo es noch Unerledigtes oder Verletzungen gibt. Das erfordert ein wenig Zeit, Mut und Ehrlichkeit. Mut benötigen Sie, um sich Ihren Gefühlen zu stellen, auch den unangenehmen, und Ehrlichkeit ist wichtig, damit Sie innerlich frei werden und den passenden Ausdruck für Ihren Abschied finden. Es geht darum, Ihren eigenen Weg des Loslassens zu finden und aus dieser Perspektive in das Herz der Vergänglichkeit zu blicken; Wertschätzung für sich selbst und Ihre Freundin bildet dafür die Grundlage. Sie schauen zunächst in sich hinein, erforschen Ihre Gedanken, Gefühle und Wahrnehmungen. Hilfreich kann dabei die Schwellenübung (siehe S. 298) oder auch die Wolkenmeditation (siehe S. 178 f.) sein.

Die Schwellenübung macht sinnlich erfahrbar, wo Sie gerade im Abschiedsprozess stehen und welcher Keim des Neuen gewässert werden will. Claire, die sich von ihrem Partner Tom trennen will, findet während der Schwellenübung heraus: Sie ist dankbar für gemeinsame Reisen, eine erfüllte Sexualität, die Ehrlichkeit im Umgang miteinander und den guten geistigen Austausch. Sie fühlt sich verletzt vom mangelnden Einfühlungsvermögen Toms, seiner Untreue sowie kleinlichen Verhaltensweisen. Sie spürt Wut auf Tom und Verletzungen, die sie nicht vergeben kann. Ihren Abschied von ihm möchte Claire in einem Gartenrestaurant, in dem beide oft waren, gestalten. Sie will dort einen Tisch bestellen und hat vor, mit ihm über die schönen Erinnerungen zu sprechen, sich zu bedanken für die gemeinsamen Jahre und mit ihm auf das neue Leben, das für beide beginnen wird, mit einem Glas Wein anzustoßen. Sie möchte Tom einen Abschiedsbrief übergeben zusammen mit einer Fotokiste und einem Lapislazuli. Diese sind für sie Symbole für die Heilung der Wunden in ihrer Beziehung.

Bevor sie Tom zu dem Treffen einlädt, möchte Claire an ihrer Vergebung arbeiten. Sie nimmt sich dafür Zeit, schreibt sich in einem Brief an Tom alles, was sie bewegt, von der Seele. Danach versetzt sie sich in Toms Rolle und schreibt in einem fiktiven Brief an sich selbst mit der Anrede »Liebe Claire …« alles nieder, was sie glaubt, das Tom ihr sagen würde. Am Ende liest sie die Texte laut vor. Diese kleine Übung, die Christine Longaker vorschlägt, um unerledigte Geschäfte abzuschließen, ist sehr wirkungsvoll. Die Briefe will sie verbrennen, die Asche bei einer alten Linde verstreuen. Claire wartet dann einige Tage ab, bevor sie Tom anruft und sich mit ihm im Restaurant verabredet.

Es gibt in diesem Abschiedsprozess vier Phasen:

1. die Entscheidung, dem Abschied Gestalt zu geben;
2. den Klärungsprozess mit Hilfe der Schwellenübung;
3. die Vergebung und das Abschließen von Unerledigtem;
4. den konkret gestalteten Abschied.

Claire spürt nach dem Treffen mit Tom ihre Traurigkeit. Sie benötigt einige Zeit, in der der Abschied nachklingt und Rückzug guttut. Danach hat sie einen Energieschub und kann sich wieder unbeschwert und entlastet dem widmen, was kommt. Schmerzliche und wohltuende Erinnerungen hat Claire noch einmal durchlebt und die daran gebundene Energie befreit.

Im Abschied von einem Menschen, der stirbt, drücken wir unsere Liebe aus, sagen noch ein letztes Mal, was wir schätzen und als beglückend erlebt haben, bedanken uns bei ihm. Wenn wir den letzten Weg mit ihm gehen und nicht davonlaufen, lassen wir jeden Tag ein bisschen mehr los, haben tiefe und bei allem Leid auch meist beglückende Begegnungen. Während der Begleitung eines Sterbenden dürfen wir in den Spiegel unserer eigenen Sterblichkeit blicken und erfahren so unmittelbar, wie unendlich kostbar das Leben ist. Eine liebevolle Pflege, gute Versorgung und die einfühlsame Begleitung der geistigen und emotionalen Prozesse des sterbenden Menschen werden uns so zu einer Herzensangelegenheit. Wir lernen voneinander und sehen, wo wir uns unterscheiden. Die Sterbende geht uns voraus. Im Abschiednehmen lernen wir, die Vergänglichkeit anzunehmen und damit auch den eigenen Tod.

Wenn ein Mensch gestorben ist, der uns am Herzen lag, dann können wir mit kleinen Ritualen am Totenbett den Abschied gestalten, und zwar so, wie es für den Verstorbenen und die Angehörigen stimmig ist. Zum Beispiel können wir uns um das Bett herum versammeln, eine Kerze anzünden und in der Hand halten, gegenüber dem verstorbenen Menschen unsere Dankbarkeit und Liebe aussprechen und ihm gute Wünsche mit auf die Reise geben. Danach verweilen wir in Stille und stellen uns vor, wie er von einem großen, hellen Licht, das über ihm leuchtet, umfangen wird und sein Energiekörper sich in dieses Licht auflöst, so wie Licht sich mit Licht vereint. Mit der Widmung (siehe S. 106 f.) können wir das kleine Ritual würdevoll beenden; danach sitzen wir vielleicht noch gemeinsam am Totenbett oder trinken eine Tasse Tee zusammen.

Für manche Abschiede haben wir in unserer Gesellschaft Rituale entwickelt, die bekannte Abläufe enthalten und so Sicherheit geben wie bei Trauerfeiern oder bei Verabschiedungen aus dem Berufsleben. In beiden Fällen folgt auf einen Festakt mit feierlichen Reden und der Würdigung des Verdienstes der Person, von der wir Abschied nehmen, ein geselliges Beisammensein. Wir können diese Rituale mit Inhalten füllen, die uns entsprechen, und sie so an unsere Bedürfnisse anpassen und im Schutz der Gemeinschaft von lieben Menschen unsere Verbundenheit spüren. Im Abschiednehmen spüren wir das, was wir verlieren, besonders intensiv. Das Gewohnte entfernt sich und kehrt nicht mehr zurück. Beim Aufräumen des Arbeitsplatzes, der Übergabe helfen Achtsamkeit und das Bewusstsein für den Prozess der Auflösung. Wir würdigen, dass es das letzte Mal ist, dass wir diese Handlung vollziehen. Das hilft beim Loslassen, gerade weil wir auch unangenehme Gefühle und Gedanken zulassen.

Das Thema Abschied ist vielfältig. In Meditationen über die Vergänglichkeit oder den Tod, aber auch in einer einfachen Atemmeditation können wir das Bewusstsein für Abschiede im Leben schulen. Mit jedem Ausatmen lassen wir Altes los. Mit dem Einatmen kommt frische Lebenskraft in den Körper. Das ist der Pulsschlag des Lebens. In jedem Moment erneuern wir uns, in jedem Moment sterben Zellen in uns und neue entstehen. Neues und Altes existieren nebeneinander. Das eine bedingt das andere. Die Nahtstelle, an der der Wandel geschieht, ist der gegenwärtige Moment. Da der Atem uns immer begleitet, können wir die Aufmerksamkeit jederzeit auf ihn ausrichten und ab und zu das Thema Abschied und Neubeginn in den Blick nehmen und spüren, wie es sich in uns anfühlt.

Abschiednehmen kann auch mit Freude verbunden sein. Sie sollten Ihre Phantasie und Kreativität walten lassen, um gute und auch immer wieder neue Formen zu finden. Hier einige Ideen:

Alltägliche Abschiede

Manche Abschiede sind unkompliziert, z. B. der von einer Person, mit der man drei intensive Seminartage verbracht hat und die am nächsten Tag vom Hotel aus abreist. Es reicht vielleicht ein Telefonat, um noch einmal danke und adieu zu sagen. Verweilen Sie beim Auszug aus Ihrer alten Wohnung, in der Sie wertvolle Lebensjahre verbracht haben, eine Zeitlang in jedem Zimmer, erinnern sich noch einmal, bedanken sich für die vergangene Zeit und sagen adieu, bevor die Wohnungstür zum letzten Mal ins Schloss fällt. Mit einem Räucherstäbchen oder einem Duftöl können Sie die Energien in den verlassenen Räumen reinigen und diese so dem neuen Mieter unbelastet übergeben.

Manchmal gibt es ein besonders eindrückliches, schönes Erlebnis, eine Begegnung mit einem Menschen, einem Ort, einer Situation, die mit einem Gefühl von Dankbarkeit oder Wertschätzung verbunden ist. Zum Beispiel, wenn Sie an einem Seeufer meditiert haben und tiefe Stille erfuhren oder eine Einsicht gewinnen konnten. Danken Sie diesem Platz innerlich für das Erlebnis. Würdigen Sie Ihre Erkenntnis und stellen Sie sich vor, wie diese in einer schillernden Seifenblase über Ihrem Platz in den Himmel schwebt und sich dort auflöst. Sie verschmilzt mit der Weite des Raumes, und der Segen des Guten kehrt wieder als heilsame Energie zu diesem Platz zurück. Wenn Sie mögen, hinterlassen Sie etwas, ein Blatt, eine Blüte oder ein gesegnetes Reiskorn. So können Sie es sich zur Gewohnheit machen, Dankbarkeit auszudrücken, Schönes, aber auch Schwieriges als Wachstumsmöglichkeit zu würdigen und Anhaftung und Abneigung daran loszulassen. Vor Ihrem geistigen Auge lassen Sie Revue passieren, was Ihnen wertvoll erscheint, Sie bedanken sich, und dann lassen Sie los. Den Ort des Abschieds oder die beteiligten Menschen können Sie auch in Ihrer Vorstellung oder mit einem Mantra segnen.

Manchmal gibt es Begegnungen, die kurz sind und doch sehr tief wirken. Einmal, als der Dalai Lama in Berlin war, hielt er meine Hand für einen Moment, und unsere Blicke trafen sich. Mir ging das Herz auf, und ich war zu Tränen gerührt. Ich wünschte mir, immer in diese unermessliche Liebe, die er ausstrahlte, eingebettet zu sein. Dann bedankte ich mich in Gedanken für diese Begegnung und bat darum, dass der Samen des Mitgefühls in meinem Herzen zum Wohle aller Wesen aufgehen möge. Das half mir, die Anhaftung an diesen glücklichen Moment loszulassen. Ich wünschte dem Dalai Lama ein langes Leben und dass er noch unzählige fühlende Wesen segnen möge. Das war meine Form des Abschieds von ihm.

Auch kleine, flüchtige Erlebnisse, wie das Lächeln eines Kindes oder ein kurzer Austausch mit einem fremden Menschen, können neue Horizonte öffnen, dann kommt der Abschied und mit ihm die Möglichkeit, das Erfahrene zu integrieren.

Es ist immer sinnvoll, Dinge gut abzuschließen, sie zum Ende zu bringen und z. B. nicht einfach ein Fest oder eine Veranstaltung heimlich, wenn es gerade keiner bemerkt, zu verlassen, sondern sich von den Gastgebern oder den Menschen, mit denen Sie gekommen sind, zu verabschieden. So wird die Situation rund. Wenn wir uns davonschleichen, vermeiden wir etwas, meist geht es dabei um das Thema Begegnung oder Nähe.

Alleine Abschied nehmen

- Geben Sie Abschieden einen Namen, erinnern Sie sich an eine Abschiedserfahrung, die sich noch nicht ganz rund anfühlt; erforschen Sie diese, vielleicht mit Hilfe der Schwellenübung. Dann entscheiden Sie sich für eine Ausdrucksform, die für Sie stimmig ist.

- Schreiben Sie eine Geschichte, ein Gedicht, einen Sketch, einen Brief oder Gedanken dazu auf ein Blatt Papier. Lesen Sie das Geschriebene laut vor oder lassen Sie es ruhen. Führen Sie ein Abschiedstagebuch während der Trennungsphase oder legen Sie eine Sammlung von Abschiedsgeschichten oder anderen Texten an, die Sie vielleicht später zu einem kleinen Lesebuch zusammenstellen. Sie können ein Abschiedstagebuch auch dem Menschen schenken, von dem Sie sich getrennt haben.

- Schicken Sie ein Abschiedsgeschenk, das Sie sorgfältig auswählen, mit einem Gruß an die Person, die es erreichen soll. Suchen Sie einen Ort der Erinnerung auf, ein Café oder den Platz am See, die Lieblingsparkbank, verweilen Sie dort, geben Sie der Erinnerung Raum, vergeben Sie sich und dem anderen Menschen und bedanken Sie sich für das Gute, das Sie erlebt haben, schicken Sie dann Ihre Segenswünsche an ihn und schließen Sie das Ganze mit einer Widmung ab.

- Gehen Sie zu einem Konzert oder in einen Film, mit dem Sie Erinnerungen verbinden, und bitten Sie danach Ihre Kraftquelle um Unterstützung beim Loslassen.

- Nehmen Sie sich öfter Zeit für die kleine, oben beschriebene Übung, um Unerledigtes abzuschließen.

- Nach dem Auszug oder Tod eines Menschen, mit dem Sie zusammengelebt haben, ist es meist hilfreich, die Wohnung mit Räucherwerk oder Klängen zu reinigen; räumen Sie die Sachen zusammen, die Sie nicht haben wollen, und geben Sie diese weiter, arrangieren Sie die Einrichtung neu, vielleicht renovieren Sie, damit alles bereit wird für ein neues Leben.

- Tanzen Sie einen Abschiedstanz zu einer Lieblingsmusik auf einer CD immer, wenn Ihnen danach ist.

- Schreiben und spielen oder singen Sie ein Abschiedslied.

- Ziehen Sie sich für ein Wochenende zurück, vielleicht zu Hause oder an einem stillen Platz, bleiben Sie alleine, und gestalten Sie die Zeit in Ihrem Sinne.

- Fertigen Sie eine Collage an, malen Sie ein Bild oder gestalten Sie eine Plastik und drücken Sie darin Ihre Gefühle aus. Verbinden Sie den schöpferischen Prozess mit Innehalten und Meditation. Sie können dann, ähnlich wie beim Sandmandala (siehe S. 301), das Kunstwerk, wenn es seinen Zweck erfüllt hat, zerstören, zerreißen, verbrennen, zur Müllkippe bringen. Den Prozess sollten Sie mit der Widmung abschließen.

- Gehen Sie einen Abschnitt auf einem Pilgerweg und bitten Sie um Auflösung von Anhaftung und Abneigung. Sie können dabei ein Mantra sprechen, z. B. ein Reinigungsmantra, oder einen Satz, den Sie als unterstützend empfinden. Sie können den Weg auch einfach in Stille und meditativer Konzentration gehen.

- Suchen Sie ein Labyrinth auf. Im Zentrum des Labyrinths sprechen Sie einen Satz aus, der Sie mit dem Thema Abschied, Entlassen, Loslassen verbindet. Verneigen Sie sich, wenn Sie wieder am Ausgangspunkt angekommen sind, und sprechen Sie dann eine Widmung.

- Legen Sie in einem Raum, den Sie zuvor mit Duftöl oder Räucherstäbchen gereinigt haben, mit bunten Tüchern eine Abschiedsspirale aus, in die Sie bis zur Mitte hineingehen können. Im Zentrum der Spirale, die symbolisch für Ihre eigene Mitte steht, ist ein Hocker mit einer Kerze. Stellen Sie auf ein Tablett am Eingang der Spirale ein Teelicht auf eine Serviette und legen Sie Streichhölzer daneben. Weihen Sie die Spirale mit einem Gesang oder der Rezitation eines Mantras ein, gehen Sie in die Mitte zur Kerze und entzünden Sie diese mit einem Streichholz. Dann gehen Sie den Weg in der Spirale wieder zurück. Sie betreten die Spirale ab jetzt nur noch auf dem Weg, der in sie hineinführt. Verneigen Sie sich, bevor Sie das tun, vor der Spirale und sprechen Sie eine Bitte aus, etwa: »Ich bitte um Geduld und inneren Frieden in meinem Prozess.« Dann nehmen Sie das Teelicht und die Serviette und gehen achtsam zur Kerze in der Mitte. Dort verneigen Sie sich und sagen Sie: »Ich bitte um Unterstützung auf meinem Weg.« Dann zünden Sie das Teelicht an der Kerze an. Gehen Sie nun den Weg aus der Spirale heraus. Wählen Sie dabei einen Platz für Ihr Licht. Stellen Sie dort Ihr Teelicht auf die Serviette und widmen Sie das Licht zum Wohle von Menschen und allen fühlenden Wesen. Gehen Sie nun weiter bis zum Eingang der Spirale zurück. Dort können Sie sich am Ende der Zeremonie verneigen und eine Danksagung in eigenen Worten formulieren. Wenn Sie mögen, begleiten Sie Ihren Gang in die Spirale mit inspirierender Musik.

- Am Meer oder am Ufer eines Sees oder Flusses können Sie aus Sand eine Gestalt oder einen Gegenstand formen, der symbolisch für das Loslassen in Ihrem Abschiedsprozess steht. Sie können auch Körperumrisse in den Sand ritzen oder einen Körper formen. Tun Sie das unmittelbar am Wasser. Am besten geht es an einem Meer, das Ebbe und Flut hat. Wenn Sie die Möglichkeit haben, formen Sie die Sandfigur beim Übergang von Ebbe zur Flut an einem ruhigen Platz. Formulieren Sie Ihre Bitte, gut loslassen zu können, und nehmen Sie sich die Zeit, zuzuschauen, wie das Wasser das Sandsymbol auflöst und davonschwemmt. Bei einem See oder Fluss können Sie auch so lange Wasser über das Sandbild gießen, bis es sich auflöst, oder Sie überlassen das dem Regen. Sprechen Sie danach eine Widmung, dann feiern Sie Abschied auf Ihre Weise.

- Es gibt in unserer Welt viele spirituelle Plätze, z. B. Kirchen, kleine Kapellen oder Tempel. Sie erinnern uns daran, dass es neben dem Profanen auch das Heilige gibt. Ich habe mir angewöhnt, in Kirchen, vor allem katholischen, eine Kerze anzuzünden und eine Bitte auszusprechen. An einer heiligen Statue können Sie eine Blüte oder einen Zweig niederlegen und um Hilfe beim Loslassen des Alten bitten. Auch hier ist es wichtig, danach einen Dank auszudrücken und das Gute zu widmen.

- Sie können sich auch vor einer Wand, die Sie in eine Klagemauer verwandeln, von belastenden Gefühlen befreien. Stellen Sie sich die Situation, den Menschen vor, um die es Ihnen dabei geht, drücken Sie Ihre Verletzung aus, jammern, klagen, singen, schreien Sie. Wenn die Gefühle befreit sind, vergeben Sie sich und anderen, bedanken Sie sich für das Vergangene, entzünden Sie ein Weisheitslicht, bitten Sie Ihre Kraftquelle um Beistand und sprechen Sie ein Gebet oder eine Widmung. Sie sollten dazu ungestört sein.

- In all diese Abläufe können Sie das Innehalten, die Meditationen oder Visualisierungen dieses Buches und Ihre eigenen Gebete und Praktiken integrieren. Beziehen Sie stets die spirituelle Ebene in Ihr Denken und Handeln ein. So kommen Sie in den Genuss der heilenden Kraft Ihres Geistes.

Gemeinsam Abschied nehmen

Verabreden Sie sich, sprechen Sie mit dem Menschen, von dem Sie sich verabschieden wollen, schicken Sie ihm einen Brief, rufen Sie ihn an. Denken Sie vorher darüber nach, welche Form des Abschieds Ihnen angemessen erscheint und wie Sie das Ganze gestalten wollen. Lassen Sie Ihren Gefühlen Raum, und dann verabschieden Sie sich auf Ihre Weise.

Veranstalten Sie ein Abschiedsfest mit kleinen Programmpunkten wie Tanz, Gedicht- und Liedvorträgen. Sie können auch andere Menschen bitten, etwas zum Fest beizutragen, und einige Rahmenbedingungen dafür angeben (Raum, Bühne, Hilfsmittel, die zur Verfügung stehen). Gestalten Sie einen feierlichen und einen eher ausgelassenen Teil. Wählen Sie einen Ort, einen Zeitpunkt und eine Ritualleiterin, die Ihr Abschiedsritual anleiten soll. Besprechen Sie mit ihr Inhalt, Aufbau und Ablauf des Rituals, das Sie wünschen. Laden Sie die Menschen ein, die Sie dabeihaben wollen. Dann geht es los.
Jedes Abschiedsritual hat einen Spannungsbogen mit einem klaren Anfang, einem Höhepunkt und einem Ausklang, und es arbeitet mit Symbolen. Auf dem Höhepunkt entlassen Sie das Alte. Hier integrieren Sie den Bezug zu Ihrer spirituellen Kraftquelle. Sie verkörpert die transzendente Ebene, den Raum, in dem alles mit allem verbunden ist, aus dem die Heilung kommt. Sie gibt dem Ritual erst die Kraft. Wählen Sie ein Symbol, ein Bild, einen Stein, eine Blume, im Grunde geht alles, was für Sie das Alte repräsentiert, von dem Sie sich verabschieden wollen. Übergeben Sie es im Laufe des Abschieds an den Fluss des Lebens. Vergeben Sie dann sich und anderen, entzünden Sie eine Kerze als Symbol z. B. für die innere Weisheit, bedanken Sie

sich für alles, was Sie lernen durften, und bitten Sie um den Segen Ihrer Kraftquelle für den Neubeginn. Rituelle Handlungen schließen Sie am besten mit einer Widmung ab.

Meditationen und Übungen

Schwellenübung

Diese Übung hilft, wenn Sie sich im Leben in einer Übergangssituation befinden, in der das Alte noch nicht abgeschlossen und das Neue noch nicht klar erkennbar ist. Deshalb eignet sie sich besonders gut für Abschiedssituationen. Sie benötigen dafür nicht viel Zeit, sollten aber ungestört sein. Ich empfehle Ihnen vor der Schwellenübung, Ihren Geist mit Hilfe einer stillen Meditation zur Ruhe zu bringen.

Nehmen Sie eine Decke, falten Sie diese zusammen, so dass eine Schwelle entsteht. Sie können auch ein Blatt Papier als Schwelle nehmen oder eine echte Türschwelle nutzen. Sie benötigen vor und hinter der Schwelle einige Schritte Platz.

Setzen Sie sich dann für einen Moment hin, und lassen Sie die Lebenssituation Revue passieren, die ungeklärt ist, die Ihnen gerade Angst macht oder von der Sie sich verabschieden wollen. Wenn Sie gut in Verbindung mit dieser Situation sind, dann treten Sie auf die Schwelle und spüren Sie, wie es sich anfühlt, zwischen dem Alten und dem Neuen zu stehen. Experimentieren Sie damit. Gehen Sie mit einem Fuß vorsichtig nach vorne oder nach hinten, vielleicht sogar ganz in das Alte oder einige Schritte ins Neue. Spüren Sie, wie sich die Schritte anfühlen und was Sie aus den Erfahrungen lernen können. Erkunden Sie Ihr Thema, damit verbundene Ängste, Gedanken und Gefühle.

Die Übung unterstützt Sie bei der Klärung Ihres Abschieds. Notizen am Ende oder ein schöpferischer Prozess, in dem Sie malen, singen oder etwas gestalten, können sehr hilfreich sein. Sie können jetzt überlegen, wie Sie Ihren Abschied ausdrücken wollen, und dann in die Planung gehen.

Wie ein Blatt haben wir viele Stiele

von Thich Nhat Hanh[*]

An einem Herbsttag war ich in einem Park versunken in die Betrachtung eines sehr kleinen, schönen Blattes, wie ein Herz geformt. Es war fast schon rot gefärbt und hing kaum noch am Zweig, kurz davor, abzufallen. Ich verbrachte eine lange Zeit mit ihm und richtete eine Reihe von Fragen an das Blatt. Ich fand heraus, dass es für den Baum wie eine Mutter gewesen war. Gewöhnlich nehmen wir an, der Baum sei die Mutter und die Blätter wären nur Kinder, aber als ich das Blatt ansah, erkannte ich, dass auch das Blatt wie eine Mutter für den Baum ist. Der Saft, den die Wurzeln nach oben schicken, enthält nur Wasser und Mineralstoffe, die für die Ernährung des Baumes nicht ausreichen. Der Baum verteilt den Saft zu den Blättern, und sie verwandeln den rohen Saft in einen ausgereiften und schicken ihn mit Hilfe von Sonnenlicht und Gas zurück, um den Baum zu ernähren. Daher ist das Blatt auch wie eine Mutter für den Baum. Da das Blatt mit einem Stengel mit dem Baum verbunden ist, lässt sich die Kommunikation zwischen beiden leicht sehen.

Wir haben keinen Stiel mehr, der uns mit der Mutter verbin-

---

* aus Thich Nhat Hanh: Ich pflanze ein Lächeln, 9. Aufl., München 1991, S. 138 ff.

299

det, aber als wir in ihrem Schoß waren, hatten wir die Nabel-
schnur, einen sehr langen Stiel. Der Sauerstoff und die Nähr-
stoffe, die wir brauchten, erreichten uns durch jenen Stiel. Am
Tag unserer Geburt wurde er jedoch durchschnitten, und wir
verfielen der Illusion, unabhängig zu werden. Das ist nicht
wahr. Wir sind eine lange Zeit weiter von der Mutter abhängig,
und wir haben noch viele andere Mütter. Die Erde ist unsere
Mutter. Wir haben eine Vielzahl von Stielen, die uns mit der
Mutter Erde verbinden. Da sind die Stiele, die uns mit den
Wolken verbinden. Wenn keine Wolken kommen, haben wir
kein Wasser zum Trinken. Wir bestehen aus mindestens 70 Prozent Wasser, und der Stiel zwischen der Wolke und uns ist
wirklich vorhanden. Das gilt auch für den Fluss, den Wald, den
Waldarbeiter und den Bauern. Es gibt Hunderttausende von
Stielen, die uns mit allem im Kosmos verknüpfen, die uns tragen und unser Dasein ermöglichen. Siehst du die Verbindung
zwischen dir und mir? Wenn du nicht da bist, bin ich auch
nicht da. Das ist so. Wenn du es noch nicht erkennst, schau
bitte genauer hin, und du wirst es sicher sehen.

Ich fragte das Blatt, ob es Angst hätte, denn es war Herbst,
und die anderen Blätter fielen ab. Das Blatt sagte mir: »Nein.
Während des ganzen Frühlings und Sommers war ich vollkommen lebendig. Ich arbeitete schwer, half mit, den Baum zu ernähren, und jetzt befindet sich viel von mir im Baum. Ich bin
nicht auf diese Form begrenzt. Ich bin auch der ganze Baum,
und wenn ich zum Erdboden zurückkehre, werde ich den
Baum weiter ernähren. Ich mache mir also keine Sorgen. Wenn
ich diesen Zweig verlasse und zum Boden schwebe, werde ich
dem Baum zuwinken und ihm sagen: ›Ich sehe dich schon bald
wieder.‹«

An jenem Tag wehte der Wind, und nach einer Weile sah ich
das Blatt den Zweig verlassen und zum Erdboden niederschwe-
ben. Es tanzte fröhlich, denn im Schweben sah es sich schon
dort im Baum. Es war so glücklich. Ich neigte meinen Kopf und
wusste, dass ich von dem Blatt eine Menge zu lernen habe.

Das Sandmandala

Tibetische Mönche haben sich versammelt, um in einem buddhistischen Zentrum ein Sandmandala herzustellen. Einige Tage lang verwandeln sie mit Hilfe kleiner Metallröhrchen bunten Sand in filigranen Linien in ein Gemälde, das ein tibetisches Mandala darstellt. Jede Form, jede Gestalt ist ein Symbol. Mit großer Geduld und Kunstfertigkeit widmen sie sich heiter und in meditativer Konzentration dieser Aufgabe. Schließlich ist das Kunstwerk geschaffen: Voller Ehrfurcht und Bewunderung stehen die Zuschauenden davor. Das Mandala repräsentiert den Palast des Buddha des Mitgefühls, ist ein Symbol für dessen unendliche Liebe und Weisheit. In einer aufwendigen Zeremonie mit Rezitationen von Texten, Gesängen und vielfältigen rituellen Handlungen wird die Kraft des Buddha zum Leben erweckt. Die Teilnehmenden empfangen seinen Segen, in den alle fühlenden Wesen einbezogen sind. Am Ende des Rituals fegt ein profaner Besen durch das Mandala und verwandelt die prachtvolle Verkörperung des Buddha wieder in einen tristen Sandhaufen. Die Mönche bringen ihn in einer Prozession zu einem fließenden Gewässer, in das der Sand im Kontext ritueller Handlungen dem Fluss des Lebens übergeben wird.

In einem meditativen Schöpfungsprozess nimmt der Palast des Buddha Gestalt an, und alle Mitwirkenden und Zuschauenden können eine innere Verbindung zu ihm knüpfen. Als der Besen den bunten Sand auf dem Höhepunkt des Ritus durcheinanderwirbelt, ist das die Aufforderung zum Loslassen der Anhaftung an das Kunstwerk. Das Mandala wird damit symbolisch in die Leerheit überführt, die nach buddhistischer Auffassung allen Phänomenen zugrunde liegt. Wer an dem Prozess der Entstehung und der Auflösung des Buddha-Palastes teilnimmt, erlebt vermutlich die Freude an der Schöpfung des Palastes, den Segen des Buddha, meist auch die Anhaftung an die Schönheit seines Abbildes sowie die Aufforderung, davon loszulassen und auf die Verbindung mit dem Buddha im eigenen Herzen zu vertrauen. Damit ist der Buddha zur spirituellen Kraftquelle geworden. Brücken zum Buddha sind sein Mantra, Visualisierungsanleitungen und heilige Texte, die gelesen und rezitiert werden können. In diesem Prozess verläuft der Weg von der sinnlichen Erfahrung des Schöpfungsprozesses nach innen. Das Loslassen des Buddha-Abbildes führt dann mitten ins Herz der spirituellen Kraftquelle. Das geschieht in einem ganz persönlichen Prozess, in dem das Heilige geschaut und die innere Weisheit erweckt wird. Somit ist nichts verloren, wenn der Besen das Kunstwerk zerstört; im Gegenteil, in der Verinnerlichung der Verbindung zum Buddha des Mitgefühls kann jeder, der oder die an der Zeremonie teilnimmt, das Tor zu Weisheit und Mitgefühl durchschreiten. Der Abschied vom Kunstwerk, das zum Träger des Heiligen wurde, steht am Ende des Prozesses, wenn der Sand dem Fluss des Lebens übergeben wird. Das Sandmandala ist zum Träger der Buddha-Kraft geworden, und es wird aufgelöst, weil seine Botschaft vermittelt wurde. Deutlich wird, dass im Zentrum von Werden und Vergehen das Loslassen steht, und dieses findet im gegenwärtigen Moment statt. Es ist eine individuelle Erfahrung und ein komplexer geistiger sowie emotionaler Prozess, der auf mystischem Erleben basiert. Wie in den Mysterien von Eleusis initiiert der Ritus um das Sandmandala eine tiefe geistige Verbindung mit der Erfahrung der Vergänglichkeit. Er führt mitten durch sie hindurch in einen dahinterliegenden Raum, in dem wir unverwundbar sind. Auch der Buddha ist nur ein Symbol für die unermessliche Weite unseres Geistes. Die Zerstörung seines Palastes im Ritual offenbart: Jeder und jede von uns hat diesen Palast im eigenen Herzen, denn wir alle haben die Buddha-Natur. Die Verwandlung des Mandala in einen profanen Sandhaufen mündet in die Einsicht, dass die äußere Schönheit nur unvollkommener Ausdruck der Vollkommenheit der Buddha-Natur ist, die das Wesen von allem ist. Es gibt vielfältige Namen für diese Natur, ursprüngliche Vollkommenheit, Natur des Geistes, Leerheit usw. sowie unterschiedliche Definitionen, je nach philosophischer Schule. Auf der Erfahrungsebene zählt jedoch nicht die exakte Definition, sondern das mystische Erleben, das mit der Auflösung unseres konzeptuellen Geistes in das Feld der Erleuchtung einhergeht. Das Sandmandala-Ritual dient der Vermittlung dieser Erkenntnis. Es lädt ein, Abschied zu nehmen von den Illusionen, an die wir glauben, und zu unserem eigentlichen Wesen zurückzukehren. Es lädt darüber hinaus dazu ein, uns von allen Konzepten, Vorstellungen und Illusionen, die auf der Bühne unserer Wahrnehmung erscheinen, zu verabschieden. Es ist die radikalste Form von Abschied, die es gibt, denn es geht um das Loslassen unserer konzeptuellen Wahrnehmungen, und das führt unmittelbar in die Befreiung vom Leiden als geistigem Prozess.

Jeder noch so kleine Abschied im Leben birgt im Kern die Wahrheit des Mandalarituals in sich. Abschiede sind Ausdrucksformen der Vergänglichkeit. Wir manifestieren sie, um loszulassen. Im Loslassen öffnet sich mit der Tür zu einem Neubeginn in dieser Welt auch ein größeres Tor, das den Weg zu unserer wahren Natur freigibt.

ANHANG

Verwendete Literatur

Der Lebensfluss

Burkert, Walter: Antike Mysterien, München, 2. Aufl. 1991

Chödrön, Pema: Wenn alles zusammenbricht, München, 8. Aufl. 2001

Giebel, Marion: Das Geheimnis der Mysterien, Düsseldorf und Zürich 2003

Grant, Michael, Hazel, John: Lexikon der antiken Mythen und Gestalten, München 1980

Heraklit, in: Fragment 49 a, Übersetzung nach: Wilhelm Capelle: Die Vorsokratiker, Stuttgart 1968

Hesse, Hermann: Siddhartha, Frankfurt am Main 1974

Kloft, Hans: Mysterienkulte der Antike, München 2006

Meuer, Peter (Hg.): Abschied und Übergang, Goethes Gedanken über Tod und Unsterblichkeit, Düsseldorf/Zürich, 3. Aufl. 1999

Platon: Phaidros oder vom Schönen, Stuttgart 2006

Ricard, Matthieu: Neurowissenschaft und Buddhismus, in: Tibet und Buddhismus, Heft 2/2010

Seiderer, Ute: Panta rhei. Der Fluss und seine Bilder, Leipzig 1999

Sogyal Rinpoche: Das Tibetische Buch vom Leben und vom Sterben, Frankfurt am Main, 20. Aufl. 1997

Thomson, George: Frühgeschichte Griechenlands und der Ägäis, Ostberlin, 1960

Weltzien, Diane von: Praxisbuch der Rituale, Darmstadt 2006

Kraftquellen

Batchelor, Martine: Innere Grenzen sprengen, München 2009
Bucher, Anton A.: Psychologie der Spiritualität. Handbuch, Basel 2007
Emrich, Hinderk: Neurologie – Bewusstsein – Spiritualität, in: Galuska, Joachim: Psychotherapie und Bewusstsein, Bielefeld, 2. Aufl. 2008
Galuska, Joachim, Pietzko, Albert (Hg.): Psychotherapie und Bewusstsein, Bielefeld, 2. Aufl. 2008
Kast, Verena: Freude, Inspiration, Hoffnung, Düsseldorf 2008
Mindell, Arnold: Quantengeist und Heilung, Petersberg 2006
Quekelberghe, Renaud van: Grundzüge der spirituellen Psychotherapie, Frankfurt am Main 2008
Ramana Maharshi: Sei, was du bist, Frankfurt am Main 2004
Religionsmonitor 2008, Bertelsmann Stiftung, Gütersloh 2008
Sogyal Rinpoche: Das Tibetische Buch vom Leben und vom Sterben, Frankfurt am Main, 20. Aufl. 1997
Thich Nhat Hanh: Ein Lotos erblüht im Herzen, Augsburg 1995
Tulku Thondup: Die heilende Kraft des Geistes, München 1997
Wilber, Ken: Integrale Spiritualität, München 2007

Umgehen mit Angst

Allmen, Fred von: Buddhismus, Stuttgart 2007
Eichler, Els: Wickel und Auflagen, Bad Liebenzell-Unterlengenhardt 1981
Fabian, Egon: Anatomie der Angst, Stuttgart 2010
Hüther, Gerald, in: Biologie der Angst, Göttingen, 9. Aufl. 2009
Kast, Verena: Vom Sinn der Angst, Freiburg, 3. Aufl. 2009
Khema, Ayya (Hg.): Die Lehrreden des Buddha aus der Mittleren Sammlung, Bd. I, Uttenbühl 2001
Kistler, Petra: »Die Angst geht um«, Badische Zeitung vom 28.1.2009
Riemann, Fritz: Grundformen der Angst. Eine psychologische Tiefenstudie, München/Basel 1987
Rilke, Rainer Maria: Der Drachentöter, Erzählungen, zitiert nach www.rilke.de, erzaehlungen/drachentoeter.htm
Schmidbauer, Wolfgang: Lebensgefühl Angst, Freiburg 2005

Seyle, Hans: Streß. Bewältigung und Lebensgewinn, München 1994
Shoshanna, Brenda: Furchtlosigkeit, Ulm 2009
Sogyal Rinpoche: Das Tibetische Buch vom Leben und vom Sterben, Frankfurt am Main, 20. Aufl. 1997
Tulku Thondup: Die heilende Kraft des Geistes, Ulm 1996
Tulku Thondup: Friedliches Sterben – Glückliche Wiedergeburt, Aitrang 2008

Schuldgefühle – raus aus dem Teufelskreis

Duden, Etymologie, Mannheim 1997
Kapleau, Philip: Das Zen-Buch vom Leben und Sterben, Frankfurt am Main 2006
Kornfield, Jack: Das weise Herz, München 2008
Riebl, Maria: Schuldgefühle. Worin sie gründen. Wie sie heilsam werden, Innsbruck 2008
Smith, Rodney: Die innere Kunst des Lebens und des Sterbens, Freiamt 1998
Sogyal Rinpoche: Das Tibetische Buch vom Leben und vom Sterben, Frankfurt am Main, 20. Aufl. 1997
Wolf, Doris: Wenn Schuldgefühle zur Qual werden, Neustadt 2008

Lebensbedrohliche Erkrankung – die große Herausforderung

Chödrön, Pema: Wenn alles zusammenbricht, München 2001
Dass, Ram, Gorman, Paul: Wie kann ich helfen?, Berlin 1994
Harbach-Dietz, Irmhild: »Ich bin sehr dankbar für mein Leben«, Berlin, 2. Aufl. 2010
Hawkes, Joyce: Das Bewusstsein der Zellen, München 2010
Kabat-Zinn, Jon: Gesund und streßfrei durch Meditation, Bern, München, Wien 1991
Levine, Stephen: Wege durch den Tod, Bielefeld 1997
Lindenberg, Wladimir: Über die Schwelle, München 1996
Ramana Maharshi: Die essenziellen Lehren, Bielefeld 2005
Richard, Ursula: Die drei Pfeiler des Glücks, München 2010
Schaup, Susanne: Noch nie hab' ich so gern gelebt, München 1999

Schlingensief, Christoph: So schön wie hier kanns im Himmel gar nicht sein!, Köln 2010
Simonton, O. Carl: Auf dem Wege der Besserung, Hamburg 2001
Terzani, Tiziano, Noch eine Runde auf dem Karussell, Hamburg, 2. Aufl. 2006
Thich Nhat Hanh: Ein Lotos erblüht im Herzen, Augsburg 1995
Wilber, Ken: Mut und Gnade, Bern, München, Wien, 4. Aufl. 1993

Mit körperlichen Schmerzen umgehen

Beck, Hans: Geschichte des Schmerzes, in: Fernlehrgang Pain-Nurse, Schmerzmanagement in der Pflege, Klinikum Nürnberg 1996
Egle, U. T., Hoffmann, S. O. (Hg.): Der Schmerzkranke. Grundlagen, Pathogenese, Klinik und Therapie chronischer Schmerzsyndrome aus bio-psycho-sozialer Sicht, Stuttgart/New York 1993
Frankl, Viktor E.: … trotzdem Ja zum Leben sagen: Ein Psychologe erlebt das Konzentrationslager, München 1998
Hannich, Dr. Hans-Joachim: Schmerz aus psychologischer und psychotherapeutischer Sicht, in: Fernlehrgang Pain-Nurse, Klinikum Nürnberg 1995
Hoefert, H.-W., Kröner-Herwig, B. (Hg.): Schmerzbehandlung, München/Basel 1999
Levine, Stephen: Schritte zum Erwachen, Bielefeld 1999
Radbruch, Lukas: Schmerz/Schmerztherapie, in: Student, Johann-Christoph (Hg.): Sterben, Tod und Trauer, Handbuch für Begleitende, Freiburg 2004
Saunders, Cicely: Hospiz und Begleitung im Schmerz, Freiburg 1993

End-lich leben

Leisner, Regine: An Krisen reifen, Berlin 2000
Levine, Stephen: Sein lassen, Bielefeld 1992
Ley, Katharina: Die Kunst des guten Beendens, Freiburg 2008
Longaker, Christine: Dem Tod begegnen und Hoffnung finden. Die emotionale und spirituelle Begleitung Sterbender, München 2001
Thich Nhat Hanh: Mit dem Herzen verstehen, München 2010
Thich Nhat Hanh: Ich pflanze ein Lächeln, 9. Aufl., München 1991

Weiterführende Literatur

Allione, Tsültrim: Den Dämonen Nahrung geben, München 2010

Atte/Bader/Lühmann: Krankheits- und Sterbebegleitung, Ausbildung Krisenintervention Training, Handbuch, hg. von Aidshilfe, Heidelberg 1995

Batchelor, Martine: Innere Grenzen sprengen, München 2009

Boucher, Sandy: Im Herzen des Feuers/Eine buddhistische Frau durchlebt Krebs, Berlin 2001

Büssing, Arndt (Hg.): Regen über den Kiefern – Zen-Meditation für chronisch Kranke und Tumorpatienten, Stuttgart/Berlin 2001

Chödrön, Pema: Geh an die Orte, die du fürchtest, Freiamt 2001

Chödrön, Pema: Tonglen, Freiamt 2001

Chödrön, Pema: Wenn alles zusammenbricht, München 2001

Dalai Lama: Die Buddha-Natur, Tod und Unsterblichkeit im Buddhismus, Gräfing 2002

Dalai Lama: Ratschläge des Herzens, Zürich 2003

Deutsche Buddhistische Union (Hg.): »Alter, Krankheit, Tod«, in: BUDDHISMUS aktuell, München 2004

Felder, Leonard: Da sein, wenn wir gebraucht werden, Freiburg 1997

Freund, Lisa: Das Leid überwinden, in: Iding, Doris (Hg.): Quellen der Heilung, Stuttgart 2007

Freund, Lisa: Vom Ziel interreligiöser Kooperation angesichts der Endlichkeit des Seins, in: Weil, Alfred: Brücken bauen ins nächste Jahrtausend, Berlin 1999

Freund, Lisa: Perspektiven spiritueller Begleitung bis zum Tod in der westlichen Gesellschaft, in: Wachs, Marianne (Hg.): Form ist Leere – Leere ist Form, Band 8, Berlin 2010

Frankl, Viktor E.: ... trotzdem Ja zum Leben sagen: Ein Psychologe erlebt das Konzentrationslager, München 1998

Hillesum, Etty: Das denkende Herz, die Tagebücher der Etty Hillesum, 21. Aufl., Reinbek bei Hamburg 2009

Jäger, Willigis: Das Leben endet nie, Berlin 2005

Jäger, Willigis: Die Welle ist das Meer, Freiburg 2000

Jäger, Willigis: Über die Liebe, München 2009

Jäger, Willigis: Suche nach dem Sinn des Lebens, Petersberg 2008

Jarchow, Rainer: Leben durch Aids, Stuttgart 1996

Kabat-Zinn, Jon: Zur Besinnung kommen, Krugzell 2008

Kapleau, Philip: Das Zen-Buch vom Leben und vom Sterben, Frankfurt am Main 2006

Kassapa, Anagarika: Zum Leben und zum Tode, Zell am Main 2001

Kast, Verena: Sich einlassen und loslassen, Freiburg, 10. Aufl. 2001

Khema, Ayya: Sei dir selbst eine Insel, Berlin 2000

Kornfield Jack: Das weise Herz, München 2008

Levine, Stephen: Geleitete Meditationen, Bielefeld 1995

Levine, Stephen: Schritte zum Erwachen, Bielefeld 1999

Levine, Stephen: Wege durch den Tod, Bielefeld 1997

Lindenberg, Wladimir: Über die Schwelle, München 1996

Longaker, Christine: Dem Tod begegnen und Hoffnung finden – die emotionale und spirituelle Begleitung Sterbender, München 2001

Lyon, Ursula: Rituale für das ganze Leben, buddhistisch inspiriert, Berlin 2004

Mannschatz, Marie: Buddhas Anleitung zum Glücklichsein, München 2007

Nairn, Rob: Leben, Träumen, Sterben, Berlin 2002

Paessens-Deege, Alwine (Hg.): End-lich leben, Goch 2004

Palmo, Tenzin: Lebendige Lehren für unsere Zeit, Berlin 2010

Reuter, Wilfried: Weck den Buddha in dir, Berlin 2010

Richard, Ursula: Die drei Pfeiler des Glücks, München 2010

Saunders, Cicely: Hospiz und Begleitung im Schmerz, Freiburg 1993

Schneider, David: Street Zen, Leben und Wirken des Issan Dorsey, Berlin 2010

Simonton, O. Carl: Wieder gesund werden, Hamburg 1995 (mit CD)

Sogyal Rinpoche: Das Tibetische Buch vom Leben und vom Sterben, Frankfurt am Main, 20. Aufl. 1997

Thich Nhat Hanh: Aus Angst wird Mut, Berlin 2003

Tulku Thondup: Die heilende Kraft des Geistes, Ulm 1996

Tulku Thondup: Friedliches Sterben – Glückliche Wiedergeburt, Aitrang 2008

Tulku Thondup: Heilung grenzenlos, München 2001

Wangyal, Tenzin: Die heilende Kraft des Buddhismus – Leben im Einklang mit den fünf Elementen, München 2004

Wetzel, Sylvia: Das Herz des Lotos, Berlin 2010

Wilber, Ken: Mut und Gnade, Bern, München, Wien, 4. Aufl. 1993

Yongey Mingyur Rinpoche: Buddha und die Wissenschaft vom Glück, 2. Aufl., München 2007

Wo finde ich Hilfe?

Thema: Lebensbedrohliche Erkrankung

Wenn eine lebensbedrohliche Erkrankung bei Ihnen diagnostiziert wurde, ist es sinnvoll, sich an Beratungsstellen zu wenden, bei denen Sie die für Ihre spezielle Situation wichtigen Informationen und Hinweise erhalten können.

In der Regel ist die erste Person, mit der Sie über Ihre Krankheit sprechen werden, der behandelnde Arzt. Er berät Sie und kann Ihnen eventuell weitere Kontakte oder Beratungsmöglichkeiten vor Ort vermitteln. Dies ist besonders in Facharztpraxen möglich, z. B. in onkologischen für Krebspatienten. Eine zweite Diagnose und die Beratung durch einen anderen Arzt werden von den gesetzlichen Krankenkassen finanziert. Im Folgenden finden Sie einige Internetadressen von Beratungsstellen, gegliedert nach Erkrankungen.

Diagnose Krebs

Die Deutsche Krebshilfe e. V.

Ist eine wichtige Anlaufstelle. Sie können, wenn Sie eine Diagnose erhalten haben, dort anrufen, darüber hinaus steht die Beratung auch Angehörigen offen. Sie erhalten dort auch Informationen über Unterstützungsmöglichkeiten vor Ort. Die Deutsche Krebshilfe gibt die Blauen Ratgeber, Broschüren, die über einzelne Krebserkrankungen und Wege der Heilung informieren, heraus, die Sie online oder per Telefon bestellen können. Oft liegen diese in Kliniken oder beim Onkologen aus. Es gibt auch Härtefonds, bei denen Sie im Notfall finanzielle Hilfe beantragen können. Die Deutsche Krebshilfe informiert auch über die neuesten Entwicklungen in der Krebsforschung wie der Schmerztherapie. Sie hat ein weitgefächertes Netzwerk aufgebaut und ist auf Spenden angewiesen.

www.krebshilfe.de
beratungsdienst@krebshilfe.de
Tel.: 0228-72 990-95

Die Gesellschaft für Biologische Krebsabwehr
Ist nach eigenen Angaben die größte Beratungsorganisation für ganzheitliche Medizin gegen Krebs im deutschsprachigen Raum. Es gibt in einigen Städten Infos und Beratung vor Ort sowie Telefonberatungen. Es werden breitgefächerte Informationen über alternative Krebstherapien zur Verfügung gestellt, und es gibt eine Zeitschrift, die über die neuesten Erkenntnisse informiert, auch Kontakte zu Selbsthilfegruppen werden vermittelt. Broschüren und Informationsblätter können Sie kostenlos bestellen; sie gibt es auch zu den Themen Homöopathie und Naturheilkunde usw. Ärztliche Beratungen sind möglich. Es gibt an einigen Orten Selbsthilfegruppen, die mit der Simonton-Methode arbeiten (Visualisierungen) und Meditation mit einbeziehen.
www.biokrebs-heidelberg.de
Tel.: 06221-13 802/0
E-Mail: anmeldung@biokrebs.de
E-Mail (für Berlin): gfbk@biokrebs.de
Tel: 030-3 425 041

Deutsches Krebsforschungszentrum
Hier können Sie sich beraten lassen bei versicherungsrechtlichen Fragen aus dem Bereich der Kranken- und Rentenversicherung, wenn es um Therapiekosten oder um Reha-Maßnahmen geht, über Rechte am Arbeitsplatz und Unterstützung für Angehörige bei der Pflege sowie bei sozialrechtlichen Fragen. Mitarbeiter des Krebsinformationsdienstes stehen Ihnen unter einer kostenlosen Telefonnummer zur Verfügung und weisen Sie, wenn nötig, weiter an die entscheidenden Stellen von Versicherungsträgern, an Krebsberatungsstellen, Härtefonds, Ministerien, internationale Krebsinformationsdienste, Selbsthilfeverbände, schmerztherapeutische Beratungsstellen usw.
www.dkfz.de
E-Mail: krebsinformationsdienst@dkfz.de
Tel.: 0800-4 203 040 (kostenlos)

HIV

Deutsche Aids-Hilfe

unterhält ein hervorragendes Beratungssystem, telefonisch, online und persönlich, bietet auch Erste-Hilfe-Beratung. Neben ausführlichen Informationen erhalten Sie auch Kontakte zu Ärzten, Pflegediensten und Selbsthilfegruppen sowie Anschluss an ein breites Netzwerk, das Ihnen auch vor Ort hilfreich sein kann. Informationsmaterialien über die Krankheit, Therapien und alle anderen Fragen sind über die Aids-Hilfe zu bestellen. Ein Netzwerk von Treffpunkten an unterschiedlichen Orten steht Ihnen zur Verfügung.

Zur Onlineberatung müssen Sie sich registrieren, damit Ihre Daten geschützt sind, daher finden Sie hier keine E-Mail-Adresse. Sie finden die Bedingungen auf der obigen Website.

www.aidshilfe.de

Tel.: 01 803 318 411 (kostenpflichtig)

Mukoviszidose
und andere lebensbedrohliche Krankheiten

handicap-network

Hier können Sie sich über nahezu alle lebensbedrohlichen Krankheiten informieren wie Mukoviszidose, Multiple Sklerose usw. Geben Sie Ihre Krankheit in die Suchspalte ein, und schon erhalten Sie Informationen über Krankheitsverläufe, Therapien, andere Problemfelder, Selbsthilfegruppen, Beratungsangebote und Netzwerke in ganz Deutschland.

www.handicap-network.de

Demenzerkrankungen

Deutsche Alzheimer Gesellschaft e.V.
sowie ihre Mitgliedsgesellschaften und Selbsthilfeorganisationen
haben ein umfangreiches Netzwerk für Demenzkranke und ihre Angehörigen aufgebaut. Es gibt Einrichtungen, Beratungsstellen, Info-
materialien und Veranstaltungen in ganz Deutschland. Die kosten-
pflichtige Hotline hat die Nummer:
www.deutsche-alzheimer.de
E-Mail: info@deutsche-alzheimer.de
Tel.: 01803-171 017 (kostenpflichtig)
oder: 030-2 593 795-14

Thema Schmerz

Deutsche Schmerzliga e.V.
berät seit mehr als zwanzig Jahren Schmerzpatienten. Hier erhalten
Sie aktuelle Infos zum Thema Schmerz und Schmerzbekämpfung und
haben die Möglichkeit, geeignete therapeutische Begleitung in Ihrer
Umgebung zu finden.
www.schmerzliga.de

Krankenkassen
Einige Krankenkassen haben kostenlose Ratgeber zum Thema
Schmerzen erstellt.

Deutsche Schmerzhilfe
ist ein Zusammenschluss von Betroffenen und Fachgruppen, gibt
Broschüren heraus, bietet Hintergrundinformationen und nennt
Selbsthilfegruppen.
www.schmerzinfos.de

Deutsches Grünes Kreuz e.V. (DGK) Sektion: Forum Schmerz
informiert umfangreich über chronische Schmerzen und Tumorschmerzen, weist auf Bücher sowie wichtige Adressen hin und bietet
ein Austausch-Forum für Betroffene. Der Fokus liegt im Forum nicht
bei Krebsschmerzen.
www.forum-schmerz.de

Deutsche Gesellschaft zum Studium des Schmerzes
ist eine Fachgesellschaft und Ansprechpartnerin für Schmerztherapeuten, Mediziner, Pflegekräfte und andere Berufsgruppen.
www.dgss.org.de

Deutsche Gesellschaft für Schmerztherapie
wendet sich an Fachleute und gibt ein Adressenverzeichnis von Schmerztherapeuten heraus. Patienten werden in der Regel an die Deutsche Schmerzliga verwiesen.
www.dgschmerztherapie.de

Schmerzbehandlung in der letzten Lebensphase

Deutscher Hospiz- und PalliativVerband
Wer Informationen zum Umgang mit Schmerzen in der letzten Lebensphase benötigt, kann sich an den Deutschen Hospiz- und PalliativVerband wenden. Auf der Website finden Sie vielfältige Informationen.
www.hospiz.net

Die deutsche Gesellschaft für Palliativmedizin e. V.
Hier gibt es eine Adressenliste von Ärzten mit einer zusätzlichen palliativmedizinischen Ausbildung, die Patienten mit einer Erkrankung im fortgeschrittenen Stadium behandeln können.
www.dgpalliativmedizin.de/allgemein/adressen.html

Wegweiser Hospiz- und Palliativmedizin
Die angegebenen Adressen werden immer wieder aktualisiert. Sie können Ihre Region eingeben, und schon erhalten Sie Kontakte zu palliativmedizinischen Einrichtungen und Hospizen vor Ort. Dann suchen Sie ein ambulantes oder stationäres Hospiz bzw. eine Palliativstation in Ihrer Nähe heraus. Sie können sich einen Termin für eine kostenlose Beratung geben lassen. Der Begriff »palliativ« kommt übrigens aus dem Lateinischen und heißt so viel wie »den Mantel umlegen«, umhüllen.
www.wegweiserhospiz.shifttec.de

Spezielle Ambulante Palliativmedizinische Versorgung (SAPV)
Dieses neue Projekt bietet Menschen mit begrenzter Lebensdauer, die eine besonders aufwendige Behandlung benötigen, Hilfe und Unterstützung. Palliativmediziner kommen ins Haus, begleiten auf Wunsch auch den Hausarzt und betreuen die medikamentöse Schmerztherapie in Kombination mit anderen therapeutischen Maßnahmen. Ein niedergelassener Arzt oder ein Krankenhaus verordnet die Versorgung, der die Kasse zustimmen muss. Die Behandlung umfasst die ärztliche, pflegerische und die medikamentöse Schmerzbehandlung in der vertrauten, häuslichen Umgebung. Es sollen dabei auch die besonderen Belange von Kindern berücksichtigt werden.
www.sapv.de

Informationen über Angebote ambulanter, palliativmedizinischer Versorgung vor Ort erhalten Sie über Hospizeinrichtungen oder Palliativstationen. In Berlin ist das Home-Care-Projekt ein guter Ansprechpartner.
www.homecareberlin.de
Tel.: 030-4 534 348

Widmung

*Mögen durch die Kraft und die Wahrheit unseres Tuns
alle Wesen Glück erfahren und die Ursachen von Glück.
Mögen sie frei sein von Leid und den Ursachen von Leid.
Und mögen alle niemals getrennt sein
von der großen Glückseligkeit, die frei ist von Leid.
Und mögen sie in Gleichmut leben,
frei von Anhaftung und frei von Abneigung
sowie im Wissen um die Gleichheit von allem, was lebt.*

SOGYAL RINPOCHE

Das tibetische Buch vom Leben und vom Sterben

*Ein Schlüssel zum tieferen Verständnis
von Leben und Tod*

Der tibetische Meditationsmeister Sogyal Rinpoche führt an eine Lebenspraxis heran, durch die der Tod seinen Schrecken verliert und der Alltag an Freude gewinnt. Seine zeitgemäße Auslegung der buddhistischen Lehren des berühmten »Tibetischen Totenbuchs« hat weltweit einen maßgeblichen Rang erlangt. Sie ist zu einer unentbehrlichen Hilfe in der Krankenbetreuung und Sterbebegleitung geworden.
Doch jeder Mensch kann durch dieses Buch nicht nur »die Kunst zu sterben«, sondern auch die »zu leben« lernen. Beide sind nach tibetischer Auffassung nur die zwei Seiten einer Medaille.

O.W. BARTH